생각한다는 착각

뇌과학과 인지심리학으로 풀어낸 마음의 재해석

생각한다는 착각

MIND
MIND
FLAT
FLAT
FLAT
FLAT

The Mind is Flat

닉 채터 지음 ― 김문주 옮김

whale
books

우리에게 심오한
정신적 깊이라는 것은 없다

뇌가 얼얼하다. 책으로 뒤통수를 얻어맞은 기분이다. 뇌의 작동 방식에 관해 이렇게 급진적인 해석은 처음이다.

그동안 뇌과학자들은 인간의 자각이나 판단, 의사결정, 행동의 드러난 표상 기저에는 생각을 지배하는 깊고 복잡한 내적 믿음이나 가치, 욕망 같은 것들이 꿈틀거리고 있어서 깊이를 알 수 없는 복잡한 인간 의식의 심연을 명료하게 밝혀내는 것은 가능하지 않을뿐더러, 설령 가능하다고 해도 깊은 내적 성찰로나 겨우 범접할 수 있지 않을까 믿어왔다.

하지만 이 책의 저자이자 행동과학자 닉 채터는 완전히 다른 주장을 펼친다. 인간 정신의 내적 심연이란 허상이며, 우리의 마음은 지극히 평면적이고 얄팍하다는 것이 그의 주장이다. 인간의 뇌는 과거의 경험을 바탕으로 즉흥적이면서도 순간적인 행동들을 쉴새 없이 만들어내는 창조 기관이라고 주장한다. 저자는 직관적이지 않은 인지 실험과 착시나 환상과 같은 예시를 통해 뇌와 마음에 관한 우리의 통념이 오류투성이임을 보여준 후에, 뇌가 마치 재즈 연주자처럼 즉흥적으로 작동한다는 사실을 받아들여야 한다고 역설한다. 무의식에 기반을 둔 정신분석학적 개념들을 허구라고 공격하면서 말이다. 정신이 심오한 깊이를 가질 것이라는 환상을 떨쳐버리고 더없이 표면적인 '과정'에 집중할 때, 마음의 본질을 제대로 이해할 수 있다고 주장한다. 인간 정신은 얕고 덧없기에 의미 탐구는 그릇된 것이라고 말이다!

이 책은 1.4킬로그램의 뇌가 만들어내는 생각과 행동이 왜 그토록 불합리하고 멍청한지, 그러면서도 왜 우리는 영리하고 똑똑한 생명체일 수 있는지 그 모순을 어렴풋이 이해하게 도와준다. 우리의 마음과 행동은 더없이 부조리하지만, 인간 지성을 압도하려는 인공지능은 왜 번번이 실패하는지도 멋지게 설명해 준다. 또한 마음은 표면적이며 얕고 덧없지만, 그것을 연구하는 신경과학적 탐험의 역사는 경이로울 정도로 심오한 수준에 올라있음을 역설적으로 보여주는 책이다.

정재승(뇌과학자,《과학콘서트》,《열두 발자국》저자)

차례

PART 1   마음의 깊이라는 환상

사람들은 자신의 생각과 행동을 말로 유려하게 설명하고 정당화할 수 있다. 그러한 설명 중 질문을 던질 때마다 더 많은 언어적 설명과 정당화가 쏟아져 나올 것이다. 하지만 언어적 흐름을 분석해 보면 느슨하게 연결된 파편의 연속에 지나지 않는다. 우리 중 누구도 사람과 사물로 이뤄진 일상의 세계를 어떻게 이해하는지 설명할 수 없다.

PART 2 즉흥적인 마음

이 세상에 의식적인 생각과 무의식적인 생각이라는 것은 없다. 그리고 의식으로 들어오고 나가는 생각 같은 것은 없다. 단 한 가지 유형의 생각만이 존재할 뿐이며 그러한 생각에는 각각 두 가지 측면이 있다. 의식적인 판독과 그 판독을 만들어내는 무의식적 과정이다.

심오한 문학,
얄팍한 정신

> 우리는 단순히 내적 관찰력을 발휘한다고 주장할 때도 실제로는
> 항상 즉흥적인 이론화를 한다. 그리고 우리는 희한할 정도로 잘 속
> 아 넘어가는 이론가인데, 바로 우리가 '관찰'할 대상은 거의 없으
> 면서도 반박당할 두려움 없이 한껏 거들먹거리며 의견을 밝힐 거
> 리가 아주 많기 때문이다.
> _대니얼 데닛Daniel Dennett[1]

《안나 카레니나》의 클라이맥스에서 주인공 안나는 모스크바 변두리 역을 지나는 기차에 몸을 던진다. 하지만 주인공은 정말로 죽고 싶었을까? 톨스토이의 위대한 명작에 나오는 이 중요한 장면에 대해서는 다양한 해석이 가능하다. 러시아 귀족의 삶이 주는 권태로움과 애인 브론스키를 잃게 되리라는 두려움을 죽음만이 유일한 탈출구로 여길 정도로 견딜 수 없었을까? 아니면 마지막 행동은 단순한 변덕이자 과장된 행위일 뿐, 심각하게 생각하지 않고 이러한 일을 한 것은 아닐까?

우리는 질문들을 마구 던지지만 과연 이런 질문에 답이 있을까? 톨스

토이가 안나의 머리가 어두운 갈색이라고 말했다면 안나는 어두운 갈색 머리를 지닌 것이다. 하지만 왜 안나가 몸을 던져 죽어버렸는지 톨스토이가 이야기해 주지 않는다면, 우리는 안나의 의도를 전혀 알 수 없다. 이 의도를 파악하기 위해 그럴듯한 해석을 내놓으며 토론할 것이다. 하지만 안나가 정말로 무엇을 원했는지에 관한 숨겨진 진실은 없다. 당연한 이야기지만 안나는 허구 인물이기 때문이다.

대신에 안나가 역사적 인물이며 톨스토이의 명작이 현실 속 사건을 저널리즘적으로 재구성한 것이라고 가정해 보자. 이제 안나의 의도에 대한 질문은 문학적 해석이 아닌 역사 문제가 된다. 그러나 우리의 파악 방법은 여전히 마찬가지다. 소설 내용은 이제 허구 인물이 아닌 실제 인물의 정신상태에 관한 (아마도 불확실한) 단서를 보여주는 것이 되고, 평론가와 문학 연구가보다는 변호사와 기자 그리고 역사학자가 자신의 해석을 앞세우며 토론을 벌일 것이다.

이번에는 우리가 안나에게 직접 물어본다고 상상해 보자. 톨스토이 소설은 사실 현실 사건을 풀어내는 것이지만, 소설 속 기차가 가까스로 제 시간에 급브레이크를 밟았다. 치명상을 입은 안나는 신원미상의 상태로 모스크바의 한 병원에 실려 간다. 역경을 이겨낸 안나는 부상에서 살아나 과거에서 도망치기 위해 사라지기로 하고, 우리는 스위스 어느 휴양지에서 요양하던 안나를 뒤쫓아 가게 된다. 분명 안나 역시 다른 사람만큼이나 자신의 진짜 동기에 관해 자신이 없을 것이다. 결국에 안나도 해석의 과정으로 돌입해야만 한다. 안나는 (톨스토이 원고보다는) 자신의 기억을 감안해서 과거에 한 행동을 짜 맞추려 애쓴다. 설사 안나가 자신의 행동에 대해 과감하고 명확하게 설명하더라도 우리는 안나의 해석이 다른 사람의 해석보다 더욱 설득력 있을지 의구심을 가질 것이다. 물론 안나는 외부인이 접근할 수 없는 '자료'를 가지고 있을 것이다. 예를 들어 안나는 운명을 바꿔놓은 그 승강장 가장자리로 가까이 다가가며 마음속에서 "브론스키가 나를 영원히 떠났어"라는 절망적인 문장을 떠올렸을 수도 있다. 그러나 안나가 아무리 이런 면에서 유리하다 해도 일그러진 자기 인식을 극복할 수는 없다. 무엇보다도 냉정한 관찰자가 보기에 우리 행동에 대한 스스로의 해석은 명백하다기보다 더 위대한 지혜와 고결함을 부여하는 것처럼 보인다. 그러니 자서전은 언제나 꽤 깊은 의구심을 자아낼 만하다.

사건이 다 끝나고 나서가 아니라 바로 그 순간에 우리가 안나에게 질문을 던진다면 진짜 동기에 좀 더 가까이 다가가지 않을까? 스캔들에 굶주린 모스크바 일간지의 기자가 기삿거리가 있음을 눈치채고 안나의 일거수일투족을 쫓는다고 해보자. 그 기자는 죽기 위해 몸을 던지던 안나를 황급히 구해내고 "자, 안나 카레니나 씨. 왜 몸을 던져야겠다고 마음먹었는지 좀 얘기해 보세요"라는 말과 함께 펜을 권력처럼 휘두르지만, 이러한 전략은 거의 성공하지 못할 것이다. 또한 "카레니나 씨, 저는 당신이 몸을 던져 자살하려 했다고 알고 있습니다. 아마도 이 짧은 질문에 대답해 줄 몇 분 정도는 있겠죠?"라고 완곡하게 묻더라도 역시나 실패할 수밖에 없는 운명처럼 보인다.

이 짤막한 글에서 끌어낼 상반되는 결론은 두 가지다. 첫 번째로 우리 마음에는 어둡고 헤아릴 수 없는 '숨겨진 깊이'가 있다는 것이다. 이러한 관점에서 우리는 인간이 믿음직스럽게 자신의 내면을 들여다보고 신념과 동기에 관해 완전하고 진실하게 설명할 수 있다고 기대할 수 없다. 그리고 행동에 대한 설명은 기껏해야 편파적이고 신뢰할 수 없는 내용이다. 그 설명이 관찰자에 의한 것이든, 당사자에 의한 것이든, 사건이 발생하기 전이나 도중, 또는 후에 이뤄진 것이든 상관없다.

그러한 '숨겨진 깊이'적 관점에서 보자면, 인간 행동에 대한 진짜 동기를 밝혀내기 위해서는 사람들에게 대놓고 물어보는 것으로는 부족하다. 여기에는 섬세함과 기교가 필요하며, 우리는 어떻게든 마음의 내적 작용에 깊숙이 파고들어 행동을 지배하는 숨겨진 신념과 욕망, 동기, 두려움, 의심, 희망 등을 직접 평가해야만 한다. 심리학자와 정신과의사, 신경과학자는 인간의 동기라는 깊은 '물속'을 어떻게 해야 가장 잘 헤아리는지 오랫동안 논의해 왔다.

지난 세기 동안 시행된 단어 연상과 꿈의 해석, 집중적인 심리치료 행동 실험, 생리적 반응 기록, 뇌 영상 등은 모두 대중적인 실험 방법이다. 어떤 방법을 선택하든 간에 그 목표는 분명하다. 인식의 표면 아래로 숨어 있는 감정과 동기, 신념을 발견하는 것이다. 간단히 말하자면, 우리의 숨겨진 깊이를 도표로 만든다는 의미다. 그럼에도 깊이 속 내용들을 파악하기는 어렵다. 프로이트파 정신분석가는 우리의 숨겨진 두려움과 욕망을 추측해 볼 수 있다. 심리학자와 신경과학자는 행동과 심박수, 피부

전도성skin conductance, 동공 확장, 뇌 혈류량 등에서 미묘하고 매우 간접적인 결론을 끌어내려 할 수도 있다. 하지만 그 어떤 숨겨진 신념과 욕망, 희망과 두려움도 실질적으로는 관찰할 수 없다. 아마도 우리의 숨겨진 깊이는 우주 공간만큼이나, 아니면 더 불가사의한 '내면의 공간'이다. 그리고 그 공간을 꿰뚫어 보려면 좀 더 정교한 도구와 분석 방법이 필요하다. 이러한 관점에서 지금까지 인간 마음의 숨겨진 깊이를 밝혀내는 데 실패한 우리는 더더욱 큰 노력을 쏟을 수밖에 없다.

존재하지 않는 진짜 동기

이 책에서 나는 정확히 반대되는 관점을 주장하려 한다. 즉 우리의 숨겨진 깊이를 도표로 만드는 프로젝트는 단순히 기술적으로 불가능할 뿐만 아니라 근본적으로 잘못된 발상에서 비롯되었으며, 마음에 '숨겨진 깊이'가 있다는 생각 자체가 완전히 잘못되었다는 것이다. 그 대신에 안나 카레니나의 운명을 결정한 행동을 반추해 보면 극단적으로 다른 교훈을 얻게 된다. 즉 현실 세계 인간의 동기에 대한 해석은 허구 인물에 대한 해석과 별반 다르지 않다는 것이다. 물론 허구 인물은 생명이 없으므로 내면을 가질 수 없다. 허구 인물인 안나가 화요일에 태어났는지에 관한 사실이 존재하지 않는 만큼, 개에 대한 두려움이 있는지, 차르 체제의 안정성에 대한 의구심이 있는지, 또는 모차르트보다는 바흐를 선호하는지에 관한 사실도 존재하지 않는다. 허구 인물에게 '숨겨진' 진실 같은 것은 없으며, 책에 쓰인 글자의 '표면' 아래로는 아무것도 없다.

하지만 톨스토이의 소설이 르포였고 안나가 19세기 러시아 귀족계층의 살아 숨 쉬는 인물이었더라도 대체로 마찬가지였을 것이다. 물론 그럴 경우, 안나가 화요일에 태어났는지에 관한 진실은 (알려졌든 안 알려졌든 간에) 존재하겠지만 진짜 안나의 동기에 관한 진실은 소설 속 안나와 마찬가지로 존재하지 않을 것이다. 단어 연상과 꿈의 분석, 뇌 촬영은 결코 한 사람의 '진짜 동기'를 찾을 수 없다. 이러한 진짜 동기를 찾기 어려워서가 아니라, 찾을 것이 **아무것도 없기 때문**이다. 숨겨진 정신적 깊이를 파헤치는 일이 어려운 것은 그 깊이가 너무 깊고 어두컴컴해서가 아니라 파헤칠 만한 깊이라는 것이 없기 때문이다.

숨겨진 깊이 즉 내면세계와 그 세계가 포함하는 신념, 동기, 그리고 두려움은 그 자체로 상상력의 산물이다. 우리는 글의 흐름 속에서 허구 인물에 대한 해석을 떠올리는 것과 마찬가지로, 경험의 흐름 속에서 자기 자신과 다른 사람에 대한 해석을 지어낸다. 그리고 각 가능한 해석에 대해 끊임없는 대안이 제시된다. 아마도 안나는 연애로 괴로웠다기보다는 주로 자신의 급작스러운 사회적 몰락이나 자기 아들의 미래, 또는 귀족 삶의 무의미함 때문에 절망했을 것이다. 톨스토이 소설에는 다른 소설들보다 좀 더 설득력 있고 더 나은 증거들이 존재하지만, 그래도 안나를 올바르게 해석하는 데 필요한 실측 자료 같은 것은 없다. 톨스토이가 기자라 할지라도 '현실 속' 안나의 행동에 대한 해석 외에 그 이상의 것이 있지 않을 것이며, 안나 역시 그 당시든 몇 달 후에 회상하는 것이든 간에 자신의 행동에 대해 한 가지 이상의 해석을 감히 내놓을 수 없을 것이다. 우리는 우리의 행동을 결코 단정 지어 말할 수 없다. 행동에 대한 우리의 해석은 다른 누군가의 해석만큼이나 불완전하고 뒤죽박죽이며 반박의 여지가 있다.

톨스토이가 써 내려가는 글의 흐름은 우리에게 또 다른 세계에서 쓰인 간략한 보고서를 받았다는 느낌을 안겨줄 수도 있다. 톨스토이는 안나의 어린 시절과 죽음이 아들 세료자에게 미칠 영향, 또는 브론스키가 (어쩌면) 속세에서 벗어나 수도승이 되는 과정 등에 대해 쓰기로 결심할 수도 있었겠지만, 이러한 장면들은 실제로 쓰이고 나서야 돌연 존재하게 되는 법이다. 톨스토이는 글로 안나와 주변 세계의 삶을 만들어내는 것일 뿐이다.

그런데도 삶을 풀어나가는 것은 소설을 풀어나가는 것과 그다지 다르지 않다. 우리는 '바로 그 순간에' 신념과 가치, 행동을 형성한다. 이러한 것들은 미리 산출할 수 없으며, 필요한 경우를 대비해 어마어마한 기억 저장소에 있는 것도 아니다. 그리고 이 점은 생각들이 흘러나오는 기존의 내면 세계 같은 존재는 없다는 것을 암시하기도 한다. 소설과 마찬가지로 생각은 떠올리는 순간 실재하는 것이지, 그보다 앞선 순간에는 존재하지 않는다. 내면세계는 신기루와 같은 것이다.

우리 마음을 '들여다본다'라는 그 생각 자체가 착각을 가져온다. 우리는 마치 자신이 외부 세계에 관한 정보를 파악하는 지각 능력을 가진 것처럼 내면세계의 내용을 파악하는 자기성찰적 능력도 지닌 양 말한다.[2] 하지만 자기성찰은 지각이 아니라 고안의 과정으로, 우리 자신의 말과 행동을 이해하기 위한 해석과 설명을 실시간으로 만들어가는 과정이다.

이제 소설 속에서 일부 인물은 2차원적이지만 다른 인물들은 진정한 '깊이'를 지닌 것처럼 보이기도 한다. 사실 상상 속에서 이 인물들은 살아 있는 지인 몇몇과 같거나 그보다 더한 생동감을 지닐 수 있으며, 우리는 이들에게 인쇄된 책장 너머로 태도와 신념을 부여하기도 한다. 그러나 그러한 분명한 깊이는 물론 '제 눈에 안경'이다. 톨스토이가 우리에게 제시한 바를 제외하고는 안나 카레니나의 인생에 관한 사실 같은 것은 없고, 문장과 문장 사이에는 숨겨진 동기도 없다. 허구의 인물들뿐만 아니라 실제 사람들에게도 마찬가지다. 행동은 헤아릴 수도 없이 깊고, 우리가 거의 감지할 수 없는 내적 동기와 신념, 욕망으로 우글거리는 바다 표면일 뿐이라는 느낌은 마음이 휘두르는 마술이다. 진실은 그 깊이가 공허하다거나 얕다는 것이 아니라 그 표면이 전부라는 점이다.

날조된 타당한 이유들

이미 살펴본 바와 같이, 특히 심리학자들은 신념과 욕망, 희망과 두려움이 끌어내는 자기 자신과 서로에 관한 일상적이고 상식적인 설명이 세세한 부분에서는 틀렸을지언정 의도상으로는 옳다고 추측하고 싶은 유혹을 강하게 느낄 수 있다. 혹자는 안나의 투신자살은 신념과 욕망과 희망과 두려움에서 유도되었다고 생각할 수도 있으며, 어떠한 신념과 욕망과 희망과 두려움에서 나온 것인지 안나가 말해줄 수 없다고 하더라도 마찬가지다. 안나의 자기성찰은 불완전하고 아마도 신뢰할 수 없을 것이다. 하지만 우리 마음에 대한 일상적인 관점이 지닌 문제는 훨씬 더 깊다. 즉 어느 때든 인류 역사가 내면의 믿음과 욕망에 의해 이끌려 온 적이 없다는 것이다. 신념과 동기, 그 외에 우리의 '내면세계'에 사는 상상 속 거주자들은 완전히 상상력이 만들어낸 허구다. 우리가 우리 자신과 다른 사람의 행동을 정당화하고 설명하기 위해 하는 이야기들은 세부적인 부분에서만 잘못된 것이 아니다. 처음부터 끝까지 철저하게 꾸며낸 거짓말이다.

자기 자신과 다른 사람의 행동에 대한 설명을 포함해 의식적인 생각의 흐름은 그 순간에 만들어지는 창작물이지, 내면에서 벌어지는 정신 사건의 보고(심지어는 추측)가 아니다. 마음은 끊임없이 자신의 행동을 해석하고 정당화하며 이해하려고 한다. 우리가 주변 사람들과 소설 속 인물의 행동에 대해 이해하는 것과 마찬가지다. 당신이 안나의 동기에 관해 나 또는 다른 독자를 상대로 상세히 묻는다면(질문: 안나는 기차 아래로 뛰어드는 것이 확실한 죽음을 의미한다고 생각했을까요?, 답: 네. / 질문: 안나는 세 료자에게는 자기가 없는 게 더 나을 거라 믿었을까요?, 답: 아마도요. 거의 잘못된 생각이지만요.) 나는 쏜살같이 빠르게 답을 만들어낼 것이다. 따라서 우리는 마음대로 타당한 이유를 날조해 내는 능력을 갖췄지만, 이러한 정당화로는 당연히 안나의 내면세계를 추측할 수 없다. 허구의 인물로서 존재하는 안나에게 내면세계는 없기 때문이다.

안나가 실제 인물이고 생존해 있다면, 우리는 스위스에서 요양하고 있는 안나에게 똑같은 질문을 던질 수 있었을 것이다. 그리고 안나 역시 잽

싸게 답할 수도 있었을 것이다. 이러한 문제에서 당신이 예를 들어 왜 나는 런던까지 운전하지 않고 기차를 탔는가에 대해 자세히 따져 묻는다고 해보자. 나는 탄소 방출이며, 교통체증, 주차 등등에 관해 기나긴 설명을 내놓을 것이다. 우리 마음의 독창성 그 자체는 현실의 안나가 자신의 생각과 행동을 해석하고 정당화할 수 있음을 암시한다. 돌이켜 생각해 보자면, 우리가 안나를 허구 인물로 여길 때 사용하는 그 똑같은 상상력을 안나가 사용하고 있을 수 있는 것이다. 그리고 그 독창성은 우리가 자신과 상대에게 일상의 삶을 설명하기 위해 제시하는 타당한 이유들의 기저를 이룬다.

이 책을 통해 당신에게 마음은 평면이며, 정신적 깊이라는 바로 그 개념은 착각이라는 확신을 심어주고 싶다. 그 대신에 마음은 뛰어난 즉흥 시인으로서 매우 유려하게 행동을 만들어내고 그 행동을 설명해 줄 신념과 욕망을 만들어낸다. 하지만 순간적인 창작은 조잡하고 단편적이며 자기모순적이다. 이것은 영화 촬영장처럼, 카메라로 보면 견고해 보이지만 뻣뻣한 마분지로 세워진 것이다.

안정된 신념과 욕망에서부터 풀려난 즉흥적인 마음은 정신 혼란의 비결처럼 보일 수도 있지만, 나는 그 반대가 진실이라고 생각한다. 즉흥적인 마음이 해야 할 일은 우리의 생각과 행동을 가능한 한 일관성 있게 만들고, '우리답게' 머물도록 하는 것이다. 뇌는 그렇게 하도록 기존의 생각과 행동과 일치하는 방식으로 현재의 순간에 생각하고 행동할 수 있게 끊임없이 노력해야만 한다. 우리는 끊임없이 늘어나는 과거 판례를 참고하고 재해석하면서 매번 새로운 법률 사건을 판단하는 판사와 같다. 따라서 우리 마음의 비결은 소위 '숨겨진 깊이'에 있는 것이 아니라 과거의 주제를 두고 현재를 창의적이고 즉흥적으로 만들어내는 놀라운 능력에 있다.

이 책은 두 가지 부분으로 나뉜다. 우선, 마음이 어떻게 움직이는지에 대한 일반적인 오해들을 없애려고 한다. 그러고 나서 즉흥 시인으로서의 뇌에 대해 긍정적으로 설명할 것이다. 1부에서 우리는 신념과 욕망, 희망과 두려움이 완전한 허구라는 심리적 증거들을 파헤쳐 볼 예정이다. 그러나 이 허구는 너무나 설득력 있다. 뇌가 별다른 노력 없이 능수능란하게 창작해 낸 것이다 보니 허구를 현실로 받아들이는 것이다. 우리는 자신의 마음에 관해 안다고 생각하는 거의 모든 것이 거짓임을 깨달을 것이다. 이는 심리학 교과서에 나오는 이야기가 아니다. 이러한 교과서에 따르면 상식은 대체로 올바른 방향으로 가고 있기에 단지 수정되고 조정되고 채워지기만 하면 된다. 하지만 이러한 수정과 조정은 결코 소용없으며, 상식적인 마음과 우리가 실험을 통해 발견하는 마음은 그저 아귀가 맞지 않아 보일 뿐이다. 이러한 상식의 이야기는 임시변통으로 수선할 게 아니라 폐기해야만 한다.

그러나 교과서에서는 급진적인 방향을 보이진 않지만 점차 많은 철학자와 심리학자, 신경과학자는 그러한 태도를 보인다.[3] 1부에서 나는 마음에 대한 상식적 관점이 지닌 문제, 즉 정신적 깊이라는 착각을 하게 된 근본 원인을 짚어보려고 한다.

우리의 감정, 선호, 동기, 희망, 두려움, 추억과 신념 등은 말할 것도 없고, 풍부한 감각 경험(사람과 물건, 별과 소음 같은 주관적인 경험)이 만들어내는 내면세계는 사람과 사물, 별과 소음 등의 외부 세계를 비춘다고 상상한다. 이러한 내면세계를 탐험할 가능성은 매우 커 보인다.[4] 우리가 보고 듣고, 또 자신의 몸 상태에 세심한 관심을 기울이는 것만으로도 우리 내면의 지각 세계는 놀라울 정도로 풍부해지는 것처럼 보인다. 또한 우리는 직접적인 감각 경험에서 꿈과 명상과 최면이 주는 것처럼 보이는 상상의 영역으로 들어서야만 하는 것처럼 보이기도 한다. 아니면 어린 시절이나 학생 시절의 파편을 되새기며, 광활한 기억 저장소를 탐색할 수도 있다. 혹은 신념과 가치에 관해 끊임없이 자기 자신과 담론을 펼칠 수도 있다.

내면세계의 규모가 훨씬 더 크다고 생각하는 사람이 많다. 혼합된 식역하지각subliminal perception(감각기관이 감지할 수 있는 최소한의 자극에 미치지 못해도 자극을 무의식중에 감지하는 것 - 옮긴이)은 우리도 모르게 마음속에 숨어든다고 생각하는 사람도 있다. 우리에게는 무의식적 신념과 동기, 욕망, 그리고 내면의 행위자(프로이트에게는 원초아[id], 자아[ego], 초자아[super ego]가 되고, 융에게는 집단무의식이 된다)까지 있다고 생각하기도 한다. 어쩌면 한 명의 자기, 또는 여러 명의 자기, 아니면 영혼이 있을 수도 있다. 많은 사람이 적절한 명상 연습과 심리치료, 심지어는 환각제를 통해 풍부한 무의식적인 내면세계로 통하는 문을 열 수 있으리라고 믿는다. 신경과학으로 넘어가자면 언젠가 뇌 주사장치로 내면세계에 접근하게 되리라고 상상하는 것을 당연시한다. 의식적이든 아니든 신념과 동기, 감정을 '읽어 내려갈 수 있다'는 것이다.

그러나 탐구의 깊이와 풍부함과 무한한 범위는 모두 완전히 속임수다. 내면세계 같은 것은 없다. 찰나적인 의식적 경험의 흐름은 광활한 생각의 바다 위로 반짝거리는 수면이 아니라, **그냥 그게 전부**다. 그리고 앞으로 살펴보겠지만, 각각의 순간적인 경험은 피상적인 것으로 밝혀졌다. 언제든 우리는 단지 하나의 얼굴만 알아보거나, 그저 하나의 단어만 읽거나, 아니면 딱 하나의 물체만 식별할 수 있을 뿐이다. 그리고 우리가 상상한 알프스에서 재활 치료를 받는 안나처럼 우리는 우리의 감정을 묘사하거나 행동을 설명할 때 한 번에 한 단계씩 이야기를 만들어낼 뿐, 생각과 감정의 내면세계를 탐험하지 않는다. 신비한 상태이든, 또는 약이 유도한 상태이든 꿈의 '내면세계' 역시 그저 창작의 연속에 지나지 않는다. 즉 내적 발견을 위한 항해가 아닌 상상이라는 것이다. 그리고 꿈의 해석은 정신을 지루하고 심오하게 파고드는 것과는 거리가 먼, 그저 차곡차곡 쌓인 한 세트의 창조적인 행위에 지나지 않는다.

1부의 목표는 마음의 본질에 대한 우리의 직관을 재해석하도록 돕는 것이며 철학과 심리학, 정신분석학, 신경과학 등 다양한 분야에서 반복되고 심지어 확대되어 왔던 오해를 줄이는 것이다. 그러나 의식적인 생각은 단지 반짝반짝 빛나는 수면에 불과하며 풍요롭고 깊은 '내면의 바다'에 대한 직관적인 그림은 완전히 잘못된 것이라면, 다음과 같은 빤한 질문이 남는다. 인간의 생각과 행동에 관해서 어떤 대안적인 이야기가 존재하는가?

2부에서 우리는 이 질문에 집중한다. 만일 마음이 평면이라면, 우리의 정신생활은 '정신적 표면'에 전적으로 머물러 있어야만 한다. 우리 뇌는 즉흥 시인이고, 현재의 즉흥적인 창작은 과거의 즉흥적인 창작을 기반으로 한다. 즉 새로운 찰나적인 생각과 경험은 숨겨진 지식과 신념과 동기의 내면세계가 아니라 **과거의 찰나적인 생각과 경험에 대한 기억 흔적**으로 만들어진다는 것이다.

소설과의 유사점은 여기에서도 도움이 된다. 톨스토이는 소설을 써나가면서 안나의 말과 행동을 창작해 낸다. 하지만 톨스토이는 가능한 한 안나의 말과 행동이 일관성을 띠도록 한껏 노력한다. 안나는 '성격을 유지'하거나, 아니면 그 성격은 소설이 전개됨에 따라 '발전'해야만 한다. 우리가 자신과 다른 사람의 행동을 해석할 때 동일한 목표가 적용된다. 좋은 해석은 현재의 순간을 이해하게 해주는 해석이 아니라 과거의 행동과 말, 그리고 그 과거의 해석들을 현재의 순간과 연결해 주는 해석이다. 뇌는 숨겨진 깊이에 의지하는 것이 아니라 현재를 과거와 연결함으로써 이 순간의 의식적 해석을 만들어낼 수 있는 즉흥적인 엔진이다. 소설을 쓰는 일은 세상 전체를 만들어낸다기보다는 각 문장을 논리적으로 함께 연결하는 일을 포함하는 것과 마찬가지다.

그러므로 의식적인 경험은 생각의 순환에서 출력물이 나오는 순서이며, 감각 세계의 양상들을 추적해 나가며 의미를 부여한다. 즉 우리는 뇌가 만들어내는 세상의 의미 있는 해석을 의식적으로 경험하면서, 단어와 사물과 얼굴을 보고, 목소리와 선율 또는 사이렌 소리를 듣지만 생각의 순환마다 **입력**이나 **내적 작동**에 관해서 의식하지는 않는다. 따라서 우리는 왜 우리가 불쑥 튀어나온 바위 꼭대기를 보고 개 떼를 연상하게 되는지, 순간적으로 지은 표정을 거들먹거리는 표정이나 친절한 표정으로 보게 되는지, 또는 왜 시 한 줄을 읽고 죽음의 장면을 떠올리거나 어린 시절을 되돌아보게 되는지 설명하기 위해 아무 말도 할 수 없다. 각 생각의 순환은 의식적으로 경험한 해석을 낳지만, 그러한 해석이 어디에서 나온 것인지는 아무런 설명도 내놓지 않는다.

나는 이 책 전반에서 시지각visual perception에서 비롯된 사례들을 통해 주장을 입증할 것이다. 지각적 사례들은 생생하고 구체적이며, 지각은 단연코 가장 명확하고 이해하기 좋은 심리학과 신경과학의 영역에 속한다. 지각에 초점을 맞춰야 하는 또 다른 이유가 있다. 말하자면, 체스를 두든 추상적인 수학적 추론을 하든, 또는 예술과 문학적 창작을 하든지 간에 생각 전체는 정말로 지각의 확대이기 때문이다.

우리는 생각의 순환이 어떻게 움직이는지 살펴보고 이러한 이야기를 뒷받침하는 근거들을 확인해 보려 한다. 더 자세히 분석한다면 우리가 성격과 신념과 동기에 관해 꺼내는 이야기들은 어쩌면 옳지 않을 수도 있다. 반면에, 인간성의 기이함과 가변성과 변덕스러움은 뇌가 즉흥 시인임을 깨닫는다면 이해할 수 있게 된다. 뇌는 자발적으로 의미를 찾고 그 순간 가장 타당한 행동을 선택하는 엔진이다. 따라서 생각과 행동은 과거의 생각과 행동이라는 것을 기반으로 하며, 뇌는 순간의 상황에 맞서기 위해 이러한 과거의 생각과 행동을 통제하고 재작업한다. 더욱이 오늘의 생각이 어제의 선례를 따르는 것과 마찬가지로, 오늘의 생각은 내일을 위한 선례를 마련함으로써 행동과 말과 삶에 일관성 있는 모습을 부여한다. 따라서 우리 각자를 특별하게 만드는 것은 대부분 기존의 생각과 경험이라는 우리의 개별적인 역사의 독특함이다. 다시 말해, 우리 각자는 계속해서 창작의 과정에 있는 독특한 전통이다.

이야기를 풀어나가면서 우리는 우리가 스스로 만들어낸 창작의 인물이며, 내면의 무의식적인 흐름의 장난감이 아니라는 점을 보게 될 것이다. 그리고 매번 새로운 지각과 움직임과 생각이 과거의 지각과 움직임과 생각이라는 정신적 전통 위에 쌓이는 동안, 우리는 놀라울 정도로 자유롭고 창조적인 방식으로 오래된 생각으로부터 새로운 생각을 만들어가게 된다. 현 생각은 과거 생각의 패턴에 맞춰 고정되기 일쑤지만, 꼭 그럴 필요는 없다. 인간의 지성은 오랜 생각으로부터 새로운 생각을 만드는 훌륭한 능력을 준다. 그리고 그러한 자유와 창의성은 보기 드문 천재성이나 가끔 생겨나는 영감의 불꽃에 달려 있지 않다. 기본적인 뇌의 작용, 즉 우리가 어떻게 인지하고 꿈꾸고 이야기하느냐에 달렸다.

물론 우리의 자유에는 한계가 있다. 아마추어 색소폰 연주자는 찰리 파커처럼 '자유롭게' 연주할 수 없고, 새로 영어를 배운 사람이 자연스레 실비아 플라스를 따라 할 수는 없으며, 물리학도들이 저절로 알베르트 아인슈타인처럼 사고할 수 없는 법이다. 새로운 행동과 기술과 생각은 풍부하고 심오한 정신적 전통을 쌓아가기를 요구하며, 전문 지식이 기반된 다양한 흔적을 따라가는 수천 시간 동안 우리의 새로운 생각과 행동이 만들어진다. 따라서 우리 각자는 나름의 방식으로 행동하고 쓰고 생각하게 된다. 물론 가끔은 놀라운 유연함을 발휘하기도 한다(음악가와 시인은 서로를 흉내 낼 수 있고, 물리학도 세대는 뉴턴의 영향 아래에서 추론하는 법을 배울 수도 있다). 그러나 일상생활에서도 똑같은 특징이 나타나는데, 바로 우리의 두려움과 걱정, 그리고 때로는 다른 사람들과의 평탄치 않은 상호작용이다. 자유는 한 번에 한 단계씩 생각과 행동을 바꿀 수 있는 마법처럼 자신을 변화시키는 능력이 아니다. 현재 생각과 행동은 설령 느리더라도 지속적으로 우리 마음을 다시 조정한다.

생물학적 컴퓨터

이 책의 개념들은 인지심리학과 사회심리학, 임상심리학부터 철학과 신경과학까지 광범위한 출처에서 끌어왔으며, 뇌를 생물학적 컴퓨터로 이해하려는 시도에서 가장 근본적인 영감을 얻었다. 2차 세계대전 이후 과학자들은 광범위한 생물학적 뉴런의 연결망이 강력한 컴퓨터 역할을 할 수 있었는지에 대해 생각해 왔다. 그러한 '연결주의' 또는 두뇌 형식의 계산 모델은 삶 전부를 혁명적으로 바꿔놓은 기존 디지털 컴퓨터와는 아주 다르게 작동한다.

연결주의 모델은 직소 퍼즐 조각을 제자리에 옮겨 넣는 것처럼 정보의 파편을 천천히 채워 넣고 이해하는 과정이 아니라 어마어마하게 많은 뉴런 사이의 '협력' 과정을 통해 작동한다는 것이다. 하지만 이러한 뇌를 생물학적 컴퓨터로 보는 시각과, 우리 마음이 신념과 욕망에 의해 인도된다는 일상적인 직관을 조화시키는 일은 매우 어렵다. 우리의 상식심리학은 합리적 논증에 따라 배열된 신념과 동기와 희망과 두려움을 끄집어내어 자신의 행동을 설명하려고 한다. 따라서 왜 내가 신문을 사려는 헛된 시도를 하러 가게로 향했는지에 관한 일상적인 설명에는 (가게가 열려 있을 것이라는, 그 가게에서 내가 가장 좋아하는 신문을 팔 것이라는, 내가 돈을 가지고 있다는) 믿음과 (그 특정한 신문을 읽겠다는, 온라인 신문보다는 종이 신문을 선호한다는) 욕망이 포함되어 있다. 그리고 이러한 설명은 내 행동에 대한 믿을 만한 정당화로 결론지을 수 있으므로 타당하다. 이것은 내 행동은 성공적이지는 않았더라도 완전히 합리적이었음을 설명하기 위해 제공되는 패턴의 정당화다. 수학 증명처럼 논증은 단계적으로 형성된다. 예를 들면 이렇다. '나는 〈웨스턴 뷰글〉 한 부를 읽고 싶다', '온라인으로 읽을 수 있지만 평생 컴퓨터 화면만 보며 살고 있다', '분명히 그 신문을 길모퉁이 가게에서 팔 것이다', '그리고 그 가게는 분명 이 시간쯤에 열 것이다', '아, 현금이 좀 필요하겠지만 다행히도 막 은행에 다녀오는 길이다' 등등. 우리는 가설을 세우고, 결론을 끌어내고, 더 많은 가설을 덧붙이고, 더 나아간 결론을 끌어내는 식이다. 하지만 이러한 단계별로 생각하는 방식은 얼굴과 음악 장르, 또는 물건을 알아보는 데 관여하는 것처럼 보이는 여러 제약의 동시적이고 협조적인 '움직임'과 조화를 이루기에는 어렵다. 실제로, 우리는 왜 내가 그 만화는 윈스턴 처칠에 관한 것이고, 그 음악의 한 토막은 모타운이며, 물에 언뜻 비친 그 모양은 물개 또는 네스

호 괴물이라고 생각하는지에 대해 아주 확신 넘치는 '논증'을 내놓지 못한다. 요컨대 상식심리학에서는 생각과 행동이 추론에 기반한다고 보지만, 인간의 지성 중에서 상당 부분은 복잡한 패턴을 찾아내는 것이 관건인 것처럼 보인다.

협력적인 연결주의 계산법은 원인 위주의 상식심리학적 설명과만 충돌하는 것이 아니다. 인공지능, 인지심리학, 발달심리학, 임상심리학, 언어학과 행동경제학 등 다채로운 영역으로부터 비롯된 인간의 생각에 관한 여러 과학 이론과 융화되는 것 역시 극도로 어렵다. 이러한 이론은 신념과 욕망 등으로 채워진 마음에 대한 상식적인 개념에서 시작한 이론이다. 따라서 뇌의 계산 모델을 받아들이는 일은 어떤 광범위하고 잠재적으로 해로운 결과를 초래할 수 있다. 30년 동안 마음의 계산적이고 수학적인 모델을 연구하고 실험적인 데이터를 수집한 후 나는 우리 마음에 대한 직관적인 개념에, 그리고 그러한 개념을 바탕으로 세워진 마음에 관한 과학 이론들 중 다수에 근본적으로 결함이 있다는 사실을 받아들여야만 했다.

과학의 전체 역사에는 믿기 어려울 정도로 놀라운 이야기들이 등장했다. 이를테면 지구가 태양 주변을 돈다든가, 지구를 구성하는 화학 성분이 소멸하는 별에서 방출된 것이라든가, 생명은 화학물질의 이중나선 구조로 암호화되어 있다든가, 우리의 머나먼 조상은 단세포적인 유기체라든가 하는 이야기들이다. 생각이 천억 개 신경세포에 걸친 전기적이고 화학적인 활동이 자아내는 산물이라는 것은 충분히 주목할 만하다. 실제로

이 책에서 나는 우리가 마음의 작용, 즉 직관적인 자기성찰과 정당화 등에 대해 안다고 생각하는 모든 것을 거의 전부 버려야 한다고 주장한다.

우리 마음에 관한 상식적인 관점에는 오랜 전통과도 같은 회의론이 존재한다. B. F. 스키너부터 대니얼 데닛에 이르기까지 심리학자와 철학자는 자신의 마음과 지각을 내면적으로 들여다보는 우리의 능력을 오랫동안 의심해 왔다. 그리고 많은 사람이 생각과 행동을 정당화하기 위한 신념과 동기, 희망과 욕망은 그저 에덴동산과 히포크라테스의 4체액설, 또는 점성술의 원칙보다 딱히 현실적이지 않다고 의심쩍어한다.

이러한 상식의 이야기에 대해 일부 과거의 회의론자들은 아주 다른 의제를 제시한다. 예를 들어, 뇌는 어떤 종류의 컴퓨터도 아니라고 생각한다.[5] 나는 언제나 이 말이 헷갈렸다. 뇌의 기능은 분명 지각과 기억을 통해 얻은 정보를 통합하고 상태를 확인하며, 무엇을 할지 결정하는 것이기 때문이다. 다시 말해, 뇌는 극적일 정도로 복잡한 정보처리 과제에 직면하며, 이 정보처리는 정말로 또 다른 차원의 계산이다. 나는 뇌가 생물학적 컴퓨터라는 주장에는 논란의 여지가 없다고 생각한다.

논란의 여지가 있는 부분은 뇌가 수행하는 계산에 대한 우리의 이론은 신념과 욕망 등에 관한 우리의 상식심리학적 설명과 꽤 직접적인 방식으로 일치해야 한다는 것이다. 이것은 마음의 초기 컴퓨터 모델이 자리 잡은 이후로 널리 유지되어 왔다. 1950년대 우리 마음이 일상에서 이야기하는 다양한 신념과 욕망과 희망과 두려움 등을 담은 데이터베이스를 포함한다고 밝혀졌더라면 몹시도 편리했을 것이다. 우리가 그저 사람들에게 무엇을 알고 있는지 묻고 그 지식을 컴퓨터 데이터베이스에 직접 입력할 수 있는 것으로 밝혀졌더라면 컴퓨터라는 지능 기계를 개발하는 일은 순조롭게 시작되었을 것이다. 우리가 어떻게 생각하는지 자신에게 들려주는 이야기가 대체로 진실이라는 명제 역시 진실이었더라면 인지과학과 인공지능의 분야에서는 매우 편리했을 것이다.

그러나 상식심리학은 **진실이 아니다**. 우리는 심리 실험과 뇌 회로의 '배선', 협동적인 뇌 계산 방식을 통해 영감받은 현대적 기계학습(머신러닝)과 인공지능의 처리 메커니즘에서 상당히 다른 그림이 나타나는 것을 볼 수 있다. 우리의 '컴퓨터 내부'는 의식적이든 무의식적이든 간에 경험과 감정과 신념과 욕망, 희망과 두려움이 휘몰아치는 바다가 아니다. 마음은 우리가 어떻게 작동하는지에 관한 이야기를 지어낸다. 동기와 신념, 교훈, 규범, 종교적 가르침에 의해 움직인다는 것이다. 그리고 이야기들은 너무나 설득력이 강해서 우리는 그것들이 진실이거나, 적어도 부분적으로는 진실이거나, 아니면 적어도 일반적인 선에 따라 사실이라고 생각할 수 있다.

그런데도 실제로 우리가 상상하는 풍요로운 내면세계는 사실 우리가 매 순간 창작해 내는 이야기다. 현실의 안나 카레니나는 허구의 안나 카레니나보다 딱히 '내면의 정신세계'라는 것을 가지고 있지 않았을 것이다. 이 말이 옳다면, 안나의 뇌를 조사해서 현실 속 안나의 '감정', '심오한 믿음', 또는 '본성' 등을 찾을 수 있으리라는 희망 따위 없게 된다. 톨스토이의 원고를 이루는 종이와 잉크를 과학적으로 분석해서 소설 속 안나의 내면의 삶을 드러내겠다는 희망과 별로 다를 바 없다.

생각했던 모든 것을 재고할 기회

나는 여러 이유로 이 진실을 사실로 받아들이기 위해 오랫동안 힘들게 고군분투해 왔다. 우선은 심리학적 데이터 가운데 일부는 그저 지나치게 이례적이어서 믿기 어려워 보였기 때문이다. 예를 들어, 내 뇌는 한 번에 오직 한 단어만 식별할 수 있다지만, 앞에 놓인 책을 들여다볼 때 전체 문단의 긴밀한 유사성을 미약하지만 한꺼번에 알 수 있다는 느낌을 압도적으로 얻는다. 또한 실험 데이터에 따르면 나는 대략 한 번에 물건 하나만 찾을 수 있어야 하지만, 방을 둘러볼 때면 소파와 쿠션, 책, 유리잔, 화분과 종이 몇 장을 거의 전체적으로 볼 수 있다는 느낌을 받는다. 직관에 반하는 실험과 뇌가 부리는 이상한 변덕은 과하게 희한해서 **어떤** 실수나 오해가 있을 거라고 상상하기 쉽다. 우리의 직관이 마음에 담긴 내용과 작용에 어긋난다는 것은 우리가 체계적이면서 널리 퍼진 환상에 빠져 있음을 시사한다. 이제 나는 우리가 마음에 관해 안다고 생각하는 거의 모든 것이 거짓말이며 뇌가 우리를 농락하고 있다는 결론에 도달했다. 우리는 그러한 거짓말이 어떻게 이뤄졌고 어째서 그렇게 설득력이 있는지 알게 될 것이다.

이 책이 대체로 제시하는 급진적인 관점을 받아들이기 전까지 내가 오랫동안 망설였던 두 번째 이유는 그 관점이 상식뿐만 아니라 지각과 추론과 범주화와 의사결정 등의 이론과 충돌한다는 점이었다. 이러한 이론들은 심리학과 인지과학, 인공지능, 언어학 그리고 행동경제학에서 핵심이 되며, 이 학문들에서 우리의 복잡한 사고에는 마음에 관한 환상을 바탕으로 세워진 직관적인 개념을 확장하고 수정하며 자세히 설명하는 일이 포함된다. 아주 오랫동안 내가 면밀히 몰두해 왔던 학문들의 개념 대부분을 폐기하는 일은 문화유산이나 공공시설을 파손하는 일처럼 느껴지기도 한다.

마지막 이유는 단순히 신뢰할 만한 대안이 없다는 점이다. 그러나 '두뇌 형식'의 계산, 좀 더 넓게는 기계학습의 발전을 고려해 본다면 신뢰할 만한 대안의 윤곽이 드러나기 시작했다.[6] 연구자들은 컴퓨터가 지능적으로 행동하도록 만드는 최고의 방법은 지식과 신념을 추출하는 것이 아님을 점차 발견하고 있다. 경험으로부터 배울 수 있는 기계를 설계함으로써 지적인 행동을 창조해 내는 것이 훨씬 효과적이기 때문이다. 예를 들어 세계적인 수준의 체스와 바둑을 두기 위한 컴퓨터 프로그램을 설계할 때 최정상의 인간 선수들의 지식과 통찰력, 전략을 '프로그램으로 입력하는 것'은 도움 되지 않으며, 수많은 경기를 겨뤄보는 경험에서 배우는 편이 훨씬 나은 것으로 드러났다. 그리고 실제로 기계학습 프로그램은 이제 이런 분명한 '인간의' 요령 없이도 이 게임들뿐만 아니라 다른 여러 게임에서도 최고의 실력을 갖춘 인간 선수들을 이길 수 있게 되었다.

이 책을 쓰면서 약간은 불안하면서도 즐거웠다. 지금은 워릭경영대학원의 행동과학 그룹에서 연구하는 교수로서, 나는 추론부터 의사결정까지, 그리고 지각부터 언어에 이르기까지 다채롭지만 꽤 구체적인 마음의 측면에 관해 연구해 왔다.

　나는 당신에게 어떻게 마음이 작동하는지에 관해 해줄 수 있는 가장 설득력 있는 이야기를 들려주고 싶다. 그리고 사실은 그저 이 이야기를 당신에게 들려주고 싶은 것이 아니라, 나 자신에게도 들려주고 싶다. 내 일상이라 할 수 있는 관찰과 데이터와 이론을 긁어모은 작업에서부터 한 발짝 떨어져서 "이건 다 무슨 의미지?"라고 묻는 것이다. 이를 위해서는 구체적인 내용으로부터 보편적인 것을 추론해 나가며, 철저한 추론에 참여하는 것이 필요하다. 한 세기 이상의 역사를 지닌 심리학과 철학, 신경과학에서 나온 데이터와 식견을 모은 결과물은 이상하고 급진적이며 자유로울 것이다. 이러한 관점은 실전에서는 대부분 '여느 때와 다름없이' 계속 진행되어 왔더라도 지난 몇십 년간 인지과학과 뇌과학의 다양한 분야에서 결합되었으리라 생각한다. 하지만 여느 때와 다름없는 자세로는 충분치 않을 것이다. 과학이 마음과 뇌에 관해 들려주는 이야기를 진지하게 받아들일 때, 우리는 스스로에 관해 안다고 생각했던 모든 것에 대해 재고해 볼 수밖에 없을 테니까. 이를 위해서는 심리학과 신경과학, 사회과학에서 상당히 많은 부분을 체계적으로 다시 생각해 봐야 한다. 그러면서도 각자가 우리 자신과 주변 사람에 관해 생각해 온 방식을 철저히 뒤흔들어야만 한다.

PART 1
마음의 깊이라는 환상

MIND

FLAT

CHAPTER 1 꾸며낸 이야기의 힘

　머빈 피크의 소설 《고멘가스트Gormenghast》에 등장하는 '성'은 소설 작품 중에서 가장 기묘한 배경이다. 거대하고 흉측하며 오래되어 허물어져 내릴 듯한, 건축학적으로 기이한 성이기 때문이다. 작가일 뿐만 아니라 화가이자 삽화가였던 피크의 시각적 상상력은 경이로울 지경이고, 날카롭고 충격적인 묘사는 소설 세계를 견고하고 풍성하며 상세하게 느끼도록 해준다. 피크의 소설 《타이터스 그론Titus Groan》과 《고멘가스트》를 읽다 보면 고멘가스트성은 우리의 상상력 속에 자리하기 시작한다. 꽤 집요한 일부 독자는 몇 년에 걸쳐 소설의 이곳저곳에서 산발적으로 등장하는 묘사를 바탕으로 이 성의 평면도를 짜 맞춰보려고 애써왔다. 그러나 이는 불가능한 일이다. 고멘가스트성의 평면도를 그리거나 모형을 만들려는 시도는 모순과 혼란으로 이어진다. 어마어마한 복도와 전투태세를 갖춘 흉벽, 서재와 부엌, 망처럼 퍼진 통로, 폐허에 가까운 별채에 대한 묘사는 조화될 수 없다. 이 요소들은 고멘가스트성에 거주하는 사람들만큼이나 복잡하게 뒤엉키고 자기모순적이다.

피크가 부린 언어적 마술 말고는 놀랄 이유가 없다. 가상의 공간을 만들어내는 일은 십자말풀이를 푸는 것과 같다. 각각의 묘사는 상상 속 성과 도시, 나라의 틀에 대한 또 다른 '단서'가 된다. 하지만 단서의 종류가 늘어날수록 이를 성공적으로 짜 맞추는 일은 매우 어려워진다. 실제로 독자뿐만 아니라 피크 본인도 불가능하다.

물론 가상 세계가 지닌 일관성에 대한 문제들은 평면도를 훨씬 넘어선다. 이야기들은 플롯과 등장인물과 그 외의 수많은 세부 사항이 지닌 일관성을 바탕으로 여러 면에서 타당해야만 한다. 일부 작가는 이러한 사소한 재앙을 최소한으로 줄이기 위해 과도한 고통에 시달린다. J. R. R. 톨킨은 《호빗》과 《반지의 제왕》에서 역사와 신화, 지리를 갖춘 국가를 상세하게 설정했으며, 광범위한 어휘와 문법을 갖춘 요정 언어를 만들어냈고 지도까지 완비했다. 그 반대편에는 매력적인 장난꾸러기 윌리엄 브라운의 이야기를 풀어나가는 작가 리치멀 크럼프턴이 있다. 크럼프턴은 이야기를 상당히 자유분방하게 묘사하면서 대놓고 일관성 없게 그려나간다(주인공의 어머니는 가끔은 메리고 가끔은 마거릿이다. 윌리엄의 가장 친한 친구는 진저 플라워듀 또는 진저 메리듀다).

따라서 '일관성 없음'은 소설을 사실과 다르게 만드는 한 요소다. 실제 세상은 혼란스럽고 모순적이며 철저히 대조적이지만, 실질적으로 자기모순적일 수는 없다. 그리고 소설 속 성과 영토의 묘사가 얼토당토않더라도 실제 성과 국가는 그 존재 자체가 완벽하게 일관적이다. 모든 사실,

거리, 데오도라이트(천문 관측과 측량에 사용되는 소형 망원경 - 옮긴이) 측정, 위성영상, 그리고 지질학적 수심측량 조사는 반드시 일관성 있는 사진을 내놓아야 한다. 이 지구는 그저 유일무이한 실제 세계이기 때문이다. 하지만 허구 세계에서 모순을 피하는 일은 믿기 어려울 정도로 높은 수준의 각성을 요구한다. 놀라운 기억력으로 고통스러울 정도의 노력을 기울였음에도 톨킨의 세계 '가운데땅'은 팬들이 샅샅이 파헤치자 분명한 모순이 드러났다.

피크와 톨킨이 몹시도 상세하게 만들어낸 세계들에서조차 완전한 빈약함이 두드러질 수밖에 없다. 실제 생활에서 모든 사람은 특정한 생일과 지문, 정확한 치아 수를 가진다. 허구 세계에서 대부분의 등장인물은 이러한 특성들을 전혀 가지고 있지 않다. 그 외에 (혈우병 열성인자를 지닌 것처럼) 중요하거나 (엘비스의 혈육인 것처럼[1]) 사소한 다른 수백만 가지의 특성도 마찬가지다.

당연하게도 소설 속 정보가 빈약한 정도는 이보다 훨씬 더 심각하다. 안나 카레니나를 다시 한번 떠올려보자. 안나 카레니나의 대중적인 모습과 인간관계, 그리고 어쩌면 안나의 정체성 자체는 외모에 달려 있다. 그러나 안나는 어떤 모습이었던가? 화가이자 유명한 북디자이너인 피터 멘델선드는 톨스토이가 안나의 짙은 속눈썹과 윗입술 위에 난 보드라운 솜털 외에는 거의 아무것도 말해주지 않았음을 지적한다.[2] 그녀는 키가 큰가, 작은가? 머리카락은 금발인가, 빨강인가? 눈은 푸른가, 갈색인가? 믿기 어려운 점은 톨스토이가 우리에게 너무 말을 아꼈다는 게 아니라 우리가 이를 눈치채지도 못했으며 더더군다나 신경도 쓰지 않는다는 점이다. 우리는 이 책이 밋밋한 막대 인간이 아닌 살과 피로 이뤄진 입체적인 여성에 관한 이야기라는 주관적인 감정을 가지고 읽는다. 하지만 톨스토이는 살과 피로 이뤄진 어떤 입체적인 여성에 관해서는 거의 아무것도 알려주지 않는다.

물론 누군가는 문학 소설이 등장인물의 외모를 다루는 것이 아닌, 내면을 다루는 것이라고 반박할 수 있다. 그러나 안나의 정신은 몸만큼이나 모호하게 묘사되어 있다. 안나는 정확히 어떤 유의 인간인가? 안나와 대화를 나누면 어떻게 느껴질까? 러시아 국가와 불평등에 대해 어떻게 보고 있을까? 안나는 브론스키와 불륜 관계를 맺으면서 받은 치욕에 저항함과 동시에 무너져 내렸는가? 톨스토이 소설의 경이로움은 이러한 질문들에 답하지 않으면서, 감질나게 매혹적으로 열려 있다는 것이다. 우리는 안나를 여러 방식으로 '읽는'다. 안나는 다양한 강도와 조합을 통해 비장하거나, 강박적이거나, 낭만적이거나, 반항적이거나, 거칠거나, 억압당하거나, 사랑스럽거나 냉정한 여자다. 그러나 바로 이러한 개방성은 당연하게도 신체적이든 정신적이든 간에 안나의 특성이 소설 본문에 의해 정해져 있지 않음을 시사한다.

이제 우리가 프롤로그에서 상상했던 '진짜 안나'를 떠올려보자. 사실은 이 소설이 순수소설이라기보다는 소설화한 전기라고 가정해 보자. 그렇다면 안나에 대해 언급되지 않은 모든 사실(정확한 외모, 게놈, 엘비스와의 관계 등)은 완전히 잘 정의되었으며, 심혈을 기울인 조사를 통해 그러한 사실들의 일부를 알아낼 수 있을 것이다(예를 들어, 족보 분석으로 엘비스와 안나가 17세기 키예프족의 공통 조상을 가졌음을 밝혀낼 수 있다). 다른 흔적들, 이를테면 안나가 열한 살 생일에 잰 키 등은 알려지지 않았거나 알 수 없을 수도 있다. 그렇다고 해도 그것들은 사실이다. 그러나 우리가 더 안다고 해서 안나의 인생, 즉 성격과 동기, 신념 등의 정확한 묘사를 진정으로 읽는 것인가?

우리가 앞서 언급한 소설의 두 가지 특성인 모순과 빈약함을 떠올려보자. 안나가 자기 내면을 설명할 때 그 내용은 확실히 머빈 피크의 고멘가스트성만큼이나 엉망진창에 앞뒤가 안 맞고 자기모순적일 수 있다. 안나의 설명은 태생적으로 빈약할 수밖에 없고, 러시아 사회의 여러 측면과 주변 사람, 목표와 열망, 그 외에 생각해 보지 않은 다른 주제에 관해서는 거의 아무 생각이 없으리라. 현실의 안나는 정말로 엘비스와 혈연관계에 있지만 러시아 농업개혁의 여러 장점과 차르의 미래에 대해 명확하게 정의된 의견은 분명하게 있지 않을 것이다. 물론 누군가가 물어본다면 의견을 만들고 똑똑하게 밝힐 수 있겠지만, 이러한 의견은 그 자체로 모호하고 자기모순에 빠지기 쉽다. 현실 속 안나의 마음은 소설 속 안나의 마음만큼이나 허구의 산출물일 수 있기 때문이다. 우리 마음은 더 이상 '현실'이 아니다. 톨스토이의 뇌가 창조해 낸 소설 속 안나는 피상적이고 모순적인 인물이지만 현실의 안나 역시 마찬가지로 자기 뇌가 만들어낸 피상적이고 모순적인 인물일 것이다.

물론 현실 세계는 완전히 반대다. 이 세계는 우리가 그 자세한 내용을 알든 모르든 간에 극도로 상세하게 정해져 있다. 내 커피잔은 어느 주의 특정한 요일에 팔렸고, 특정 가마에서 특정 온도에 구워졌으며, 특정한 무게를 가졌고 적도로부터 특정한 거리에 있다. 또한 가차 없이 일관적이다. 이와 같은 세계에서 합당하다고 인정받는 사실들은 모순될 수 없다.

그에 반해 우리의 신념과 가치, 감정과 기타 정신적 특성은 고멘가스트성의 미로처럼 복잡하고 자기모순적이며 불완전하게 설명된다고 본다. 이 점에서 자신을 포함해 등장인물이 모두 허구라는 것이다. 모순과 빈약함은 소설만의 특징이 아니다. 이는 내면 활동의 특징이기도 하다.

인공지능과 '내면의 현자'

생각이 단편적이고 모순되어 보임에는 논란의 여지가 거의 없다. 하지만 그 간극을 메우고 모순을 해결할 수 있지 않을까? 안나의 세계와 마음은 톨스토이의 글이 규정하며, 자세한 내용을 채우는 '기본적인 진실'은 없다. 그러나 현실의 사람들에게서는 우리가 열심히 찾아보기만 한다면 기본적인 진실 같은 것이 있을 수 있다. 우리 안의 어딘가에 신념과 동기와 욕망과 가치와 계획 등의 완전한 설명서가 존재할 것이다. 그리고 우리에게는 생각과 행동이 일관되게 따르는 내면의 영역이 있을 것이다. 아마도 우리는 열심히 찾아보기만 한다면 그러한 내면이 지닌 내용물을 밝혀낼 것이며, 가능한 한 명확하게 생각의 윤곽을 보여주려고 자신에게 물어봄으로써 우리 '내면의 현자'와 마주하게 된다. 그러고 나면 내면의 현자가 하는 말을 신중하게 생각하면서 모순된 점을 쳐내고 간극을 메꿔가며 현자의 '지혜'를 한데 모을 수 있다.

이는 효과가 있을까? 그 결과를 알아내는 유일한 방법은 한번 시도해 보는 것이다. 그리고 우리는 그렇게 해봤다. 2천 년 동안 철학은 인과관계와 선good, 우주, 시간, 지식, 정신, 그 외에 수많은 것을 포함해 상식적인 개념 중 다수를 명확하게 밝히는 데 전념해 왔다. 과학과 수학은 상식적인 개념들과 함께 시작되었지만 결국 그 개념들을 너무나 철저하게 왜곡해야만 했다. '열'이든 '무게'든 '힘'이든 '에너지'든 간에 이 개념들은 완전히 새롭고 정교한 개념으로 재탄생하고 가끔은 반직관적인 결과를 수반하기도 한다. 우리는 열과 온도를 직관적으로 구분하지 않는다. 상식은 무게와 질량과 운동량을 구분하지 않는다. 우리는 (아리스토텔레스가 그랬듯) 물체에 아무런 힘도 가해지지 않을 때 그 물체는 그대로 멈춰 있게 된다고 상상하지만 현실에서는 일정한 속도로 계속 움직인다. 우리는 열이 에너지의 일종이라는 직관적인 개념, 또는 물체를 높은 곳으로 옮기거나 화학 반응을 보이거나 고무줄을 당김으로써 에너지를 보존할 수 있다는 직관적인 개념을 가지고 있지 않다.

운동 법칙과 열역학 법칙, 그 외에 물리적 세계를 지배하는 모든 법칙은 이상하고 반직관적이다. 실제로 이것이 진짜 물리학이 발견되기까지 몇백 년이 걸린 이유이며, 각 세대의 학생들에게 새로운 도전을 안겨준다. 우리의 정신 깊숙한 곳 어딘가에 숨어 있는 내면의 현자가 무엇을 알고 있든 물리학에는 다다르지 못할 것이다.[3]

물론 지금 우리 각자의 내면에 물리적 세계에 대한 상식적인 설명을 만들어내는 뉴턴, 다윈, 아인슈타인의 내면적 표상, 더 정확히 말하면 이 과학자들의 눈부신 이론 성과의 내면적 표상이 존재한다고 제시하는 사람은 아무도 없다. 하지만 우리 내면의 현자에게는 뭔가 다른 것, 즉 단순하고 직관적이며 대략적인 물리학이나 생물학, 또는 심리학이 있을 것이다. 아마도 과학이 공들여 세운 이론 따윈 없이 상식적인 이론에서 유도된 우리의 생각들은 그럼에도 이론이 될 수도 있다.

그럴듯한 생각이다. 실제로 1950년대부터 우리는 상식적인 이론을 구체화하기 위해서 공동의 노력을 수십 년 동안 쏟아왔다. 목표는 인간의 생각을 복제하고 인간처럼 생각하는 기계를 만들기 위해 그 생각을 체계화하고 조직화하는 것이었다. 이것은 우리 시대의 가장 위대한 기술적 도전, 인공지능을 창조하는 목표의 초기를 주도하는 아이디어였다.

1950년대와 1960년대, 그리고 그 이후 인공지능의 선구자들과 인지심리학, 철학, 언어학계의 공동 연구자들은 정신적 깊이라는 개념을 매우 진지하게 받아들였다. 사실 이들은 우리가 의식적으로 경험하고 언어로 표현할 수 있는 생각이란 비슷하고 미리 형성된 생각들로 이뤄진 광활한 바다, 즉 웹 또는 데이터베이스에서 나오는 것이라고 당연하게 이해했다. 그리고 그러한 생각들은 우리가 의식적으로 경험하지 않는 것이라고 보았다. 각각의 표현된 생각 너머로 아마도 수천 가지 다른 생각이 표면 아래에 놓여 있을 것이다. 그리고 이 모든 숨겨진 지식은 뒤죽박죽이 아니라 이론으로 정리된다고 여겼다. 따라서 인간 지능을 모방하기 위한 시작 전략은 다음과 같다.

1단계: 우리의 정신적 깊이를 파헤친다. 그리고 내면에 있는 소위 신념의 보고를 최대한 많이 표면으로 끌어올린다.

2단계: 숨겨진 '상식적 이론'을 발굴하기 위해 이러한 지식을 정리하고 체계화한다. 이러한 지식을 컴퓨터 데이터베이스에 부호화하는 일은 단지 '보통의 언어'로 적어두는 것이 아니라 컴퓨터가 작업할 수 있는 정확하고 정밀한 언어로 표현하는 일을 포함한다.

3단계: 새로운 경험을 이해하고, 언어를 사용하고, 문제를 해결하고, 계획과 대화를 하고, 대체로 지적인 행위에 관여하는 데 이러한 상식적 지식을 활용하기 위해 이 데이터베이스를 바탕으로 추론할 수 있는 계산 방법을 고안해 낸다.

인간 지능을 모사하는 인공지능 컴퓨터 프로그램을 만들어내기 위한 초기의 시도들은 정확하게 이 접근법을 취했다. 처음부터 이러한 방법이 희망이 없다고 느꼈던 회의적인 철학자와 심리학자가 아주 많았다. 그러나 연구자들은 생각을 굽히지 않았다. 이 접근법이 (특히나 명확한 대안이 없는 상황에서) 성공할 **가능성**이 있다면, 분명 시도해 볼 가치가 충분히 있었다. 이 세계에 대한 우리 나름의 이해를 포착해 재현해 냄으로써 진정한 컴퓨터를 만들어낸다면 무척 극적인 성과를 거둘 수 있을 테니까.

그 후에는 희망이 가득했다. 수십 년 동안 선도적인 연구자들은 이삼

십 년 내에 인간 수준의 지능을 달성하리라 예측했지만 상상했던 것보다 느리게 진척되었고 훨씬 더 큰 도전이 되었다. 1970년대가 되자 진지하게 의구심이 생겨났다. 1980년대에는 지식을 발굴하고 체계화하는 프로그램이 중단되어 버렸다. 실제로 그 이후로 컴퓨터 비전, 음성 처리, 기계 번역, 게임 플레이, 로봇공학과 자율주행 등의 전문 프로젝트에 찬성하면서 인간의 지능을 모방하려는 프로젝트는 조용히 폐기되었다. 1980년대부터 인공지능은 놀랍게도 이러한 전문화된 문제들을 성공적으로 해결하게 되었다. 그런데도 이러한 성공은 인간 지식의 추출을 완전히 건너뛰고 상식 이론으로 넘어간 것에서 비롯되었다.

그보다는 오히려 최근 몇십 년 동안 인공지능 연구자들은 사람에게서가 아니라 해결해야 할 문제를 직접적으로 대면하는 것으로 배우는 기계를 만들며 발전을 이루었다. 인공지능은 완전히 다르지만, 관련 분야인 기계학습으로 변화하고 있다. 기계학습은 사람이 아니라 이미지나 언어 파동, 코퍼스 언어(언어 연구를 위해 컴퓨터가 읽을 수 있는 형태로 모아놓은 언어 자료 - 옮긴이), 체스 게임 등 엄청난 양의 데이터로부터 정보를 추출하면서 작동한다. 그리고 이는 다양한 측면에서의 발전 덕에 가능하다. 컴퓨터는 더욱 빨라졌고, 데이터 집합은 더욱 커졌으며, 학습 방법은 더욱 똑똑해졌다. 하지만 어떤 단계에서도 인간의 신념이 파헤쳐지거나 상식적 이론들이 재구성되지는 않았다.

잘 알고 있다는 착각

인간의 생각을 추출하고 체계화해서 인공지능을 창조하려는 프로젝트, 이를테면 우리 내면의 현자를 구슬려서 '이론들'을 끄집어내려는 시도는 실패했다. 행동을 뒷받침해 주는 지식과 신념, 동기 등을 끌어내려는 가장 첫 단계는 절망적일 정도로 어려운 것으로 밝혀졌다. 사람들은 자신의 생각과 행동을 말로 유려하게 설명하고 정당화할 수 있다. 그러한 설명 중 질문을 던질 때마다 더 많은 언어적 설명과 정당화가 쏟아져 나올 것이다. 하지만 얼마나 길게 이어지든 간에 이러한 언어적 흐름을 분석해 보면 그저 느슨하게 연결된 파편의 연속에 지나지 않는다. 체스 달인은 자기가 어떻게 체스를 두는지 정말로 설명할 수 없고, 의사는 어떻게 환자를 진단하는지 설명할 수 없으며, 우리 가운데 아무도 우리가 사람과 사물로 이뤄진 일상의 세계를 어떻게 이해하는지 조금이라도 설명할 수 없는 것이다. 우리가 하는 말은 설명처럼 **들리기도** 하지만, 사실은 말을 이어나가면서 지어내는 끔찍한 혼란일 뿐이다.

이 점은 인공지능 연구가 앞서 말한 '2단계: 인공지능시스템을 위한 데이터베이스를 만들기 위해 조각들을 일관성 있고 상당히 완벽한 형태로 정리하고 체계화하기'를 수행하려고 할 때 너무나 분명해진다. 이는 가망 없는 과업으로, 사람들이 만들어내는 지식의 단편은 비참하게도 수준 이하이면서도 불운할 정도로 자기모순적이다. 따라서 '3단계: 컴퓨터가 추출된 인간의 지식으로 추론하도록 만들기'는 시작하기가 거의 불가능하다.

사실은 기본 특성에 관한 지식의 가장 단순한 측면조차도 완전히 다루기 어려운 것으로 드러났다. 예를 들어, 인공지능 연구자들은 물리적 세계에 대한 우리의 일상적인 상호작용을 좌우하리라고 추정되는 상식적인 물리학을 끌어낼 수 있기를 바랐다. 1960년대와 1970년대에 이는 인간의 지식을 포착하는 프로젝트를 시작하기에 좋은 지점처럼 보였다.[4] 그러나 반세기가 지난 후에도 우리는 여전히 그 출발점에 서 있다.

왜 그런지를 이해하기 위해 상식적인 물리학의 친근한 측면, 말하자면 우리가 일상적인 사물과 물질의 행위에 대해 공유하는 지식에 잠시 집중해 보자. 구체적으로 커피와 볼베어링, 설탕을 부엌 바닥에 떨어뜨렸을 때 그 작용에 관해 잠시 생각해 보자. 모두가 알듯, 커피는 후두둑 떨어지면서 다양한 크기의 웅덩이와 방울 모양으로 고인다. 설탕은 얕은 더미를 형성하든지 바닥 전체에 좀 더 골고루 흩뿌려진다. 그리고 볼베어링은 사방으로 흩어져 기구와 가전제품 밑으로 사라질 것이다.

따라서 우리는 일상의 물건들이 어떻게 움직이는지 대강 알지만 왜 그러한지 설득력 있게 설명하기는 놀랄 만큼 어렵다. 우리는 분명 장황한 설명을 만들어낸다. 물은 '수평을 찾으려고' 시도하기 때문에 활짝 퍼져나간다. 하지만 왜 어떤 물은 바닥에 머물고 어떤 물은 자유로이 튀어나가 물방울을 만드는지 '수평 찾기'라는 직관적인 지식으로는 설명되지 않는다. 아마도 한 가지 단서는 물이 서로 엉겨 있기를 좋아한다는 사실일 것이다. 이 사실은 왜 물이 물줄기와 물방울을 이루며 공기 속을 움직이는지, 응집한 웅덩이와 구덩이에 함께 모여 있는지, 그리고 왜 물방울이 대체로 구를 이루며 웅덩이는 둥글둥글한지 설명해 줄 것이다. 이 이야기는 당신이 상상하듯 무한 확장된다.

그렇다면 설탕은 어떨까? 설탕은 어떤 이유로 물처럼 튀기지 않으며, 물처럼 함께 '엉기지' 않는 것처럼 보인다. 바닥에 부딪히면 약간 퍼져나가긴 하지만 심하게 퍼지지는 않는다. 분명 설탕 입자의 거친 표면과 그로 인해 움직일 때 생겨나는 마찰력과 관계가 있을 것이다. 설탕 입자가 극도로 곱다거나 극도로 굵다면 달라질까? 물은 마찰 없는, 또는 마찰이 거의 없는 설탕처럼 움직이는 것일까? 설탕은 물처럼 평평하게 퍼지고 싶어 하는 것 같지만, 평면을 이루기에는 역부족이다. 찬 바람이나 부채질로 설탕을 날렸을 때 바닥 위를 점차 고르게 덮을 수 있다 해도 마찬가지다. 볼베어링이라면 또다시 이야기가 달라지는데, 매끈하고 단단하면서 들러붙는 성질이 전혀 없다는 점에서 그렇다. 볼베어링 하나가 다른 볼베어링 위로 떨어진다면, 두 개 모두 어느 방향으로든 날아가 버린다. 어떻게 이런 일이 일어나는지는 그다지 명확하지 않지만, 어쨌든 볼베어링의 잘 튀어 오르는 성질은 중요하다. 접착제처럼 끈적거리는 공들은 아주 다르게 움직일 테지만, 볼베어링은 (고무공과는 달리) 별로 탄성이 없어 보인다는 점에서 이는 이상한 일이다.

이제 물과 설탕, 볼베어링이 빈 플라스틱 통 안으로, 또는 물을 가득 채운 양동이 안이라든지 여러 다양한 곳으로 풍덩 빠진다고 생각해 보자. 당신은 이러한 상황에 대한 설명도 만들어낼 수 있다. 한 가지 주의해야 할 점은 각 설명이 단 하나의 근본 원인인 것처럼 보인다는 점이다. 즉 모든 새 시나리오의 설명은 언뜻 보기에 제한 없이 그저 중구난방으로 들린다는 것이다. 게다가 각 설명의 각 단계는 그 자체로 의문을 제기한다. 왜 물은 '수평을 찾는' 경향이 있을까? 왜 볼베어링은 서로 부딪혀 튕겨 나올까? 왜 양동이에 담긴 물에 설탕이 섞이면 농도가 바뀔까? 그 외에도 여러 질문이 나올 수 있다.[5]

우리는 충분히 예상한 대로 빈약함과 일관성 없음이라는 쌍둥이 같은 문제에 부딪히게 되었다. 우리의 설명에는 허점과 모순이 아주 많다. 사실 심리학자들은 우리의 이해감과 설득력 있는 설명을 하는 능력 사이의 기이한 간극에 대해 '설명적 깊이의 착각'이라는 표현을 사용한다.[6] 냉장고가 어떻게 작동하는지, 자전거를 어떻게 조종하는지, 아니면 밀물과 썰물의 근원이 무엇인지 설명하든 간에 우리는 우리가 실제로 만들어낸 자가당착적인 설명과는 전혀 균형이 맞지 않는 것 같은 이해감을 가진다.

인공지능을 연구하면서 첫 몇십 년 동안 발견한 가장 중요한 단 한 가지는 그저 위의 문제가 얼마나 심오하면서 뒤집을 수 없는가다. 우리가 말로 하는 직관적 설명은 구체화되어야 한다는 게 첫 번째 가설이다. 우리가 필요한 만큼 열심히만 들여다본다면 '마음속 깊숙한 곳'에 상식적 이론이 있으리라는 것이었다. 우리가 내놓는 가설들은 강화될 필요가 있고, 개념들은 모양을 갖춰만 했다. 당시의 희망은 약간의 순서와 정리로 언어 서술이 컴퓨터 프로그래머들에 의해 코드화되어 명료하고 포괄적인 이론으로 바뀔 수 있다는 것이었다.

그러나 사실은 그 반대임이 드러났다. 원초적인 독창성과 수학력, 그리고 끈기를 갖춘 인공지능 연구자들은 언어적 지식을 쓸모있는 형태로 만들기 위해 애썼다. 그리고 이들은 계속 실패했다. 물리적 세계에 대한 우리의 언어적 설명(사회적, 경제적 세계나 도덕적 또는 심미적 판단도)은 내면의 명확성에 대한 혼란스러운 설명이 아니라 내면의 혼란스러움에 대한 혼란스러운 설명인 것으로 드러났다.

우리의 언어적 설명과 정당화는 내면세계 깊은 곳에 존재하는, 우리가 추리한 일관성 있는 이론이자 미리 만들어진 안정된 지식에 대한 보고서가 아니다. 이것들은 임시변통적이고 잠정적이며 즉석에서 만들어진다. 우리는 상식적인 물리학과 심리학, 윤리학, 그리고 숨겨진 지혜를 밝혀 내길 원하는 수많은 학문에 대해 내면의 현자와 상의해 왔다. 하지만 그 현자는 사기꾼이자 몽상가, 아니면 잡담의 달인인 것으로 밝혀졌다. 즉 정신적 깊이는 착각이다.

내면의 현자를 진정으로 믿는 사람들

우리는 자신의 창작력을 상당히 과소평가해 왔다. '내면의 현자'는 아주 훌륭한 이야기꾼으로, 어찌나 유창하고 그럴듯한지 우리를 완전히 속여버린다. 그러나 마음이 불러내는 정신적 깊이는 고멘가스트성이나 가운데땅보다 딱히 현실적이지도 않다. 마음은 평평하다. 우리의 정신적 '표면', 의식의 흐름을 만들어내는 순간적인 생각과 설명과 감각적 경험은 정신활동의 전부일 뿐이다.

정신적 깊이라는 착각은 언뜻 눈에 보이는 것보다 훨씬 더 만연해 있다. 2500년 동안 철학은 '선good'부터 사물과 사건의 본질, 마음과 몸, 지식과 신념 또는 인과성에 이르기까지 핵심 개념에 대한 우리의 직관적 지식과 언어적 설명을 체계화하려고 애써왔다. 이 시도는 이러한 범주에 대한 우리의 직관과 설명에 어울리는 논리적 방식이 **있을 경우**에만 의미가 통한다. 그러나 그러한 논리적인 이론들은 단 한 번도 윤곽을 드러낸 적이 없다.

19세기 후반과 20세기에, 훗날 분석적 학풍을 이룰 철학자들은 상식의 카오스를 형상화하는 데 큰 영향을 미친 접근법이 무엇인지 탐구하기 시작했다. 고틀로프 프레게, 버트런드 러셀, 초기의 루트비히 비트겐슈타인과 다른 많은 철학자는 상식을 조직화하려고 시도했는데, 그러려면 그 상식이 표현된 언어를 이해해야만 했다. 또한 **의미**에 관한 직관적인 진리를 탐구하고 체계화함으로써 언어의 '논리 구조'를 명확히 하는 데 초점을 맞추었다. 언어와 의미를 '바로잡는' 일은 위대한 철학적 질문에 간접적인 공격을 가할 수 있는 결정적인 디딤돌로 보였다. 우리가 생각하는 수많은 혼란은 이 생각들을 언어로 포착해 표현할 방법을 분명하게 밝힐 수 있어야 사라지리라는 착상 때문이었다. 그러나 언어와 의미에 관한 우리의 직관 역시 마찬가지로 간극과 모순으로 가득하다는 것이 밝혀졌다. 직관은 이름의 의미를 묻는 것과 같은 기본적인 질문에 아예 발휘되지 못하거나 상충한다. 다시 한번, 직관과 성찰에 의해 끌어낼 수 있는 내면의 일관성 있는 의미 이론이 있다는 생각 자체가 잘못되었으며,

언어적 사용과 그에 대한 생각과 의미는 일관성 없이 뒤엉켜 있다.

의미와 진실, 지식, 가치, 마음, 인과성, 또는 분석 중인 어떤 상식적 개념에 대해 모순적인 직관을 세심하게 심사숙고한 후 철학자들은 이곳에선 틈을 메우고 저곳에선 모순을 풀어낼 수 있게 된다. 하지만 새로운 간극과 신선한 모순이 계속해서 나타난다. 마음이 이론가가 아닌 잡담꾼이라면, 무엇에 관한 상식적인 직관 이론도 세워질 수 없을 것이다. 《고멘가스트》의 열렬한 팬이 고멘가스트성의 지도를 영영 그릴 수 없는 것과 마찬가지다.[7]

언어학자들은 놈 촘스키의 생성문법 프로젝트의 뒤를 이어 언어의 구조를 체계화하는 프로젝트를 추진했다. 어떤 문장이 수학적으로 엄격한 이론에 의해 받아들여질 수 있는지에 대해 우리의 직관을 체계화하는 것을 프로젝트의 목표로 삼았다. 그리고 그 이론이 개개인의 언어적 지식이 지닌 특성을 포착하리라고 가정했다. 그러나 이 프로젝트 역시 침몰했다. 언어의 의미뿐만 아니라 언어에서 관찰되는 구조적 형태에서조차도 모순적인 규칙과 하위규칙, 그리고 무조건적 예외 등이 뒤섞여 있기 때문이었다.[8]

똑같은 이야기가 경제학에서도 적용된다. 경제학자들은 소비자와 기업이 스스로의 선호에 대해 완벽하게 이해하고, '세계(또는 경제적으로 관련 있는 부분)'에 관한 완전하고 조리 있는 의견을 가지고 있다는 가정하에 연구를 했다. 시장의 행태는 이러한 '초합리적' 행위자의 상호작용에서부터 '생겨난다'라고 보았다. 이 과정 역시 수학적 정밀함을 갖췄는데도 실패하고 말았다. 우선은 심리학과 행동경제학에서 이뤄진 수도 없이 많은 실험은 우리의 신념과 선호가 그저 얼마나 불분명하고 자기모순적인지 보여준다. 또 한편으로는 개별적인 의사 결정자들(과 이들의 왕성한 희망 사항, 절망적인 공포, 맹목적으로 따르거나 과민하게 반응하는 경향)은 시장이나 전반적인 경제 수준에서 예상치 못한 난기류를 만들어낼 수도 있다.

사람들이 세계와 자신이 원하는 것이 무엇인지를 아는 선호에 대해 완전하고 조리 있는 의견을 가지고 있다는 개념 역시 경영과 정책 부문에서 널리 전제되어 있다. 시장 연구자는 우리가 원하는 재화와 서비스가 무엇인지를 연구하기 위해 노력한다. 의사 결정자는 공항과 발전소 같은 복잡한 프로젝트에서 여러 이해관계자의 신념과 선호를 추출하려고 애쓴다. 보건경제학자는 질병과 장애 그리고 생명 그 자체에 안정적인 금전적 가치를 부여하려 노력한다. 이러한 프로젝트들도 모두 같은 문제, 즉 우리 직관의 일관성 없고 편파적인 특성으로 곤란을 겪는다. 사람들은 (주어진 시간이 단 몇 분이더라도) 정확히 똑같은 질문에 대해 전혀 다른 대답을 내놓는다. 그리고 다양한 질문에 대한 사람들의 답은 가끔 앞뒤가 맞지 않으며, 실제 선택에서도 같은 편차를 보인다(사람들은 자신들의 삶이 매우 소중하다고 표현하면서도 위험한 행동에 관여할 수 있다). 그리고 가끔 우리는 여러 사안(예를 들어, 핵무기 보유, 기후 변화 또는 정부가 새로운 암 치료제에 자금을 지원할 것인지 여부 등)에 대해 견해를 표하지만 실제로는 이에 대해 피상적인 설명만이 가능하다. 대부분 이 사안들에 대해 냉장고의 작동을 이해하는 것과 같은 정도로만 이해할 뿐이다. 우리는 확고한 의견을 가질 수도 아닐 수도 있지만, 이 의견들은 일관성 있고 완벽하게 설명되는 상식적 이론에서 나올 수도 없다. 앞서 인공지능 실험이 보여주었듯, 추출해 낼 수 있는 이론 같은 것은 없다. 요컨대 문제는 물리학, 심리학, 도덕성 또는 원하는 것에 대한 우리의 직관은 피크가 고멘가스트성을 묘사하는 것보다 그다지 논리정연하지 않다는 점이다.

그러나 우리는 가끔 아주 다른 그림에 혹하고 만다. 우리 생각과 삶 속의 혼동과 모순은 다수의, 그리고 상충하는 자아 간의 충돌을 대변한다는 것이다. 예를 들어, 우리는 스스로가 '의식적인 자아'와, 어둡고 인간 본연의 숨겨진 '무의식적인 자아' 간 충돌의 산물이라고 믿고 있는 듯하다. 하지만 '자아'의 일관성 없는 본성과 그 자아가 함유하고 있을 생각, 동기, 신념은 다른 자아를 덧붙인다고 해서 설명되지 않는다. 고멘가스트성에 대한 피크의 묘사가 앞뒤가 맞지 않는다고 해서 여러 다양한 성을 들먹이는 것으로는 해결되지 않는 것과 마찬가지다.[9]

심리학: 예술인가 과학인가

나는 프롤로그에서 밝힌 것처럼 이 책의 결론을 향해 끌려가면서도 동시에 필사적으로 저항하며 수십 년을 보냈다. 이 말이 당신을 헷갈리게 만들 수도 있다. 인간은 근본적으로 지금 이 순간의 세계를 해석하고 재해석하는, 이야기를 자아내는 즉흥 시인이라는 생각은 많은 사람에게 즉각적으로 다양한 근거를 찾아내도록 호소력을 발휘한다.

우선 우리 생각이 컴퓨터에 복제할 수 있는 방식으로 논리정연하게 응집되지 않는다는 사실은 인간의 자유와 창의력, 재간이 단순한 계산으로 전락할 수 있다는 생각에 대한 반가운 항변이 될 수 있다.

게다가 '마음은 평평하다'는 관점은 예술, 문학과 인문학의 관점에서는 완전히 자연스러워 보일 수 있다. 이것들의 관점에서는 사람과 행동을 상충되고 단편적이며 끝없이 재창조된 해석의 대상으로 보는 오랜 전통이 있다. 실제로 많은 학자가 우리의 심사숙고에서 끌어낼 올바른 결론은 인간 본성을 과학적 관점에서 이해할 수도 없고 이해해서도 안 된다는 것이라고 주장하려고 했다. 우리는 단순히 자신과 상대에 대한 직관적인 해석을 그 모든 간극과 모순과 함께 받아들여야만 할 것이다. 인간 행동에 관해 할 말은 그게 전부이기 때문이다.

이러한 관점에서 심리학은 과학보다는 예술과 인문학과 손을 잡아야 한다. 아마도 자신을 이해하는 일은 불가피하게도 생각과 행동에 대한 우리의 해석을 끌어내고 되돌아보고 분석하고 이의를 제기하며 재개념화하는 문제일 것이다. 또한 다른 사람의 해석을 해석한다. 그렇다면 우리는 자기 자신과 그 외의 모든 사람에 대해 타당한 관점을 지닌 심리학을 고안해 내야만 할 것이다. 그러한 심리학에서는 어떤 관점이든 재분석하고, 다시금 이의를 제기하고, 마음과 행동의 이해에 대해 '정답'이 없고 절대 있을 수도 없는 자유로운 논의로 보는 것이다.

많은 사람이 이를 긴장감 넘치고 고상한 시각으로 받아들이지만, 나는 그런 사람들에 속하지 않는다. 나는 자신에 대한 우리의 이해가 손댈 수 없을 정도로 불충분한 직관적 설명과 다를 바 없다는 가능성에 절망한다. 이러한 관점은 해방이 아니라 허무주의이니까. 다시 말해, 과학과의 연대에서 비롯한 심리학의 해방이 아니라, 과학을 적용해 자신을 이해하려는 프로젝트를 완전히 포기하는 것이다.

심리학을 예술과 인문학의 일환으로 보는 것은 정신적 깊이라는 착각에 대해 명확하게 잘못된 방식으로 반응하는 셈이라고 생각한다. 이러한 관점은 우리의 생각과 행동에 대한 언어적 설명이 보여주는 즉흥적이고 편파적이며 모순적인 문체를 받아들이면서, 더욱더 난해한 언어적 추측이 끝도 없이 켜켜이 쌓이도록 만든다. 그러한 추측이 꿈과 연상에 관한 것인지, 강박과 다중 자아, 은유, 현상학 등등에 관한 것인지는 상관없다. 우리 자신에게 자유분방하고 창의적이지만 전혀 신뢰할 수 없는 상상력을 적용하는 일은 신빙성 있는 결과로 이어지리라고 기대하기가 매우 어렵다. 이는 동화들의 기원을 설명하면서 또 다른 동화를 제시하는 것과 같다.

마음의 과학에는 정반대의 접근법이 필요하다. 인간 지성의 핵심인 '즉흥성의 엔진'이 어떻게 인간 두뇌라는 기계장치로부터 구성되는지를 이해해야 하는 것이다. 결국 뇌는 궁극적으로 생물학적 기계로, 특히 빽빽하게 서로 연결된 몇천억 개의 뇌 세포 망으로 구성된 기계다. 또한 창조하고 꿈꾸고 상상하는 생물학적 기계이기도 하다. 과학에서 가장 심오한 과제 하나는 뇌가 도대체 어떻게 작동하는지를 알아내는 것이며, 우리의 신경회로 내에서 벌어지는 전기와 화학 활동이 어떻게 생각과 행동의 흐름을 생성해 내는지 이해하는 것이다.

초기 인공지능은 한 가지 방침을 탐구해 나갔다. 연구자들이 컴퓨터 프로그램을 짜고 실제로 내가 이 글을 써 내려가는 패턴의 컴퓨터와 뇌가 대략 같은 원리로 작동한다면 완전히 일리가 있다. 우리가 일상 언어에서 만들어내는 상징적인 설명은 컴퓨터 언어와 데이터베이스에서 사용되는 상징적 표현과 그다지 다를 바 없다. 우리는 직관적 언어적 설명을 약간 구체화해서 허점을 메우고 모순을 풀어내면 된다. 그것들을 상징적인 계산이 일어날 수 있는 내부 데이터베이스의 내용으로 바꿀 수 있을 것이다.

따라서 연구자들은 우리가 지어내는 이야기와 직관과 설명 등을 액면가 그대로 받아들이고, 우리는 이러한 것들을 기계가 판단할 수 있는 이론으로 체계화하려고 애쓴다. 그런데도 지금껏 보았듯 이러한 접근법은 절대 효용이 없고, 그럴 수도 없다. 우리의 이야기는 고칠 수도 없을 정도로 허술하고, 앞뒤가 맞지 않는 창작이며, 깊은 내면의 이론에 관한 단서를 바탕으로 하기보다는 즉석에서 만들어낸 것이다.

그러나 여기에는 오래된 대안적인 관점이 있다. 생물학적 계산은 전통적인 컴퓨터의 기호 계산과는 매우 다르다는 것이다. 2부에서 우리는 마음이 어떻게 작동하는지, 우리의 끊임없는 창의적 생각의 흐름이 뇌라는 기계로부터 어떻게 나오는지에 관한 새로운 이야기를 다루기 위해 뇌가 사용하는 소위 계산의 '협력적' 패턴을 알아볼 예정이다. 그러나 우리는 마음이 어떻게 해야 좀 더 철저하게 작동하는지에 관한 기존의 직관을 우선 탐색하고 서서히 무너뜨리려고 한다. 새집을 짓기 전에 기반을 닦을 필요가 있다. 정신적 깊이라는 착각은 우리가 지금껏 보아왔던 것보다 훨씬 더 교활하고 만연해 있다. 우리의 직관을 풀어내고 마음을 다시 한번 들여다보는 것이 1부의 나머지 주제다.

CHAPTER 2

현실의 감정

말에서 그림으로

고멘가스트는 전혀 그렇지 않은데도 온전하고 일관성 있는 세계처럼 **느껴진다**. 하지만 이는 그다지 놀라운 일이 아니다. 소설을 읽으면서, 우리는 소위 허구 세계를 한 번에 한 단어씩 '만져본다'. 그토록 좁은 창으로 단편들을 언뜻 살펴본다고 하면, 전체에서의 간극과 모순을 무심결에 흘려보낸다는 것은 그다지 놀랍지 않다. 허구의 이야기와 진짜 이야기를 구별하는 일은 매우 어렵다. 둘 다 진짜처럼 **느껴지기** 때문이다. 사실 허구 세계, 그리고 그곳에 사는 등장인물과 성들은 가끔은 창작자에게도 현실처럼 느껴진다. 창작자는 특히 그 세계의 비현실성을 인식함에도 그렇다. 어쨌든 가끔 작가들은 점차 '등장인물들만의 삶'을 떠맡게 되면서 등장인물들과 전체 줄거리에 관해 이야기할 때가 있다. 물론 이는 그저 은유에 지나지 않는다. 허구 세계와 등장인물들은 그 페이지에 할당된 단어들 너머로는 존재하지 않기 때문이다.

이제 내면세계가 그저 **당신이 겪는 현재의 감각적 경험**으로 구성된다고 생각해 보자. 의식의 흐름을 말로 풀어나가는 것에 초점을 맞추기보다는, 세계에 대한 현재의 정신적 '그림'에 집중해 보자. 모든 색깔과 세부적인 부분까지 포함해서 말이다. 감각 세계에 대한 우리의 '그림'이 좁은 창문 틈으로 단편적으로 잠깐 보이는 것은 확실히 아니다. 그보다는 그림은 마음속에 일관성 있고 통합된 전체로서 동시에 '로딩'되는 것으로 보인다. 그렇다면 분명 순간적인 경험으로 이뤄진 내면세계는 논리적이다. 즉 우리는 전체를 동시에 살펴볼 수 있기 때문에, 자신의 감각적 경험에서 어떤 모순을 곧장 짚어낼 수 있을 것이다. 그렇지 않을까? 이야기에는 간극과 모순이 있을 수 있지만, 그림에는 그런 것이 있을 수 없다.

이번 장에서 살펴보겠지만 우리 앞에 펼쳐진 시각적 세계 전체를 '완전히 손아귀에 넣는' 감각 역시 거짓이다. 이 세계에 대한 우리의 정신적 '그림'은 어떤 허구 세계와 상식적인 설명만큼이나 많은 모순과 간극을 지닌다.

스웨덴 예술가 오스카 로이터스베르드Oscar Reutersvärd는 기만적인 단순함을 지닌 '불가능한 사물'을 만드는 데 평생을 바쳤다. 도표 1을 보면 스웨덴 우표 한 세트에 로이터스베르드가 그린 유명한 이미지 세 개가 있다. 전체로 보았을 때 각 '사물'은 일관성 있고 삼차원적이며 기하학적인 것처럼 보인다. 그러나 좀 더 면밀하게 보면 도표의 여러 부분에 대한 해석은 그저 '말이 되지 않을 뿐'이다.[1]

이 그림은 기존의 기하학적 배치의 일반적인 모습, 즉 공중에 떠 있는 정육면체의 선들을 보여준다. 그러나 좀 더 자세히 살펴본다면, 뇌는 이 이미지에서 여러 부분이 지닌 깊이가 서로 맞지 않는다는 불편함을 느끼게 된다. 정확히 어떤 점이 잘못되었을까? 이 이미지의 부분들을 삼차원으로 해석하자니 그림 전체에 대한 통일된 삼차원적인 해석을 내놓을 만큼 딱 맞아떨어지지 않는다. 이 평범한 이미지들은 삼차원으로 해석하는 순간 자기모순을 드러내고 만다. 다시 말해, 이미지들은 삼차원 사물처럼 보이지만 그렇지 않은 것이다.

'불가능한 사물' 현상은 지각의 특성에 대한 깊은 통찰력과 함께 생각의 특성에 대한 강력한 은유를 보여준다.

그렇다면 불가능한 사물이 전하는 말은 무엇일까? 세 가지 결론을 끌어낼 수 있으며, 이 결론들은 책 전체에서 다양한 형태로 여러 차례 반복

도표 1   오스카 로이터스베르드가 그린 불가능한 사물 이미지들은 아름다운 스웨덴 우표 시리즈로 명성이 높다.

되는 주제가 될 것이다. 우선, 불가능한 사물은 지각이 어떻게 작동하는지에 대한 우리의 상식적인 생각에 커다란 오류가 있음을 보여준다. 상식적인 관점에 따르면 감각은 외부 세계를 몇 가지 내면의 복제로 보여주는데, 이것이 바로 주관적인 경험의 세계다. 그리고 우리는 이 내면세계는 어쨌든 외부 세계의 '복제'라고 순진하게 상상한다. 그래서 책과 탁자, 커피잔 같은 것을 지각할 때 마음은 희미한 '정신적' 책과 탁자 또는 잔을 떠올린다. 마음은 자연의 '거울'이라는 것이다.[2] 그러나 이는 옳지 않다. 이러한 사물은 삼차원으로는 말이 되지 않기 때문에 삼차원적 '정신적 거울의 복제' 같은 것은 있을 수가 없다. 단순히 조각이 들어맞지 않는 삼차원 직소 퍼즐과 같다. 따라서 마음은 거울이라는 은유는 옳을 수가 없으므로, 우리는 지각에 추론이 필요하다는 다른 관점을 탐색해 보려고 한다.

두 번째로, 우리가 경험하는 불가능한 사물은 뇌가 여러 경우에 이미지의 다양한 측면을 '파악'한다는 것을 의미한다. 우리는 도형의 여러 부분을 훑어보고 각 부분을 별개로 고려해 봤을 때 완벽하게 일치하는 깊이가 있음을 깨닫는다. 각 부분(예를 들어 특정한 기둥과 정육면체, 또는 평면 등)에 대한 삼차원적 해석은 완벽하게 일관성 있어 보이지만, 이러한 해석은 그저 일관성 있는 전체로 짜 맞춰지지 않을 뿐이다. 뇌는 이 세계를 단편적으로 언뜻 보고 단편적으로 상상한다.

세 번째로 우리의 부적절한 자신감과 관련 있다. 불가능한 사물을 보면서 우리는 비록 기묘하기는 하나 삼차원적인 장면을 보고 있다는 압도적인 감각을 느낀다. 그러나 이 견고한 '기분'은 완전히 잘못 이해한 것이다. 실제로 삼차원적인 해석이 불가능한 평면적인 이미지를 바라보는 것이기 때문이다.[3] 이는 깊이의 착각에 대한 또 하나의 실례일 뿐이다. 이러한 깊이의 착각은 불가능한 사물에서처럼 문자 그대로 착각이기도 하고, 아니면 이야기와 설명에서처럼 은유적인 착각이기도 한데 이러한 착각은 아주 흔하다.

감각적 경험의 빈약함

따라서 시각적 세계는 모순적일 수 있다. 그렇다면 모순으로 가득 차 있을까? 이는 세상이 어떻게 **보이는지**가 아니다. 방을 둘러보면 나는 벽과 가구와 양탄자와 조명, 컴퓨터와 커피잔과 여기저기 흩어진 책과 종이 같은 잡동사니가 한꺼번에 파악된다는 느낌을 받는다. 물론 감각적 경험에 대한 내 직관은 잘못될 수 없다. 그렇지 않을까?

자세하고 다채로운 감각 세계에 대한 당신의 감각을 의심해 봐야 하는 이유에서 가장 많이 논의되는 내용은 기초 해부학에서 나온다. 색각의 민감성은 중심와(초점을 맞추는 망막에서 색깔을 감지하는 추상체가 빽빽하게 밀집해 있는 오목한 부위 - 도표 2 참조)에서 멀어지면서 빠르게 떨어진다. 사실 당신은 직접적으로 보고 있는 각도 밖에서는 완전한 색맹에 가까워진다. 시야의 대부분을 차지하는 간상세포는 오직 빛과 어둠만 감지할 수 있다. 따라서 눈의 기본적인 해부학 구조는 눈을 움직이는 일정한 각도 내를 제외하고는 우리가 흑백으로 보고 있음을 말해준다. 그런

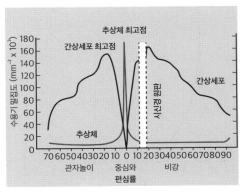
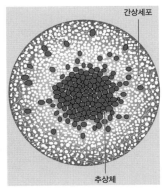

도표 2　눈의 감광 세포 밀집도

데도 우리는 당연히 '주관적 시각 세계' 전체가 화려한 색상으로 이뤄져 있다고 느낀다. 적어도 이는 착각임이 틀림없다.

　망막에 관해 다루면서 추상체가 단순히 색깔을 감지하는 데만 특화된 것이 아님을 눈여겨보자. 또한 섬세한 세부 내용을 수집하는 것에도 전문이다. 이러한 이유로 당신의 눈은 현재 읽으려는 글자에 중심와를 맞추는 것이다. 사실 시각의 민감성은 중심와에서 멀어질수록 신속하지만 순조롭게 떨어지며, 민감성이 감소하는 속도는 일정하고 정확하게 측정된다. 따라서 가장 광범위한 범위 내에서 지각 능력은 사물이 망막에 투영되는 물체 크기와는 별개가 된다. 그래서 우리는 먼 곳에 있는 친구를 알아보거나 컴퓨터 화면에 뜬 섬네일 사진을 이해하거나 작은 글자를 읽을 수 있다. 그뿐만 아니라 멀리서 다가오는 친구를 알아볼 수 있고, 영화

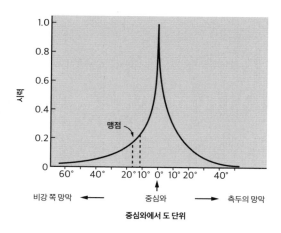

도표 3 망막 상의 시력. 우리가 보는 정확도는 중심와의 정점에서부터 순조롭지만 매우 급격하게 감소한다. 도표 2의 왼쪽 그래프가 보여주듯 시력은 추상체의 밀집성을 아주 잘 따라간다.

관 맨 첫 줄에서도 클로즈업 장면을 제대로 이해하고, 아주 가까이에서 대형 광고판을 읽을 수 있다. 필요한 줌인이나 줌아웃이 가능하려면 분석해야 할 구역이 작을수록 시각 '자원'을 더욱 빽빽하게 집중해야 한다.

시각적 능력이 얼마나 예리하게 집중되는지를 보기 위해 도표 3을 살펴보자. 이 그래프는 섬세한 세부 내용을 읽는 능력을 점점 크기가 작아지는 문자 차트를 가지고 측정해 낸 값이다. 그리고 그래프가 망막의 원추세포 밀집도를 얼마나 정확하게 반영하는지 눈여겨보자(도표 2). 하지만 이러한 관찰은 시각의 주변부가 색이 없을 뿐만 아니라 극도로 흐릿하다는 것을 암시한다. 눈앞에 있는 방을 찬찬히 살펴보면서 나는 내적 경험을 통해 전체 풍경을 정확한 세부 내용까지 담아낸다고 느낀다. 그러나 이 역시 착각이다. 내가 똑바로 바라보지 않는 것은 무엇이든 어설프고 뿌옇게 보이기 때문이다.

따라서 눈의 해부학적 구조에 관한 기본적인 사실은 감각적 경험에 대한 우리의 가장 근본적인 직관에 모순된다. 우리는 명료한 좁은 창으로 세상을 보지만, 전체 시야는 거의 흑백이고 흐릿하다. 그리고 해부학은 잠시 접어두고 시야의 '편협함'을 직접적으로 보여주는 이상한 시각 이미지 가운데 일부를 떠올려본다면 우리는 어떤 속임수가 일어나고 있음을 느낄 수 있다. 도표 4에서 이상한 '열두 개의 점' 착시에 대해 생각해 보자. 열두 개의 검은색 점이 각각 네 개씩 세 줄 위에 놓여 있는데, 이 점들은

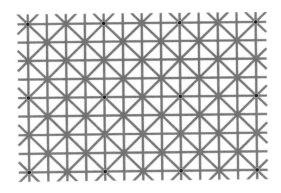

도표 4   검은 점이 몇 개나 보이는가? 당신이 찾아보는 동안 검은 점은 계속 깜빡이며 나타났다 사라질 것이다. '니니오의 소멸 착시'라고 부르는 이러한 착각은 프랑스의 생물학자이자 시각과학자인 자크 니니오가 만들었다.

하얀색 배경에 대비되어 동시에 또렷하게 보일 정도로 크다. 그러나 격자판 위에서 점들은 당신이 유의해서 볼 때만 나타나는 것처럼 보인다. 우리가 관심을 기울이지 않는 점들은 어찌 된 일인지 회색 사선 속으로 '먹혀버린다'. 흥미롭게도 우리는 매우 불안정하지만 근접한 한 쌍의 점이나 선, 삼각형, 심지어 사각형까지 주의를 기울일 수 있다. 그러나 주의력은 충분치 않기에 주의해서 보지 않는 부분의 점은 사라져버린다.

한정된 시각적 '창'은 적어도 우리가 바라보는 곳에 따라 결정된다. 우리는 보통 이미지와 장면에서 어떤 부분을 똑바로 바라보는지에 대한 감각이 너무나 모호하지만 전체 시각적 장면을 꽤 세부 내용까지 '완전히 파악한다'는 인상을 받는다.

우리가 상상하는 '정신적 거울'이 외부 세계를 전체 시야 전반에 똑같

도표 5   눈 움직임을 관찰할 수 있는 재미있는 이미지

이 선명하게 비춘다고 느낀다. 도표 5는 우리가 눈의 움직임을 볼 수 있게 해준다. 격자를 가로질러 눈을 움직일 때, 당신은 바라보는 곳마다 하얀색 점으로 된 조각이 보일 것이다. 당신이 이 그림을 어느 방향으로든 45도씩 돌려본다면, 당신은 흰 점과 검은 점 모두 좀 더 강렬하게 깜빡거리고 있음을 깨달을 것이다. 따라서 시각적 경험은 우리가 어디를 보는지에 따라 상당히 극적으로 달라지며, 우리는 확실히 이 완전한 이미지를 마음속에 '업로드'할 수 없다. 실은 그 이미지가 아주 단순하고 반복적이어도 마찬가지다.

그렇기에 세상에 대한 우리의 시각적 파악은 보이는 만큼 정확하고 총괄적일 수 없다. 글자를 입력하는 동안 내 앞에 놓인 화면을 바라보면서, 나는 모든 곳에 있는 글자들을 본다는 느낌을 얻는다. 그러나 그 느낌은 내가 대략 한 번에 한 단어만 읽을 수 있다고 한다면 착각이 된다. 가령 지금 당장 보고 있는 바로 그 단어(와 글자 주변의 여백)를 제외하고는 종이 위의 모든 글자가 마법이라도 부리듯 재빨리 움직인다고 하자. 즉 내가 새로운 위치로 눈을 움직이는 즉시 내 눈길이 '도달'한 새로운 글자 부분은 의미 있는 글자로 바뀐다는 것이다. 의미를 담은 본문의 각 일부분은 내가 그것을 보는 즉시 '창조'된다. 그리고 나머지 부분은 그저 의미 없는 여러 줄의 글자가 되어버린다.

'응시 조건적' 시선 추적 기술의 발명 덕에 이것을 실제로 실험하는 것이 가능해졌다. 이것이 실험에서 어떻게 작동하는지 한번 살펴보자. 당신이 컴퓨터 화면을 바라보면서 도표 6 윗부분에 쓰인 문장을 읽고 있다고 가정해 보자. 당신의 눈은 시선 추적 장치로 모니터링되고, 동그라미로 표시된 것에 따라 문장을 뛰어넘게 된다. 그리고 여기에 함정이 있다. 문장 전체를 계속 보는 대신 컴퓨터 화면은 오직 문자의 '창'(그림에서 사각형으로 강조된 부분. 물론 이 사각형은 당신 눈에 보이지 않고, 당신이 보는 것은 아무런 장식이 없는 글뿐이다)만 보여주며, 이 창은 당신이 보는 곳으로 움직인다. 사각형 안쪽에 있는 글자는 평범하게 보이지만 사각형 바깥쪽으로 밀려난 글자들은 알파벳 X로 교체된다.

이러한 방식은 당신이 바라보는 화면이 '시선 의존적'임을 의미한다. 즉 화면에 표시되는 것들은 그 특정 순간에 당신이 바라보는 위치에 달려 있다는 것이다. 따라서 눈이 연속적으로 문장 사이를 뛰어넘으면, 당신이 보고 있는 컴퓨터 화면상에 표시되는 내용은 도표 6의 연속적인 열

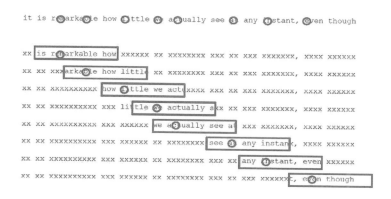

도표 6   응시 조건적 시선 추적을 보여주는 도식화

에서 보여주듯 바뀐다. 의미 있는 글자의 '창'은 당신의 눈이 문장을 따라가는 뒤를 쫓아간다. 그 외의 구역은 오직 X로만 채워진다.

그렇다면 당신이 눈으로 보는 부분이 어디든 간에 즉석에서 생성된 의미 있는 단어로 채워진 작은 창을 제외하면 X로 된 덩어리들로 가득한 본문을 읽는 주관적인 경험은 무엇일까? 우리가 막연한 의미에서 스크린을 가득 채우고 종이를 가득 채운 글 전체를 한 번에 '본다'면, 우리는 X로 된 덩어리가 존재한다는 사실을 알아채고 상당히 당황스러워할 것이다. 하지만 그런가?

물론 이는 창의 크기에 따라 달라진다. 창의 크기가 작다면 당신의 뇌는 당연히 X의 물결 '뒤'에서부터 움직여 나오는 글자 토막들을 보는 꽤기이한 경험을 할 것이다. 하지만 창이 충분히 길면 당신은 이상한 부분은 **아무것도 인지하지 않을 것**이다. X는 당신이 알아채기에는 너무 멀리 떨어져 있을 것이기 때문이다. 따라서 당신은 눈 바로 앞에서 변형이 계속 일어나더라도 평소와 다른 부분은 주목하지 못한 채 글을 읽을 것이다. 혹자는 변화를 감지하는 주변부의 간상세포가 어딘가가 잘못되었음을 알아채고, 이를테면 글이 바뀌고 있으며 안정적이지 않다는 신호를 보내지 않을까 궁금할 수도 있다. 사실 눈이 움직이는 동안 화면상의 변화가 일어나는 것이 아니라면, 이는 당신이 사실상 맹인인 것이다.

여기에서 결정적인 질문은 사람들이 뭔가가 잘못되었는지 알아챌 때까지 창의 크기를 얼마나 작게 줄일 수 있을지다. 놀랍게도 (그림에 나타나듯) 그 크기가 글자 열에서 열다섯 자 정도까지 포함하도록 줄일 수 있는

데, 이 창은 시선 고정점의 오른쪽으로 바뀐다[4](뇌는 다음 시선의 움직임을 계획하는 데 도움을 주기 위해 조금 '앞서 생각'한다. 따라서 히브리어처럼 오른쪽에서 왼쪽으로 읽는 언어라면 그 창은 대신에 왼쪽으로 움직인다[5]).

희한하게도 당신이 구별할 수 있는 문자가 그때 화면에 나타난 고작 열두 개에서 열다섯 개에 이르는 알파벳이고, 나머지는 X 또는 라틴어나 실험자가 선택한 아무 글자로 채워졌다 할지라도, 꽤 정상적으로 읽을 수 있다.[6] 이 결과는 눈과 뇌가 아주 좁은 창 바깥쪽에 있는 것들은 거의 알아채지 못한다는 것을 시사한다. 사실 여기서 우리는 한발 더 나아갈 수도 있다. 즉 이 증거[7]는 우리가 한 번에 한 단어만 읽을 수 있음을 의미한다는 것이다. 실제로 당장 당신의 읽기를 모니터링하는 시선 추적 장치는 당신의 눈이 본문의 줄을 따라 한 단어에서 다른 단어로 불규칙하게 '건너뛰고 있음'을 보여준다. 가끔 당신의 눈은 짧고 예측 가능한 단어들을 건너뛰고, 가끔 맥락을 놓쳤을 때면 몇 단어 되돌아가기도 한다. 하지만 당신은 대략 한 단어에서 다른 단어로 건너뛰면서, 한 번에 한 단어씩 읽을 수 있다. 그러다 보니 우리가 얼마나 신속하게 읽을 수 있는지에 대해 엄격한 한계를 부여하는 셈이 된다. 특히나 속독은 단순히 훑어보는 행위임을 암시한다. 뇌가 한 번에 문장이나 문단 전체를 '받아들일 수 있는' 방법이 없기 때문이다.

그러니까 지금 당신은 바로 이 문장들을 똑같이 좁은 창을 통해 읽고 있는 것이다. 당신은 똑바로 응시하는 작은 창을 제외하고는 그 어떤 글자도 거의 인식하지 못한다. 그리고 이와 비슷하게 엄격한 제약이 글자와 단어뿐만 아니라 우리가 얼굴과 사물, 패턴과 전체 장면을 이해하는 능력에도 적용된다. 당신이 수많은 얼굴을 바라볼 때 한 번에 한 명만 알아볼 수 있는 것으로 드러났다. 또한 형형색색의 장면을 볼 때면 똑바로 바라보는 물건들의 색깔과 세부 내용만 서술할 수 있을 뿐이다.

이러한 믿기 어려운 결과에도 여러 심리학자와 철학자는 지각적 경험의 풍성함은 그저 착각이며, 우리 감각은 오직 외부 세계로 통하는 보잘것없는 연결고리를 선사할 뿐이라는 결론을 끌어내기를 꺼렸다. 어쩌면 우리는 책 한 페이지나 마주치는 사람의 얼굴에 대해 한 번에 하나 이상 **서술**하거나 **기억**할 수 없지만 아마도 우리가 서술하거나 기억하는 것보다는 훨씬 더 많이 **볼 수 있다고** 반박하고 싶은 유혹도 들 수 있다. 요컨대 외부 세계를 그 충분한 복잡성에 가깝도록 복제하는 경험의 내면세계 같은 것이 존재할지도 모른다. 그래서 풍부한 주관적 인식은 우리가 서술하는 내용을 '초과'해 버릴 수 있다. 경험의 내면세계는 덧없이 흘러가기 때문이다. 이 내면세계는 당신이 묘사하는 순간 사라진다.

그러나 이 설명이 옳을 수는 없다. 만약 그렇다면 시선 추적 실험에서 사람들에게 '보이는' 것은 그저 의미 있는 글자들을 비추는 작은 창과 무수한 X였을 것이다. 그리고 자기가 눈을 움직이는 동안 의미 있는 글자를 비추는 작은 창도 바뀐다는 것을 인식했을 것이다. 하지만 사람들은 이런 내용을 전혀 서술하지 않았다. 이들은 자기들이 의미 있는 단어들로 온전히 구성된 정말 평범한 문장을 본다고 주장하며, 눈이 글 한 줄 한 줄을 훑어나가면서 글자들이 그 정체를 바꾸고 있다는 점은 차치하고서도 X로 된 선들은 전혀 깨닫지 못했다. 따라서 주관적 인식의 '초과'에 관한 이야기는 소용이 없다. 우리가 글이 쓰인 전체 페이지를 '볼' 수 있지만 오직 한 번에 한 단어만 서술할 수 있다면, 시선 추적 장치는 우리를 절대 속일 수 없다. 우리가 철저히 기만당했다는 사실은 우리 앞에 펼쳐진 글 전체를 본 적이 없음을 이야기한다. 우리는 대충 한 번에 한 단어만 인식하고 글 나머지는 극도로 희미하게 감지할 뿐이다.

그러므로 우리 앞에 글 전체나 장면 전체가 놓여 있다는 감각은 눈이 시각적 세계를 띄엄띄엄 보면서 이뤄지는 시각적 정보 토막들의 통합에서 일어난다. 따라서 우리가 눈과 세계 사이의 접촉점을 완벽하게 가만히 고정한다면 풍성한 시각적 세계에 대한 감각은 무너져 내릴 것이다. 실제로 눈으로 투영되는 시각 이미지를 고정할 수 있었다면 장면과 말, 얼굴, 또는 글 한 페이지에 대한 지각은 붕괴하기 시작해야만 한다. 정말 맞을까?

끊임없이 흔들리는 안구 위에 이미지를 고정하는 문제는 기술적으로 까다로워 보인다. 놀랍게도 이 기술적 과제는 1950년대까지 거슬러 올라가 미국 브라운대학교의 심리학자 로린 리그스Lorrin Riggs와 영국 리딩대학교의 물리학자 로버트 디치번Robert Ditchburn이 이끄는 연구팀에 의해 해결되었다. 한 가지 해결책은 콘택트렌즈를 통해 안구에 겨우 무게가 0.25그램인 작은 '초소형 영사기'를 부착하는 것이었다. 눈이 움직일 때 영사기도 함께 움직이면서 이미지를 정확하게 고정할 수 있으며, 망막 이미지는 중심와 위로 영사된다. 뛰어난 광학을 통해 이미지는 보는 사람에게 상당히 작고 멀리 있는 것처럼 나타나지만, 실제로 이 초소형 영사기는 망막으로부터 고작 2.5센티미터 정도 떨어져 있다.

그렇다면 망막 이미지가 거의 완벽하게 고정된 상태에서 갑자기 만들어졌을 때 무슨 일이 벌어질까? 우리는 눈으로 정확히 영사되는 것은 무엇이든 정상적이고 정지된 상태로 보게 되리라고 기대할 수 있다. 하지만 이런 일은 전혀 일어나지 않는다. 몇 초 안에 영사된 이미지는 한 조각 한 조각씩, 아니면 통째로 사라지기 시작하며, 남겨진 것은 가끔은 검은색으로 어두워지는 획일적인 회색 영역이 전부다. 그런데도 통보 없이 전체 이미지나 일부가 자연스럽게 다시 나타나 분해되거나 재배열되거나 또는 다시 완전히 사라진다.[8]

망막의 고정은 지각에 대한 해결의 실마리를 제공하고, 그 연장선상에서 생각에 대한 실마리도 준다. 예를 들어 어떤 사람이 그냥 단순한 직선을 마주했을 때 무슨 일이 벌어지는지 생각해 보자. 처음에 뇌는 이 직선을 추적하면서 정확하게 처리하다가 새로운 자극을 좇을 것이다. 물론 일반적으로 눈의 움직임은 추적할 수 있는 새로운 시각적 자극에 응하지만, 정지된 이미지에 대해 안구의 움직임은 아무런 새로운 시각 정보를 생성해 내지 않는다. 직선에서 벗어났지만 다시 추적할 거리가 없다면 신선한 지각적 해석은 전혀 만들어지지 않는다. 즉 그 사람은 빈 공간 외의 것은 아무것도 경험하지 않는다는 의미다. 때때로 뇌는 유일하게 접근할 수 있는 '의미 있는' 신호를 다시 추적하는데, 그러면 그 직선은 다시 시야로 불쑥 나오지만 그다지 오랫동안 지속되는 것은 아니다. 우리의 상상은 해석을 부여할 수 있는 새로운 재료를 찾으려 계속해서 노력한다.

이 이야기가 맞는다면 우리는 더 단순한 자극은 완전히 사라지리라고 예상해야만 한다. 그리고 실제로 사람들은 단순한 직선을 보았을 때 90퍼센트의 시간 동안 오직 빈 공간만 본다고 한다. 반면에, 잠재적으로 여러 패턴을 만들어내는 자극의 다른 부분을 추적할 때 좀 더 복잡한 자극에 다양한 방식으로 개입하는 것이 가능해진다. 따라서 더 복잡한 패턴은 좀 더 많은 시간 동안 눈에 들어와야만 하며, 연속적인 분해와 재조직의 '역동적인' 전환을 보여주어야 한다. 결정적으로 우리는 지각적 해석의 산출물만 의식적으로 경험하기 때문에 눈으로 볼 수 있는 패턴은 임의로 흩어진 이미지 파편보다는 의미가 담긴 단위로 구성되어야 한다.

예를 들어 도표 7에 나타난 결과들을 생각해 보자. 각 줄에서 왼편에 있는 그림은 실험 참가자 눈에 영사된 이미지이고, 다른 이미지들은 참가자들이 이미지가 분해되고 다시 조립되는 것을 경험하면서 서술한 시각적 경험을 선정한 것이다. 우선은 옆모습으로 된 머리 그림 (a)를 살펴보자. 눈에 보이는 소재는 임의적인 파편들의 모음보다는 연속적인 이미지의 부위(예를 들어 상부, 하부 또는 좌측 등)에 대응하는 경향이 있음을 먼저 염두에 두자. 특히나 머리 나머지 부분에서 단절된 '순수한' 옆모습을 주목하자. 사람들은 제멋대로 그려진 윤곽(예를 들어 머리카락을 가리키는 선의 단편)보다는 일관성 있는 단위를 '추적'하는 것이 확실하다.

근접한 의미 있는 단위에 대한 초점은 글자 H와 B가 서로 합쳐진 모습

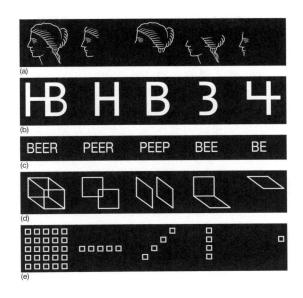

도표 7　고정된 이미지의 분해

(b)를 보면 더욱 분명해진다. 예상했던 대로 글자 H와 B는 가끔은 홀로 보이지만, 글자 H는 숫자 3만 남기고 완전히 사라지기도 한다. 가장 흥미로운 부분은 숫자 4를 추적해 보면 숫자와 맞지 않는 주변 조각들은 지워버릴 수 있다는 점이다. 이는 지각 체계의 즐거운 상상력을 보여주는 또 다른 실례가 된다. 누군가가 자세히 살펴보고 나서야 심지어 HB 모양 속에 숫자 4가 숨겨져 있음이 확실해지지만, 지각 체계는 이 패턴을 자연스럽게 찾아낸다.

　7c에서 관찰되는 패턴을 한번 보자. BEER라는 단어는 몇 가지 구성 단

어로 쪼개지지만, 예를 들어 EE와 EER, ER처럼 '의미 없는' 하위 문자열로 나뉘지는 않는다. 그리고 7d에서 우리는 선으로 표현된 정육면체가 무턱대고 분해되는 것이 아니라 선을 하나하나 따르되 전체 덩어리를 가져와서, 정육면체의 일부 면은 살아남고 다른 면들은 사라지도록 쪼갰다. 반대쪽 면을 남겨놓은 두 개의 삽화는 이미지상의 분리된 영역을 유지하는 경향이 절대적이지는 않음을 보여준다. 가장 결정적인 부분은 뇌가 추적하는 패턴들은 그 자체로 의미가 있다는 점이다. 물론 이 특정한 부분들도 의미가 있지만, 선으로 그린 그림이 2차원적이고 평면적인 선 그림이 아니라 3차원 정육면체로 해석된다고 가정했을 때 가장 큰 의미를 지닌다. 이러한 관찰은 적어도 이 경우에는 '추적' 과정이 뇌가 이미지를 상세히 해석한 **후에** 작동한다는 것을 시사한다. 마지막으로 7e에서는 사각형으로 이뤄진 격자가 어떻게 여러 줄의 사각형으로 분해되는지, 또는 뇌가 오직 하나의 사각형에만 초점을 맞출 수 있는지 알아보자. 또한 뇌는 무작위로 만들어진 사각형의 부분보다는 의미 있는 조합을 선호한다는 점도 살펴보자.

이러한 이미지들은 고정되어 있을 때 가끔 완전히 사라졌다가 다시 나타나는데, 그림에서 보듯 가끔은 조각조각 나타난다. 고정된 이미지의 이상한 현상학은 반세기 이상 동안 알려져 있었다.[9] 그 세월 동안 이런 발견은 영문 모를 호기심일 뿐 지각과 생각, 의식에 관한 중대한 질문에 비해 하찮은 것으로 비쳤다. 그러나 이 발견은 마음이 어떻게 작동하는지에 대한 핵심을 보여준다. 특히 이러한 현상은 지각의 작동, 그리고 그로부터 확장되어 생각의 작동에 관한 기본 원칙들을 제시한다.

1. 우리는 오직 의미 있는 조합(또는 적어도 뇌가 찾아낼 수 있는 가장 의미 있는 조합)만 '본다'. 임의로 흩어진 조각들보다는 시각적 모둠과 패턴, 그리고 온전한 글자와 숫자, 단어 등이 여기에 속한다.
2. 우리는 한 번에 단 하나의 의미 있는 조합만 본다(예를 들어, 우리는 BEER나 PEER는 보지만 그 두 단어를 한꺼번에 보는 경험은 할 수 없다). 이러한 의미 있는 조합의 일부가 아닌 다른 감각적 경험은 (항상 망막에 명료하고 뚜렷하게 투영됨에도) 전적으로 눈에 보이지 않게 되는 수준까지 대부분, 심지어는 전부 무시당한다.
3. 뇌는 계속해서 우왕좌왕 동요한다. 새로운 입력이 부족하다는 익숙지 않은 상황에도 뇌는 필사적으로 현재의 조합에서 벗어나 또 다른 조합을 찾아내려고 시도한다. 그럴 수 없을 때 이미지는 완전히 사라진다.

고정된 이미지를 관찰하면서 경험하는 현상학은 우리가 어떻게 볼 것인가를 위한 '창'에 대한 경험, 즉 뇌가 벌이는 그럴듯한 마술쇼 무대 뒤를 흘깃 훔쳐보는 것에 가장 가깝다. 그리고 앞으로 살펴볼 내용이지만, 지각은 생각의 한 유형이다. 사실은 가장 중요한 유형일 수도 있고, 다른 모든 유형의 생각은 정말로 그저 지각의 확장(물론 강력한 확장이기는 하나)일 뿐이다. 이런 관점에서 보다 보면 우리는 이 책 후반부에서 망막의 고정화에서 나온 근거가 생각의 이론을 예시한다는 것을 알게 된다.

물론 이러한 관찰은 우리가 글자를 보든, 사물을 보든, 얼굴이나 색깔을 보든 간에 그 보는 것에 관한 믿음이 체계적으로 오해의 소지가 있음을 의미한다. 우리는 생각보다 훨씬, 훨씬 더 적게 본다. 실제로 이 세상을 한 번에 한 토막씩 보며, 어느 이야기에서 연속적인 문장들을 함께 연결지을 수 있는 것과 마찬가지로 그 토막들을 엮어낼 수 있다. 따라서 당신이 겪는 현재 감각적 경험의 내면세계는 완전히 가짜임이 드러난다. 우리는 한 번에 한 단어, 사물, 또는 색깔을 처리할 수 있으며, 그 이상은 불가능하다. '감각의 내면세계'는 진짜처럼 느껴지지만, 고멘가스트성 역시 그 서술을 한 줄 한 줄 읽어나가다 보면 진짜처럼 느껴진다. 두 경우 모두에서 뇌는 '전체' 정보를 한꺼번에 파악하는 것이 아니라 연이은 정보 토막들을 성공적으로 종합하는 것이다. 외부 세계의 풍성함과 복잡함을 비추는 '내적 영역' 같은 것은 존재하지 않는다. 그런 존재가 있었더라면, 의미 없는 X의 물결로 이뤄진 바다 한가운데에서 우리가 바라보는 곳에 자그마한 일관성의 창을 만들어내는 응시 조건적인 시선 추적 장치는 아마도 우리를 기만할 수 없었을 것이다.

앞 챕터에서는 설명적 깊이라는 착각에 대해 약술했다. 즉 우리가 지식과 동기, 욕망과 꿈에 부여하는 언어적 설명은 일이 벌어지고 나서 창작되는, 설득력 없는 즉흥곡이라는 것이다. 이 챕터에서 우리는 자신의 감각적 경험의 풍성함과 일관성에서조차 엄청나게 속고 있음을 살펴보았다. 우리가 상세하고 다채로운 세계를 보고 있다고 **생각**하지만 그렇지 않다. 이것은 가끔 철학과 심리학에서 '위대한 착각'이라고 알려진, 너무나 믿기 어렵고 모든 것을 아우르는 거짓말이다.[10]

이는 우리를 어디로 떠나보내는가? 감각적 세계는 이야기의 '세계'와 소위 상식적 설명의 기반보다 그다지 견고하지 않다. 우리는 불가능한 사물의 견고한 3차원 특성을 '명확하게 지각한다'라는 **감각**을 받는다. 이는 고멘가스트성의 배치에 대한 생생한 감각과 주변의 사람과 세계를 이해한다는 생생한 '느낌'을 가지는 것과 마찬가지다. 그러나 그러한 이해는 모순들로 인해 구멍이 숭숭 뚫려 있다. 그리고 감각적 세계에 대한 우리의 경험은 깜짝 놀랄 정도로 빈틈으로 가득 차 있음을 보아왔다. 위대한 착각이 우리를 사로잡고 있는 것이다.

이러한 발견에서 나오는 불가피한 결론은 **마음 그 자체가 불가능한 사물**이라는 점이다. 즉 마음은 견고함이라는 피상적인 외형만 있을 뿐이다. 고멘가스트성에 대한 피크의 상상과 물리적 사물에 대한 우리의 일상적인 설명은 모두 견고하고 일관성 있게 느껴지지만 사실은 모두가 대책 없이 혼란스럽고 모순적이다. 우리의 의식의 흐름은 그저 로이터스베르드의 불가능한 사물 그림이 어떤 획기적이고 기하학적 현실의 투영인 것과 다를 바 없는, 그저 내면세계의 '투영'일 뿐이다. 마음은 그저 의식의 흐름에 따른 순간적인 내용물에 지나지 않는다. 게다가 (그와 반대되는 우리의 직관에도 불구하고) 마음은 놀랄 만큼 빈약하다. 따라서 우리는 필요에 따라 하나씩 감각과 신념, 욕망을 만들어내고 표현하며 행동을 취하고 선택하게 된다.

CHAPTER 3	날조의 해부

우리는 속고 있다. 우리의 언어적 설명(챕터 1에 나오는 설명적 깊이의 착각)과 감각적 경험(챕터 2에 나오는 위대한 착각) 모두 고체 상태로 가장한 수증기에 지나지 않는다. 자연을 비추는 거울이라든지, 외부 현실의 내적 복제라든지, 뒤틀린 무의식이라든지 우리의 생각이 뚫고 나오는 헤아릴 수 없는 깊이 따위는 존재하지 않는다. 단편적이고 놀랍도록 대충 쓰인 경험, 그리고 대략적인 기억의 회상이 만들어내는 순간적인 흐름 아래로는 확실히 아무것도 없다. 물론 떠들썩한 뇌 활동은 있지만, 더 이상의 **생각**이 있는 것은 아니다. 우리의 유일한 생각과 기분, 감정은 의식의 흐름을 관통해 흘러간다.

그렇다면 우리는 어떻게 그리도 철저하게 속아 넘어갈까? 이 챕터에서 우리는 감각에 초점을 맞춰보려 한다. 그러나 이 동일한 속임수는 신념과 욕망, 희망과 공포의 관점에서 우리의 설명이 지닌 확실한 견고함을 뒷받침한다. 그럴듯한 속임수들이 그러하듯 위대한 착각은 그릇된 설명

80

에 의존한다. 우리는 중심와를 돌려 이 시각적 세계의 한 측면에 관심을 집중하면서, 나머지 모든 면에서는 무슨 일이 일어나는지 거의 아무것도 주목하지 않는다. 잠시만이라도 우리의 지각적 표상이 시야의 가장자리에서 희미하고 흑백이라는 의심이 든다면 이를 확인해 보기 위해 눈을 돌릴 것이고, 그러면 당연하게도 모든 것이 세밀하고 가지각색으로 보인다.

마술사들은 이 사실을 몇백 년 동안이나 알고 있었다. 시선과 주의를 이미지의 한 부위로 끌어가면서, 엉큼하게도 동전과 공, 심지어는 토끼가 우리의 눈치 없는 시각 체계를 지나쳐 시야 주변부에 있는 멀리 떨어진 어떤 위치로 떨어지도록 만들곤 했기 때문이다. 물론 거짓 유도 misdirection는 실패할 수 있다. 어린아이들은 그들의 관심을 어느 한 방향으로 돌리도록 된 신호를 알아채는 데 실패하고 곤란하게도 다른 방향, 아마도 '마술에 쓰이는' 대상이 남몰래 움직이는 바로 그곳을 바라보는 바람에 마술사에게 위협이 된다. 그러나 위대한 착각의 가해자에게는 그러한 위험성이 없다. 모호한 시각적 위치를 조사하고 그 위치가 어떤 말과 얼굴, 사물을 포함하는지 우리는 모른다는 것을 밝혀줄 무언가가 있을 가능성은 없다. 조사 행위 자체가 관련 있는 말과 얼굴, 또는 사물을 떠오르게 만들기 때문이다. 우리의 관심을 시각 이미지의 부분(예를 들어, 군중 사이의 한 얼굴, 글이 가득 쓰인 종이 위 한 단어 등)에 맞추는 과정은 색깔과 세부 내용이 불쑥 존재감을 드러내는 과정과 같다. 따라서 뇌는 우리가 안정적이고 강렬하며 다채로운 세상을 시각적으로 크게 한눈에 '보고 있다'고 속일 수 있지만, 사실은 세상과 우리 사이의 시각적 연결은 한정된 일부에 불과하다는 것이다.

따라서 그 속임수의 '비결'은 간단하다. 즉 우리 주변의 세계는 뚜렷하고 다채로우며 사물과 말과 얼굴로 가득 차 보인다. 우리가 주변 세계의 어떤 측면에 관해 궁금증을 가지자마자 눈은 거의 즉각적으로 관련된 부분을 가볍게 훑어보고는 그 시야상의 적절한 부분을 응시하다가 눈 깜짝할 사이에 답을 내놓을 것이기 때문이다. 그 유창성은 우리에게 모든 답이 이미 저장되어 있으며 사용될 준비가 되어 있다는 인상을 안겨준다. 그렇기에 우리는 주변 세계에 대한 완전하고 정확한 정신적 표상을 언제든 찾아볼 수 있다고 생각한다. 그러나 응시 조건적 시선 추적 장치와 그 외에 여러 방식을 적용한 실험들은 완전히 반대의 결과를 내놓는다. 기억 저장소에서 시각적 장면의 동떨어진 부분에 관한 대답을 끌어내기는 커녕 우리의 눈은 즉각 답을 내놓기 위해 정신없이 돌아간다.

예를 들어, 눈을 감았을 때 테니스 라켓의 '느낌'을 떠올려보자. 우리는 라켓을 이리저리 휘둘러보면서 그 무게와 기동성을 엿보고, 라켓의 머리 부분을 손가락 끝으로 튕기며 줄의 팽팽함과 간격을 느껴본다. 그리고 손가락으로 더듬어가며 라켓의 테두리가 만들어낸 타원형을 짐작해 본다. 하지만 우리는 라켓의 느낌에 대한 주관적 경험을 '하나하나'씩 획득했다. 우리는 라켓을 휘두를 때는 줄을 인식하지 않았고, 줄을 튕길 때는 라켓의 무게에 대한 감이 없었다. 그렇지만 라켓 테두리가 불쑥 생겨나고 소멸된다는 느낌이라든지, 줄이 금세 나타났다가 사라지는 느낌을 가지지 않는다. 물론 한 번에 한 측면만 경험할 수 있음에도 라켓이 완전히 안정적이고 단단한 존재라는 정도의 지각은 가지고 있다.

그렇다면 우리가 눈으로 라켓을 살펴볼 때 무슨 일이 벌어질까? 사실은 앞의 내용과 큰 차이 없이 거의 같다. 눈은 라켓 이미지의 다양한 부위를 시각적으로 '접촉'하는데, 그 부위는 테두리와 줄, 또는 전체적인 크기와 무게에 관련한 질문에 따라 달라진다. 그러나 눈은 너무나 빠르고 별 노력 없이 움직여 그 결과를 보고하기 때문에, 우리는 모두 이러한 발견이 이미 마음속에 저장되어 있다고 너무 쉽게 상상한다.

눈은 오직 한 번에 한 시각적 부위에만 접촉할 수 있지만 놀라운 속도로 시야를 가로질러 현재 우리에게 필요한 시각 정보가 무엇이든 그 위에 안착한다. 우리가 라켓의 새로운 부위를 살펴보기 위한 손의 전체 움직임을 매우 잘 의식하면서도 눈이 어디로 움직이는지에 대해서는 막연히 의식할 뿐이라는 점도 중요하다. 그렇기에 우리는 어떤 얼굴을 자세히 들여다볼 때 눈이 계속 눈과 입을 번갈아 쳐다보며 빠르게 돌아간다는 것, 또는 글을 읽을 때 매끄럽게 문장을 따라가기보다는 한두 개의 단어를 연달아 뛰어넘으며 본다는 것에 놀라는 것이다(도표 8을 보자). 따라서 한 개의 정보를 찾아내기 위해 시야를 빠르게 훑고, 다른 정보에는 거의 주목하지 않는다.

지각의 단계적인 특성은 촉각이든 시각이든 간에 우리가 외부 세계와의 한 '접점'에서 다른 접점으로 뛰어넘는 것보다 더욱 강하다. 우리는 단 하나의 접점으로부터 여러 다른 방식으로 정보를 해석할 수 있다. 챕터 2에서 고정된 이미지에 대해 논의하면서, 같은 망막 이미지가 한순간에는

BEER였다가 그다음 순간 BEE, PEEP, 또는 PEER가 되는 모습을 보았던 것과 마찬가지다. 뇌는 접근 가능한 감각 정보의 다양한 측면을 추적하지만, 결정적으로 우리는 한 번에 단 하나의 정보의 해석만 추적할 수 있는 것으로 보인다. 단순한 비고정적 이미지의 경우, 우리는 BEER라는 단어를 볼 때 머릿속으로 동시에 채워지는 다른 구성 단어도 모두 볼 수 있다고 상상한다. 어쨌든 우리는 흔히 BEER의 하위 구성으로서 BEE나 PEEP, 그리고 PEER를 볼 수 있는지 궁금해하는 즉시 준비된 답을 내놓기 때문이다. 하지만 이는 또 다른 모습으로 변장한 똑같은 속임수다. 즉 우리 눈이 다른 시각적 위치로 서둘러 움직이는 대신 뇌가 특정한 위치에서 시각적 입력의 다른 부분집합을 추적하는데, 너무나 빠르고 수월하게 작동하다 보니 이미지의 한 해석에서 다른 해석으로 갈아타는 것이 아니라 마음속으로 모든 해석을 동시에 한다고 상상하는 것이다.

따라서 우리는 명료하게 보이는 좁은 창을 통해 세상을 바라본다. 이 창은 흐릿한 벌판에서 색깔과 세부적인 구석을 지닌 아주 작은 부분이지만, 우리는 창의 '가장자리'나 그 존재조차 신경 쓰지 않는다. 이번에는 어떤 안경을 써본다고 상상해 보자. 이 안경은 한가운데 작은 구멍만 제외하고 그 가장자리는 심각하게 흐릿하고 색깔도 사라진다. 안경을 통해 앞쪽만 고정적으로 바라본다면, 이상한 건 아무것도 보이지 않을 것이다. 온 세계는 여느 때처럼 세세한 부분까지 형형색색으로 보일 것이다(당신의 망막과 뇌는 안경이 지워버린 세부 사항을 '놓치지' 않기 때문이다. 망막과 뇌는 설사 그 세부 사항이 존재하더라도 감지하지 못할 테니까 말이다). 그러나 우리가 아주 조금만 눈을 돌린다면, 안경이 만들어낸 '명료함의 창'은 즉각적으로 너무 확실하게 드러날 것이다.

어느 공상과학적인 미래에서 안경 속에 작은 시선 추적 장치를 심을 수 있어서 우리가 우연히 보게 되는 곳만 제외하고는 색깔과 세세한 모습을 차단할 수 있다고 생각해 보자. 이 안경은 투명한 부위가 작게 있는 불투명한 렌즈로 되어 있고, 투명한 부위는 안경 쓴 사람의 눈이 세상을 훑어보는 동안 계속해서 이곳저곳을 넘나들 것이다. 안경 쓴 사람은 어떤 주관적 경험을 하게 될까? 우리가 안경을 쓴다면 자신의 모습을 볼 수 있을까? 구경꾼들은 우리가 어떻게 흐릿함 속에서 테니스를 칠 수 있는지 궁금해할 수도 있다. 엄청난 교통체증을 뚫고 태연하게 운전해 나가는 동안 지나가던 사람들은 거의 눈앞이 안개로 뒤덮인 것 같은 모습에 경악할 수도 있다.

그러나 우리의 시점에서는 시각적 세계는 평소와 거의 다를 바 없다. 안경은 우리가 외부 세계의 어느 부분을 보든지 간에 그 상세한 총천연색의 이미지를 의도적으로 선사한다. '안개'는 눈이 매번 도약안구운동(다시 말해 한 응시점에서 다음 응시점으로 뛰어넘는 것)을 하고 나서 자리를 잡을 때 렌즈 표면의 새로운 위치에 생겨나지만, 이 일은 정말 매끄럽게 이뤄져서 안개가 있는지 인식하지 못할 정도일 것이다. 우리는 글씨를 훑어보고 커피잔이 파란색이라고 말할 수 있다. 자신에게 시각적 세계에 관한 질문을 던질 때마다 그 답을 내놓을 수 있을 것이다. 따라서 그 안경이 거의 모든 곳에서 형태도 없고 색깔도 없는 이미지만 비춰준다는 것

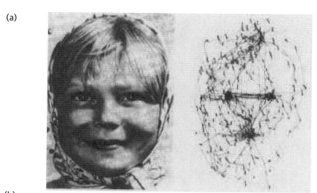

(a)

(b)

When a person is reading a sentence silently,
the eye movements show that not every
word is fixated. Every once in a while a
regression (an eye movement that goes back
in the text) is made to re-examine a word
that may have not been fully understood the
first time. This only happens with about 10%
of the fixations, depending on how difficult
the text is. The more difficult the higher the
likelihood that regressions are made.

도표 8 접촉으로서의 시각: 우리는 그림과 글을 볼 때 어떻게 한꺼번에 냉큼 받아들이는 것이
아니라 여러 번 작게 '찔끔'거리며 받아들이는가. (a) 1950년대와 1960년대 모스크바에
서 시선 추적을 선구적으로 사용했던 러시아 심리학자인 알프레드 야르버스Alfred Yarbus는
눈이 이미지의 작은 부분들에 아주 심하게 고정된다는 것을 발견했다. (b) 글 한 문단을
읽는 동안의 눈의 움직임.

은 절대로 인식하지 못한다. 우리는 우연히 어딘가를 보든 형형색색의
세부적인 구석까지 볼 것이기 때문이다.

한번 생각해 보면 이러한 가상의 안경은 완전히 공상과학의 영역에만

존재하는 것이 아니다. 우리는 아주 현실적인 의미에서 이미 그 안경을 쓰고 있다.

우리가 온전히 색과 세세한 내용을 지닌 세계에서 살고 있다는 감각은 말하자면 즉각적인 관찰에서 얻을 수 있는 색상과 세부 내용을 가졌다는 감각이 된다. 그리고 눈을 깜빡이는 것만으로 우리가 바라는 그 어떤 정보도 손에 넣을 수 있게 된다. 나는 지금 내가 머무는 방의 책장에 놓인 책들의 색깔을 안다는 감각을 지녔지만, 영국 도서관 책장에 꽂힌 책에 대해서는 그렇지 않다. 신속한 안구운동(과 아마도 고개를 돌리는 움직임)으로 나에게 '검은색 줄무늬가 있는 노란색 얇은 책, 흰 글씨가 쓰인 파란 책, 빨간색 하드커버로 된 커다란 책…' 같은 이야기를 하겠지만, 아무리 눈을 돌리고 가늘게 뜬다고 하더라도 저 멀리 런던에 있는 도서관의 책에 대해서는 아무것도 알 수 없을 테니까 말이다.

하지만 다시 공상과학 안경으로 돌아가 보자. 가상의 안경을 쓴 사람은 그래도 자기가 세세하고 다채로운 세상을 볼 수 있다고 **착각**하고 있을까? 어떤 면에서는 '그렇다'이고, 다른 면에서는 '아니다'이다. 이들은 안경이 제한적인 크기의 명료한 창을 가졌다고 전혀 생각하지 못하며, 완전히 투명한 유리를 통해 보고 있다고 여길 것이다. 하지만 색깔과 세부 내용에 관한 어떤 질문이 마음속을 스쳐 가든 자기가 거의 즉각적으로 답할 수 있다고 믿는다는 점에서는 틀리지 않을 것이다. 그리고 어쩌면 이것이 바로 온전히 색과 세세한 내용을 지닌 세계에서 살고 있다는 인식일 것이다. 색깔과 세부 내용에 대한 모든 가능한 질문에 대한 답이 머릿속에 있다는 것이 아니라, 어떠한 질문에도 즉시 답할 수 있다는 의미다.

그러나 이러한 속임수가 없다면 주관적 경험은 실은 기묘할 것이다. 우리는 눈으로 이 세상을 훑어보면서 이곳에서 놀랄 만한 변화가 일어난다는 감각으로 고통받을 수도 있다. 사물들은 갑자기 화려한 색상을 띠고 초점 안에 들어오지만 그동안 다른 사물들의 색상과 세부 내용은 재빠르게 사라질 것이며, 이는 당연히 엄청난 오해를 일으킨다. 경험은 완전히 정지해 있는 글 한 페이지, 그림 한 점, 또는 장면을 훑어보고 살피는 와중에도 풍성하고 끊임없는 변화를 주게 된다.

그렇다면 우리가 지각의 목적에 대해 생각할 때 위대한 착각은 정말로 타당한, 아니 실은 피할 수 없는 것이 된다. 지각은 우리를 둘러싼 말과 얼굴, 사물과 패턴의 짜임새 등 주변 세계에 관해 이야기해 주며, 우리의 행동을 이끌기 위해 이 지식을 어떻게 활용할 것인지에 대해서도 들려준다. 그리고 외부 세계는 정확한 상세 내용과 총천연색으로 정의되는데, 이는 우리가 당시에 어디를 보는지, 또는 우리가 눈을 감았는지 떴는지, 심지어 그 자리에 있었는지조차 상관없다. 지각적 경험은 가능한 한 주제넘게 나서지 않으려고 하는 서술자와 같다. 우리가 알고 싶은 것은 이야기꾼의 관점이 아니라 이야기이기 때문이다.

눈과 뇌는 그럴 만한 이유로 완전히 상세하고 다채로운 세상에 대한 인상을 우리에게 전달한다. 사실 이 세상은 세부적인 내용과 색깔로 가득하기 때문이다. 그러나 눈과 뇌가 하지 않는, 그리고 할 수도 없는 일은 우리에게 동시에 모든 구체적인 색상과 세부 내용을 전달하는 일이다.

뇌는 그러한 색상과 세부 내용이 그곳에 있다고 '우리에게 말하고', 우리는 단지 눈을 휙 돌리는 것만으로도 거의 즉각적으로 그것들을 읽어내고 세세하게 집중할 수 있다. 따라서 풍성한 감각적 세계에 대한 우리의 감각은 실제로 잠재성의 감각이다. 즉 우리가 마음대로 감각 세계를 탐험할 수 있는 감정으로, 우리가 바라는 세부 내용이 무엇이든 밝혀낸다.[1]

그러나 우리가 살피고 싶은 색깔과 세부 내용이 무엇이든 알려주는 안정적인 외부 세계의 경험은, 단 하나의 감각적인 순간 포착 장면 안에서 모든 가능한 색깔과 세부 내용을 동시에 파악할 수 있는 경험이라고 잘못 해석된다. 따라서 우리는 언제든 원할 때마다 우리 앞에 펼쳐진 장면의 어떤 측면에 관해서라도 신속하고 별 어려움 없이 찾을 수 있다. 친구의 모자 색깔이나 문장에서 나올 다음 단어, 또는 식탁 위에 놓인 책에 대해 궁금해하자마자 우리는 답을 얻는다. 중심와가 관심의 대상을 찾아 추적하는, 거의 알아채기 어려운 눈의 움직임이 우리의 신속한 시각적 처리와 결합하기 때문이다. 그렇기에 우리는 항상 답을 가지고 있다는 믿음의 늪에 너무나 쉽게 빠져버린다. 게다가 이미 우리 앞의 장면과 얼굴, 글에 대해 나올 수 있는 온갖 질문에 대한 모든 답이 이미 뇌에 미리 저장되어 있다는 믿음 역시 마찬가지다.

따라서 우리는 뇌에 속고 있다. 세계는 안정적인 장소이고, 지각은 이 세상에 대해 이야기하기 위해 만들어졌다. 그렇기에 지각은 전체 시각 이미지에 걸쳐 색상과 세부 내용을 안정적으로 인식한다는 감각을 우리에게 안겨준다. 그리고 설사 작디작고 명료한 창을 벗어난 바깥쪽에서는 이러한 정보가 실제로 눈이나 뇌에 의해 포착되는 것이 아니라 단지 '요청한 즉시' 접근할 수 있더라도 마찬가지다.

조각 맞추기

뇌는 의미 있는 시각 이미지의 덩어리에 초점을 맞춘다. 말과 글자, 사물과 그 구성 부품 같은 것들이다. 의미 있는 단위는 반드시 공간 안에서 관련된 부분에 부합할 필요는 없다. 우리의 주의와 집중은 연속되지 않은 특징들이 단일한 '사물' 안에 속해 있다면 이 특징들이 여기저기 흩어져 있더라도 이해할 수 있다. 따라서 우리는 무성하게 우거진 숲속을 지나가는 동물을 볼 수 있고, 빽빽한 철조망 뒤에 서 있는 사람을 알아보며, 시야를 방해하는 가로등 무리 뒤로 저 멀리 있는 간판을 읽을 수 있음을 깨닫는다('연속되지 않은' 요소들을 한꺼번에 종합하는 능력은 도표 9에서 설명한다).

우리는 일관성 있는 사물을 만들지 않는 비연속적인 항목들 역시 짜맞출 수 있는 것으로 드러났다. 이는 리창 황Liqiang Huang과 인지심리학자 할 패슐러Hal Pashler가 이론과 실험을 통해 통찰력 있게 탐구한 주제였다. 예를 들어, 도표 10에서 보듯 무작위로 색을 입힌 격자들을 떠올려보자. 잠시 각 줄의 격자들이 꼬리표가 붙은 대로 관련성을 가지고 연결되어 있는지를 보자. 우리는 한 번에 하나씩 색깔이 칠해진 네모를 확인해 봐야 한다는 것을 깨닫는다. 그럼에도 여기에는 지름길이 존재한다. 우리가 한 가지 색깔에 집중한다면, 각 격자로부터 그 색깔의 네모들로 만들어진 무늬를 (도표 10의 오른쪽에서 보듯) 뽑아내고 이를 빠르게 비교할 수 있다.

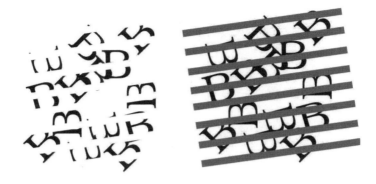

도표 9   우리는 글자 일부가 사라진 상태에서도 글자 B를 만들어내기 위해 검은색 조각들을 그
러모을 수 있다. 우리 시야를 가리는 줄이 노골적으로 눈에 보일 때(오른쪽 그림) 모양을
인식하는 것이 얼마나 더 쉬운지에 주목해 보자. 오른쪽 사진을 이해하는 일은 왼쪽의 B
를 보는 것보다 훨씬 쉽다.

물론 이렇게 하기 위해 우리는, 예를 들어 빨간색처럼 한 색깔로 이뤄
진 모든 항목을 골라내어 한꺼번에 묶은 뒤 그림 나머지로부터 분리해 내
야 한다. 이 일을 하면 빨간색 항목은 분명한 구조를 지닌 식별 가능한 무
늬가 된다(도표 10의 오른쪽 위에서 우리는 빨간색 네모가 대각선과 비슷하다는
것을 본다). 그리고 쌍을 이룬 각 격자에서 같은 색상의 두 모양이 일치하
는지, 대칭적인지, 아니면 뒤집혔는지 비교할 수 있다. 그럼에도 우리는
빨간색 네모가 통일된 '모양'을 형성하는 것을 보자마자 격자의 나머지를
구성하는 색깔들은 형태가 뚜렷하지 않은 '배경'이 된다는 사실에 주목하
자. 이는 마치 우리가 한 색깔로 된 것들을 동시에 '파악해' 그림에서 분리

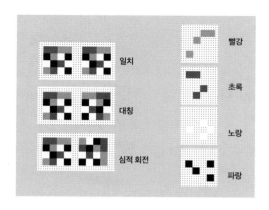

도표 10 패턴을 사용한 변환

해 개별적으로 살펴보는 것과 같다. 따라서 전체 격자 사이의 가능한 관계를 확인하기 위해 우리는 색깔의 네모를 하나하나씩 확인할 필요가 없다. 대신에 네 가지 색깔에 대해 각각의 무늬를 확인하기만 하면 된다.

　황과 패슐러는 여기에서 세 가지 가설과 다양한 관련 의견을 제안한다. 첫 번째 가설은 챕터 2에서 보았던 것처럼, 우리는 한 번에 단 하나의 사물이나 패턴을 '파악'하거나 몰두한다는 것이다. 빨간색 네모나 초록색 네모, 또는 노란색이나 파란색 네모 중에서 무늬를 집어낼 수 있지만, 두 가지 무늬를 한 번에 잡을 수는 없다. 우리가 한 번에 하나의 단어만 읽거나 한 명의 얼굴만 알아보는 것과 똑같다. 우리는 모양 하나를 '쥐고' 나서야 그 복제본이나 거울상을 찾아보거나 마음의 눈으로 그 모양을 90도로 돌려서 변형할 수 있다. 마치 시각 체계로 은유적인 의미의 '손' 하나가 뻗어 나와 언제든 하나의 패턴만 골라내어 조작할 수 있는 것과 같다. 만약 이 말이 옳다면, 아마도 이 결과는 이 색색의 격자를 넘어서서 우리가 오직 한 번에 한 사물이나 패턴만 볼 수 있다는 주장까지 다다를 것이다. 그 사물이나 패턴의 특성이 어떤지는 상관없이.

이러한 관점은 왜 우리가 도표 11에 나오는 패턴들을 연결 짓기가 훨씬 더 쉽다고 느끼는지를 깔끔하게 설명한다. 이 그림은 독일의 유명한 화가 알브레히트 뒤러Albrecht Dürer가 그린 동물 그림으로 유명하다. 물론 이 패턴들은 황과 패슐러가 제시한 색깔 격자보다 훨씬 더 복잡하지만, 우리는 그림들 사이의 관련성을 빠르고 수월하게 볼 수 있다. '한 번에 한 사물'식 관점에서 이는 정확히 우리가 예상하는 바다. 우리는 그 패턴들이 짝을 이루는지, 대칭적인지, 아니면 뒤집힌 것인지 쉽게 볼 수 있다. 각 그림은 하나의 사물을 형성하는데 사물은 시각적으로 파악이 가능하고, 따라서 전체적으로 분석하고 처리할 수 있기 때문이다.

그러나 우리가 한 번에 오직 하나의 시각 객체나 패턴만 파악할 수 있다면, 뇌는 우리가 눈을 깜빡이거나 주의를 기울일 때 그러한 시각적 사물이나 패턴을 연속적으로 만들고 분해한다. 물론 우리가 주의를 집중할 때마다 어떤 사물이나 패턴이 적절하게 창작되고, 따라서 사물과 패턴으로 이뤄진 상세하고 화려한 색상의 시각적 세계는 단 한 번의 시각적 섭취로 우리 마음속에 채워진다는 착각에 굴복하기에 십상이다.

이 내용이 맞는다면, 그리고 가장 흥미로운 시각적 자극을 성공적으로

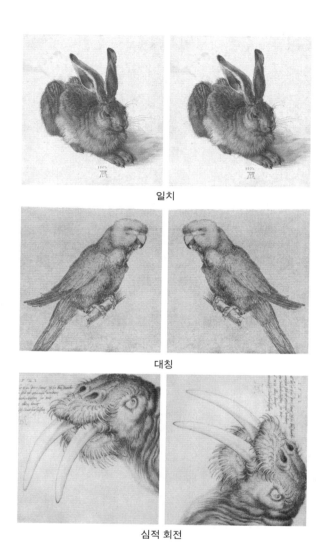

일치

대칭

심적 회전

도표 11 복잡한 사물에서 단순한 변화 찾아내기. 우리는 짝을 이룬 이 그림들 사이에 관련성이 있다는 (정확한) 인상을 즉각 얻는다. 도표 10과는 대비된다.

고정한다면 패턴을 해체하고 또 다른 패턴을 찾아낼 수 없을 것이다. 사실 이는 앞에서 설명했던 망막 고정 실험에서 일어난 바로 그 일이다. 눈을 움직였을 때 뇌가 작업해야 할 입력이 바뀌면서 현재 패턴에서 벗어날 방법이 생겨나지만, 눈의 움직임이 더 이상 망막에 대한 입력을 바꾸지 못한다면 우리는 쉽게 새로운 패턴을 해체하고 재구성할 수 없다. 그리고 시각적 입력의 덩어리는 사라진다.[2]

뇌가 현재 관심을 받는 대상을 해체하는 것이 어렵다는 것을 자연스레 깨달으면 무슨 일이 벌어질까? 사람들이 한 번에 한 사물이나 패턴만 인식할 수 있다는 사실을 알아채고 그 주변에 사물들이 존재한다는 감각을 모두 잃는다면 혼란이 생길까? 후에 우리는 그러한 신경학적 상태가 있는지 살펴볼 예정이다.

황과 패슐러의 두 번째 가설은 패턴을 파악하는 개념을 구체화한다. 다시 말해, 패턴이나 사물을 시각적으로 파악하는 것은 사물에 의해 만들어지는 공간적 패턴을 '돋보이게 하는 것'과 유사해서, 오직 그 패턴이나 사물만 '보인다'. 따라서 우리가 도표 10의 격자에서 한 가지 색깔을 '보았을' 때 다른 색깔을 전혀 '보지' 않는 것은 아니다. 물론 나머지 패턴의 범위와 복잡성에 대해 일반적인 감각을 지녔지만, 이는 우리가 자유자재로 주의력을 패턴의 나머지 부분으로 전환할 수 있기 때문이다.[3]

세 번째는 시각적 파악이 여러 다양한 위치에서 항목을 묶는 동안 우리는 정신적으로 그 항목들에 꼬리표를 달 수 있을 뿐이라는 것이다. 이를테면 '사람'에 노란색이라는 꼬리표를 달 수 있지만 이와 동시에 '배경'

에 하나 또는 그 이상의 색으로 달 수는 없다. 그리고 더 나아가, 묶어놓은 모든 항목에는 특정한 차원(예를 들어, 색깔)에 대해 동일한 꼬리표가 달리게 된다. 이는 우리가 여러 색깔로 된 이미지를 볼 때조차 한 번에 한 색깔만 인식할 수 있다는 주장으로 이어진다. 우리는 유색의 격자에서 빨강이든, 노랑이든, 파랑이든 그 무늬들을 볼 수 있지만, 한 가지 색깔에 초점을 맞출 때 다른 색깔들은 '사라진'다. 이러한 주장은 고정된 이미지의 해체에서 도출한 또 다른 원칙과 일치한다. 주목을 받지 않는 시각 정보는 대부분, 또는 심지어는 완전히 무시당한다는 것이다. 그러나 이것은 옳은가? 다양한 색상으로 된 이미지와 마주했을 때 오직 한 번에 한 색깔만 볼 수 있다는 것은 사실일까?

이는 우리의 주관적 경험이 온 시야에 걸쳐 총천연색을 띤다는 (그리고 빈틈없이 자세하다는) 생각이 분명 잘못되었다는 의미가 되지만, 색깔들이 모두 중심시력에 비칠 때 동시에 우리가 여러 색깔을 볼 가능성을 열어두기도 한다. 예를 들어 도표 12에 있는 원의 중심부를 똑바로 바라보자. 분명 우리는 파란색 구역의 파란색과 초록색 구역의 초록색을 동시에 받아들인다는 느낌을 갖게 된다. 그러나 황과 패슐러의 이론은 우리가 그렇게조차 할 수 없다고 주장한다. 시각적으로 초록 부분을 파악했다면 파란 부분을 파악하는 일은 포기해야만 하며, 직접적으로 시각적 파악을 하지 않은 부분의 색깔은 볼 수가 없다고 주장하기도 한다. 이 주장이 옳다면 우리의 주의 체계는 초록의 지각과 파랑의 지각 사이에서 왔다 갔다 해야 하지만, 우리는 두 색깔을 한 번에 파악할 수 없다.

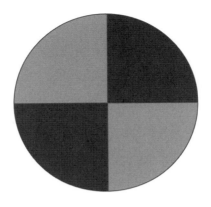

도표 12　파란색과 초록색으로 된 바퀴. 우리가 두 색깔을 동시에 볼 수 있다는 것은 '명백해' 보인다. 하지만 도표 10에 나온 색깔 격자에 대한 우리의 경험에 따르면 그 반대다.

이 반직관적인 예측을 실험해 보기 위해 황과 패슐러는 심리학자이자 인지 신경과학자인 존 던컨John Duncan이 개발한 방법을 수정했다.[4] 도표 13 (a)에서 대략적으로 보여주듯 황과 패슐러는 사람들이 요란한 시각적 무늬(가리개)에 의해 빠르게 '덧씌워'지면서 짧은 섬광처럼 제시되는 이미지들을 어떻게 인식하는지를 연구했다. 이들은 자극이 나타나는 시간의 양(즉, 가리개로 지워지기 전 섬광의 길이)을 다양하게 만들었고 사람들은 자신들이 특정한 색깔을 보았는지를 얼마나 정확하게 감지하는지 측정했다. 결정적인 비교는 온전한 바람개비가 빠르게 휙휙 돌아갈 때와 색이 칠해진 부분의 각 '대각선' 짝이 연속적으로 제시될 때 사이에서 이뤄졌다. 우리가 동시에 두 유색 부위를 볼 수 있다면, 예를 들어 사람들이 약 0.1초

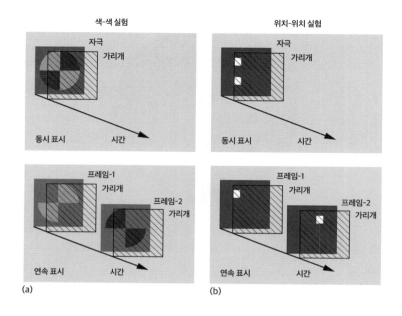

도표 13 두 가지 색상 (a) 또는 두 개의 위치 (b)를 한 번에 볼 수 있는가?

동안 파란색과 초록색을 모두 보았을 때와 각기 0.1초 동안 연속적으로
파란색과 초록색을 보았을 때도 초록색을 잘 감지해 낼 수 있을 것이다.
반면에 우리가 한 번에 한 색만 볼 수 있다면, 그 수행 능력은 '동시적인'
조건에서 더 떨어질 것이다. 뇌는 두 가지 색깔 사이에서 전환하기 위한
시간이 없을 것이기 때문이다(뇌가 파란색 부위를 보게 된다면 초록색 부위를
볼 시간이 전혀 없을 것이다. 그러면 초록색은 보이지 않게 된다). 놀랍게도 이런
일이 일어난다. 두 과제에서의 성과는 사람들이 연속적으로 한 색깔을

다른 색깔로 전환해 본다는 가설에 의해 잘 포착된다.

　이러한 결과의 패턴은 결정적으로 다음과 같이 변형된 실험과 대조되는데, 이 실험에서 사람들은 색깔보다는 공간적인 위치에 주의를 기울여야 한다(도표 13 (b)). 여기에서 실험 결과는 우리가 하나의 위치만큼이나 두 개의 위치를 동시에 '파악'할 수 있음을 보여주며, 이는 당연한 결과다. 뇌가 하나의 패턴이나 사물만 인식하고 있을 때조차 여러 위치를 함께 엮어내야만 하기 때문이다. 따라서 놀랍지 않게도 여러 개의 위치를 한 번에 인지하는 것이 가능하지만, 두 가지 색깔을 한 번에 보는 것은 가능하지 않아 보인다. 실제로 우리는 어느 한 색깔이 있는 부위를 보는 것과 다른 부위를 보는 것 사이에서 왔다 갔다 해야만 하는 것처럼 보이지만, 우리는 이 일을 너무나 빠르고 별 노력할 필요 없이 하기에 동시에 두 가지, 또는 그 이상의 여러 색깔을 '파악'하고 있다는 착각을 한다.[5]

　이러한 관점은 한발 더 나아간 직접적인 예측을 포함하는데, 우리가 색깔의 수를 느리고 힘들게 셀 수밖에 없다는 것이다. 우리가 공간적으로 구분되는 **사항**(예를 들어 작은 원)의 수를 세어봐야 할 때 그 부분들이 동시에 파악된다면 우리는 그것이 하나인지, 둘인지, 셋이나 넷인지를 신속하게 대답할 수 있다. 이런 경우 외에는 우리의 계산은 느리고 힘들어진다. 대략적으로 이러한 빠른 계산은 우리가 삼각형과 사각형 같은 익숙한 패턴을 인식할 수 있기 때문에 이뤄진다. 그러나 우리에게 한 가지나 두 가지, 세 가지 또는 네 가지의 색깔이 있는 원들로 이뤄진 영역이 제시된다면 우리는 이 모든 색깔을 한 번에 파악할 수 없을 것처럼 보인

다. 색깔의 가짓수가 커질수록, 우리의 답은 느리게 나온다.[6]

우리가 대놓고 쳐다보는 대상일지라도 또렷하고 풍성한 색깔이 그 자체로 속임수이며, 뇌는 한 번에 한 색깔(또는 모양, 아니면 방향)만 부호화할 수 있어 보임을 깨닫는 것은 상식에 대한 엄청난 모욕처럼 느껴진다.

시각적 인식이 순차적이고 단편적이라는 관점은 우리의 시각 체계가 손상을 입었을 경우 무슨 일이 벌어지는지에 대한 상당히 혼란스러운 가능성을 제시한다. 예를 들어, 눈이 시각 영역의 한 부분으로 향하는 능력을 상실했다고 치자. 그렇게 되면 우리는 그 부분에 대해 거의 아무것도 모르게 되고, 더 정확히 말하자면, 주변의 시야는 흐릿한 무채색으로만 표현될 것이다. 그러나 속임수는 이 표백된 흐릿함을 은폐해 줄 것이며 뇌는 세상이 흐릿한 흑백이 아니라고 합리적으로 추정할 것이다. 이쯤에서 뇌는 우리에게 세상 자체를 이야기해 주려는 것이지, 세상에 대한 우리 관점을 말해주는 것을 목표로 하지 않음을 기억하자. 시야의 일부 중요한 부분이 중심와에 의해 완전히 감지되지 않고 어둠 속에 영원히 남을지라도 풍부하고 상세한 시야에 대한 우리의 착각은 흔들리지 않을까? 주관적 세계의 풍성함과 완전성에 대한 지각은 우리가 더 이상 탐구할 수 없는 시각적 장면의 전체 영역이 있다 하더라도 원칙적으로 변할 수 없다.

시각 무시의 의학적 증상을 지닌 사람들은 바로 이러한 유형을 보여준다. 이들은 시야의 넓은 부분(가끔은 시야의 왼편 전체일 때도 있다)을 완전히 무시하면서도 시각적 세계의 풍성함과 완전성에 대한 자신들의 감각에 대해서는 전혀 동요하지 않는다.

도표 14에서 시선 추적 장치는 좌측 시각 무시를 지닌 사람이 L로 이뤄진 배경 가운데에서 T를 어떻게 찾는지 추적한다. 이 사람은 거침없이 오른쪽을 찾아보고 왼쪽 중심와는 거의 훑어보지 않는다. 따라서 도표 14의 주사 경로scan path는 끊임없이 오른쪽을 훑는다. 복제(모사)하는 것 역시 가끔은 크게 영향을 받는다(도표 15). 시각 무시를 지닌 사람은 일반적으로 시야의 영향을 받는 부분에서 상대적으로 정상적인 시각 처리를 거친다. 그저 그곳에 아무런 관심도 기울이지 않을 뿐이다. 그리고 이들은 시야의 반을 완전히 덮는 빈 공간을 감지하기보다는 주관적 경험에 아무런 변화도 없다고 한다. 실제로 시각 무시 환자는 가끔 자신들이 시각적 결

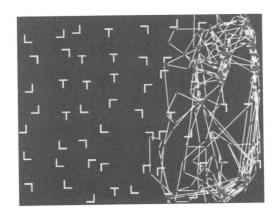

도표 14 좌측 시각 무시(손상을 입은 뇌의 반대쪽에 있는 눈에 주어진 시각 자극에 반응하지 못하는 상황 – 옮긴이)를 지닌 사람이 L 사이에서 T를 찾는 동안의 안구 운동. 그림의 왼편은 완전히 무시당한다.

도표 15 좌측 시각 무시 환자의 따라 그리기. 따라 그리는 사람은 그림의 반이 없다는 것을 전혀
의식하지 못할 수도 있다. 그러나 보통 기본적인 시각 처리는 변함없이 그대로다.

손을 가지기는 한 것인지 의심스러워한다.

 시각 무시는 뇌가 시야의 넓은 부위에 집중하지 못하기 때문에 일어
나는 것처럼 보인다. 뇌가 전체 시각 세계의 상세한 총천연색 복제본을
'싣는다'는 직관적 개념에 따르면, 우리는 시각 무시 환자가 내면의 주관
적 세계에서 크고 충격적인 혼란을 겪으리라고 예상한다. 어쨌든 세계의
반이 사라진 것처럼 보일 테니까. 그러나 시각 무시 환자는 일반적으로

그런 식으로는 설명하지 않는다. 지각에 대한 순차적이고 단편적인 시각이라는 관점에서 우리는 그저 다음과 같이 예상한다. 우리는 우리가 처리하는 이미지의 부위만 인지할 뿐, 그렇지 않은 부위는 인지하지 않는다는 것이다. 주의를 기울이지 않은 이미지 부위는 그저 우리가 다시 읽을 시간이 없는 소설의 뒷부분을 놓쳤다고 느끼는 것과 비슷한 수준으로 부족하다고 느껴질 뿐이다.

나는 뇌가 시야의 일부에 있는 뭔가를 '탐색'할 수 없을 때 시각 무시가 일어난다고 주장해 왔다. 그런데도 우리가 주의를 자유롭게 풀었다 다시 기울일 수 없다면 무슨 일이 벌어질까? 감각적 정보의 조각에 의미를 부여하면서 지각적 세계를 스캔하고 탐구하는 능력은 상실될 것이다. 그렇다면 분명 위대한 착각은 무효가 된다. 우리는 막 습득한 의미를 지닌 바로 그 사물이나 패턴을 인식하겠지만, 볼 수 있는 것은 그게 전부가 된다.

이는 단순히 가설적 가능성이 아니다. 동시실인증simultagnosia 환자는 다양한 거리와 크기의 사물은 볼 수 있지만 시각 세계의 나머지 부분이 연속적으로 존재한다는 감각은 가지고 있지 않다.

직관적으로 우리는 일반적인 시력을 지닌 사람들이 몇 개의 사물이든 동시에 인지할 수 있지만 동시실인증 환자가 동시에 한 사물 또는 패턴을 인식하는 데 한계가 있다고 상상한다. 사실 우리는 잠시 주변의 방을 둘러볼 때 별개의 사물 수십 개, 심지어 수백 개를 동시에 '받아들인다'고 생각한다. 물론 이런 식으로 생각하는 것은 위대한 착각 때문이다. 우리는 모두 놀랍도록 좁은 경로를 통해 세계를 대략 한 번에 하나의 단어, 사물, 패턴 아니면 특성으로 지각한다.

동시실인증은 복잡한 장애다. 하지만 나는 이 장애가 사람이 더 이상 환경을 '원할 때마다' 이용할 수 없을 때 일어나는 일을 보여줄지 궁금하다. 동시실인증을 지닌 사람은 세상을 좁은 창(어림잡아 그저 단 하나의 사물)을 통해 보고 있으며, 시각적 세계의 나머지 부분에 대해서는 그 무엇도 질문하거나 필요한 답을 얻을 수 없다. 이 이야기가 옳다면 동시실인증은 매 순간 보는 것에 대한 '진실'을 드러내게 되는데, 의식에 동시적으로 쌓이는 혼란스럽고 세세한 세계에 대한 위대한 착각을 걷어내어 주기 때문이다.

가끔 지난 150여 년 동안 심리학과 신경과학이 인간 본성의 비밀을 실제로 어느 정도나 밝혀냈는지 궁금하다. 우리는 철학적 반성과 문학적 상상력, 아니면 평범한 상식으로부터 수집할 수 있는 것 이상으로 얼마나 더 발전해 왔는가? 마음과 뇌에 관한 과학적 연구가 자신에 대한 직관적 개념을 얼마나 밝혀냈는가?

세심한 실험을 통해 위대한 착각을 점진적으로 밝혀내는 일은 자기 자신에 대한 직관적 개념이 얼마나 잘못되었는지를 보여주는 훌륭한 예시다. 그리고 우리는 일단 그 속임수를 알게 된다면, 그 속임수가 우리의 언어적 설명이 지닌 표면상의 견고함에서 그 기반을 이루고 있음을 볼 수 있다. 자신에게 던진 시각적 세계에 관한 질문이 무엇이든지 간에 창의적인 마음은 그 질문들이 궁금해지자마자 나의 행동과 신념과 동기에 대한 정당화를 떠올릴 수 있다. 우리는 왜 물웅덩이가 생기는지, 어떻게 전기는 집 둘레에 흐르는지 궁금해하고, 즉각적으로 의식 속으로 불쑥 떠오르는 설명들을 찾아낸다. 그리고 우리가 설명의 어떤 요소에 의문을 가지면, 더 많은 설명이 등장한다. 우리의 창조 능력은 너무나 능수능란해서 이러한 설명들이 내면에서 미리 만들어져 있었다고 상상할 정도다. 물론 그 답은 순간적으로 창조된 것이다. 그렇기에 설명적 깊이의 착각은 우리를 장악한다.

따라서 우리가 감각적 경험을 고려하든 언어적 설명을 고려하든 간에 이야기는 같다. 즉 정신적 깊이는 착각이라는 것이다. 우리는 스스로 최종 결정권자가 되어야 한다고 생각했던, 자신의 마음에 관한 내용이 완전히 틀린 것으로 드러났다. 우리는 상상력의 작용에 대해 생각할 때 동일하게 또는 훨씬 더 큰 착각에 빠질 수 있을까?

CHAPTER 4

충실치 못한 상상력

가능한 한 또렷한 호랑이 한 마리를 떠올려보자. 머릿속으로 사진을 찍어보고, 입체감을 더해서 마음속 홀로그램을 만들어본다. 당신의 호랑이가 움직이고 으르렁거린다면 더욱더 좋다. 상상력은 사람마다 아주 달라 보인다. 혹자는 우리가 꽥꽥거리고 꿈틀거리는 동물로 가득 찬 동물원 전체를 떠올릴 수 있다지만 혹자는 단 한 마리의 동물을 상상해 내는 것도 까다로운 숙제라고 깨닫기도 한다. 그럼에도 눈을 감고 잠시 있다 보면 희한하게도 상당히 강렬한 호랑이의 이미지가 나타나서, 한순간에는 뛰어오르는가 하면 다른 순간에는 밀림 바닥을 배회한다.

우리의 시각 이미지가 가장 설득력 있을 때 우리는 대부분 잠깐이지만 꽤 정확하고 자세하며 생기 있는 '마음속 호랑이'를 만들어냈다는 인상을 받는다. 실제로 내면의 TV 화면[1]에 상영이라도 되는 듯, 아니면 우리가 삼차원으로 심적 이미지를 만들어낼 뛰어난 능력이 있다면 내면의 극장 좌석에서 이 생물을 '지켜보는' 것처럼 느껴질 수 있다.[2] 당신의 '내면의 호랑이'는 실제로 아주 가까운 거리에서 호랑이와 마주치는 경험만큼 생생하게 느껴지지는 않겠지만, 그럼에도 충분히 세세하게 느껴진다.

'심적 이미지'를 구성하는 우리의 능력을 연구하는 여러 심리학자와 철학자의 이론에 의하면, 그런 이미지는 내면의 그림이나 심지어는 이 세계의 3D 복제본 같은 것이다. 이러한 관점에서 '마음속 호랑이'를 살펴보는 것은 호랑이 그림을 면밀히 조사하거나, 진짜 호랑이를 자세히 들여다보는 것과 같다. 실제로 마음속 그림은 지각이 이뤄지는 동안 마음이 만들어내는 그림이지만, 상상하는 동안에는 당연히 외부의 사물은 존재하지 않는다.

우리는 이미 색깔과 세부적인 내용이 풍부한 외부 세계의 내적 복제본이라는 직관이 착각이라는 사실을 보았다. 그러나 호랑이가 바로 코앞에 있음에도 호랑이에 대한 마음속 그림을 가지고 있지 않다면, 분명 호랑이에 대한 나의 미약하고 다소 불명확한 심적 이미지에는 그런 그림이 내재되어 있지 않은 것이다. 그렇다면 아마도 심상^{mental imagery}은 창작 소설의 시각 버전에 지나지 않을 것이다.

잠시 당신의 '내면의 호랑이'가 지닌 줄무늬를 떠올려보자. 형상화에 관심이 많은 심리학자와 철학자 사이에서 유명한 워밍업 과제는 내면의 호랑이 꼬리에 그려진 줄무늬 수를 세어보고, 그 후에는 몸에 그려진 줄무늬 수를 세어보도록 하는 것이다. 이 과제는 매우 어려우며, 당신은 그 이미지가 이 과제를 완수할 정도로 충분히 상세한 내용을 가지고 있지 않으리라고 의심할 것이다. 이를테면 당신은 호랑이 꼬리 부분을 '줌인'

할 수 있을 것이다. '줌인'된 꼬리의 줄무늬 숫자는 원래 마음속 호랑이가 지닌 줄무늬 숫자와 같을까? 그리고 나는 줌인을 했을 때조차 그 줄무늬 숫자를 납득이 가는 수준으로 진짜 셀 수 없음을 깨달았다. 내 이미지는 신뢰할 만한 대답을 줄 만큼 안정적이지 않았기 때문이다. 따라서 아무리 생생하더라도 심적 이미지를 살펴보는 일은 진짜 이미지(예를 들어, 호랑이 사진)를 검토하는 것보다 훨씬 어렵다.

'마음속 호랑이'의 줄무늬 숫자가 아니라 호랑이 몸에 새겨진 줄무늬의 모습과 관련해 좀 더 기본적인 부분에 초점을 맞춰보자. 당신 자신에게 줄무늬가 몸통의 길이를 따라 그려져 있는지, 아니면 고리처럼 몸통의 둘레를 따라 그려져 있는지 물어보자. 그리고 이제는 줄무늬가 호랑이 다리를 따라 어떻게 흘러가는지 생각해 보자. 줄무늬는 다리마다 세로로 타고 내려가는가, 아니면 고리처럼 다리 둘레를 감고 있는가? 마지막으로, (어떻게 그려져 있든) 다리 줄무늬가 (어떻게 그려져 있든) 몸통의 줄무늬와 합쳐지는 부분에서는 줄무늬가 어떻게 이뤄지는가? 사실, 당신은 마음의 눈 속에 생생하고 정확한 이미지를 가지고 있다고 진심으로 확신하기에 아무리 대충이라도 호랑이 윤곽과 줄무늬를 표현하고 싶어 하는지도 모른다.

일단 그림을 그린 뒤에 도표 16에 나오는 네 가지 가능한 시나리오를 살펴보자. 어떤 것이 가장 당신의 그림과 비슷해 보이는가? 어떤 것이 가장 그럴듯해 보이는가? 그 후에 우리는 진짜 호랑이를 보고(도표 21) 정답을 확인해 볼 것이다.

도표 16 호랑이 줄무늬는 무엇인가?

　그러나 위대한 착각을 기억하자. 호랑이가 상당히 위험하게 당신 바로 앞에 서 있더라도, 당신의 눈과 뇌는 오직 연속된 시각적 파편만 파악한다. 일단 호랑이 털의 주황빛 색깔에 주목했다가, 그 커다란 턱이 하품하듯 벌어지는 모습을 보고 나면 호랑이가 쭉 내민 앞발의 엄청난 크기에 주목한다. 호랑이의 생생함에 대한 감각은 호랑이의 겉모습에 관한 아무 질문에나 막힘없이 대답할 수 있는 유창성에서 생겨난다. 그러나 우리가 보았듯 정보는 단 한 번의 시각적 섭취로 우리 머릿속에 채워지는 것이 아니라, 요청하는 바에 따라 이용하게 되는 것이다. 사실 우리는 호랑이처럼 복잡한 대상은 둘째 치고, 파란 부분과 초록 부분이 번갈아 나타나는 단순히 네 등분 된 원(도표 12)의 지각조차 파악할 수 없다.

　진짜 호랑이의 시각적 세부 내용은 필요에 따라 접근할 수 있는 것과 마찬가지로, 상상 속의 호랑이도 마찬가지다. 당신이 스스로 호랑이 이

빨이 어떤 모양인지, 꼬리를 어떤 식으로 세우는지, 아니면 그 꼬리가 소파보다 긴지에 관해 묻자마자, 그 대답은 마치 번개처럼 머릿속에 떠오를 것이다. 하지만 이는 당신이 '내면의 호랑이'가 어떻게 생겼는지 알아내려고 그 모습에 따라 '내면의 안구 운동'을 벌여서가 아니다. 그보다 당신의 마음이 그 질문을 받자마자 대답을 거의 즉흥적으로 만들어내는 것이다. 이것이 바로 생생한 상상에 대한 주관적 경험으로, 의도적으로 '호랑이'에 대한 당신의 관점에 질문을 던지고, 탐색하고, 조작하는 능력을 의미한다.

생생함의 감각, 전체의 사물과 장면을 망라하는 감각은 상상 속에서든 지각에 의해서든 속임수를 유지하는 능력에서 나온다. 우리는 어떤 사물과 장면에 관한 어마어마한 양의 정보를 일제히 기억 속에 쌓아두진 않지만, 그냥 필요한 때에 이용 가능한 시각적 경험에 대한 어떤 질문에든 답을 가지고 있다. 이미지는 어떤 의문이 마음속을 스쳐 지나가자마자(호랑이가 발톱을 숨길 수 있었던가? 입을 다문 걸까, 연 걸까?) 그 답이 바로 준비되어 있다. 진짜 호랑이 또는 호랑이 사진이 앞에 있다면, 우리는 눈을 재빨리 움직이거나 주의를 돌리는 것만으로 이러한 질문에 능숙하게 답할 수 있을 것이다. 반면에 우리가 호랑이를 상상하고 있다면, 뇌는 심적 이미지를 참고하는 것이 아니라 즉흥적으로 지어냄으로써 이러한 질문들에 대답해야만 한다. 즉 발톱을 세우거나 감춘 모습을 그려내거나, 입과 다리의 좀 더 자세한 내용까지 제시해야 하는 것이다.

심상은 거짓된 것이라는 결정적 단서는 언어적 설명의 허구적 인물(챕터 1)과 감각적 경험(챕터 2)에 대한 우리의 논의와 유사하다. 심상 역시 빈약하고도 모순적이기 때문이다. 예를 들어, 호랑이에 대한 심상은 생생하든 아니든 간에 믿을 수 없을 정도로 자세하지 않으며, 세부 내용은 거의 없다시피 하다. 그리고 곧 살펴보겠지만, 이미지에 대한 우리의 서술역시 모순적이다. 어떤 사물과 글, 또는 장면의 생생함에 대한 감각은 눈으로 보든 상상하든 완전하고 정확한 '내면의 복제본'을 창조하는 데서나오지 않으며, 그저 또 하나의 망상이자 또 하나의 영리하고 즉흥적인착각일 뿐이다.

이제 호랑이보다 훨씬 더 단순한 무언가로 실험해 보자. 나는 내 앞에있는 책상에 철사로 만든 정육면체를 올려두었다(도표 17). 그 정육면체를 살펴본 뒤, 다음과 같은 생각이 떠오른다. '책상 위에 놓인 물체인 외부

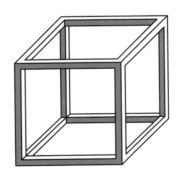

도표 17 당신은 철사로 만든 정육면체처럼 무언가를 얼마나 쉽게 상상할 수 있는가?

세계의 철사 정육면체에 더해, 내면세계에는 또 다른 정육면체가 있을 것이다. 말하자면, 마음의 눈으로 보는 내면의 정육면체.' 실제로, 정신적으로 조금만 노력하면 나는 눈을 감고 여전히 책상 위에 놓인 정육면체를 상상할 수 있다. '내면의 정육면체'는 그 연결고리가 '외부의 정육면체'로부터 끊어지더라도 여전히 남아 있는 것처럼 보인다.

지각에 관해 말하자면, 내면과 외면의 세계는 유사성을 지닌 것처럼 보인다. 마음의 눈으로 본 내면의 정육면체는 대충 책상에 놓인 실제 정육면체를 복제한 것 같다. 내가 '대충'이라고 말하는 것은 상상 속 정육면체에는 없는 세부 내용이 실제 정육면체에는 존재할 것이기 때문이다(예를 들어 내가 앉은 자리에서는 보이지 않아서 전혀 알지 못하고 있는 뼈대 부위의 변색). 그리고 실제 정육면체는 특정한 소재(아마도 구리로 만들어진 철사일 것이다)로 만들어지겠지만, 추정되는 마음속 정육면체는 당연하게도 아무런 물리적 재료로도 만들어지지 않았다. 그럼에도 우리는 '내면의 정육면체'는 실제 물건을 꽤 잘 복제한 것이라는 직감을 얻는다. 게다가 호랑이 줄무늬와는 달리 정육면체는 우리를 혼란스럽게 만들 복잡한 상세 내용이 훨씬 더 적은 것처럼 보인다.

흥미롭게도 내면의 정육면체는 자기만의 생명을 지닌 것 같다. 눈을 감으면 나는 마음속 철사 정육면체가 약간 불명확하지만 내 앞에 놓여 있는 모습을 본다. 그리고 이 정육면체가 책상에서 떠올라 잠시 맴돌다가, 내 왼편으로 와 수직축을 중심으로 우아하게 회전하다가, 다시 책상 위로 뚝 떨어지는 모습을 상상할 수 있다. 그렇기에 외부적인 현실에서 분리된 내면의 지각 세계를 탐색할 수 있을 것처럼 보인다. 그리고 소설과 공상, 꿈의 영역은 우리 내면세계의 풍요로움에 대한 설명이지 않을까?

잠시 이러한 관점을 자세히 따져보고, 내 책상 위에 놓은 철사 정육면체를 상상하며 시작해 보자.

회의론자(회): 그러면 말해봐. 네 마음의 눈으로 그 정육면체를 생생하게 볼 수 있니?

내면의 탐험가(탐): 아, 그럼. 아주 생생하게 보이지.

회: 그러면 내게 말해봐. 그 정육면체가 책상이랑 관련해서 어떤 특성을 지닌 거니?

탐: 뭐, 쉬운 문제야. 정육면체의 한 면이 책상의 표면과 맞닿아 있거든.

회: 그러면 그림자는?

탐: 그림자?

회: 글쎄, 완벽하고 생생한 네 이미지에서는 아마도 어디에선가 빛이 들어오고 있는 거 같아. 아마도 책상 위에 놓인 앵글포이즈 전등의 불빛 아닐까?

탐: 아, 맞아. 위로부터 내려오는 무슨 빛 같은 게 있겠지.

회: 그러니까 분명 정육면체의 틀에서부터 책상 표면으로 그늘이 질 거야.

탐: 맞아. 계속 그림자가 있었을 거야. 내가 이전에는 그 그림자에 그다지 관심을 기울이지 않았을 뿐이지.

회: 그림자 얘기를 해보자. 그 그림자를 보았을 때 네 마음의 눈으로는 무슨 패턴이 보이지?

탐: 글쎄, 직사각형과 정사각형이 맞물린 일종의 격자무늬가 보여. 내 마음의 눈으로는 뭔가 볼 수 있는데, 말로 옮기기가 너무 어려워.

회: (탐험가에게 펜과 종이를 건네며) 아마도 그림을 그리면 더 쉬울 거야.

탐: 고마워, 하지만 그림으로 그리는 것도 사실은 꽤 까다로워.

회: 내가 도와줄 수 있을 거야. 그냥 정육면체가 한쪽 '꼭짓점'으로 균형을 잡고 있다고 상상해 봐.

탐: 사실, 생각했던 것처럼 쉽지는 않네.

회: 글쎄, 그런 간단한 기하학적 모양에서는 꼭 필수적인 것처럼 보이지는 않지. 하지만 그림 하나(도표 18)를 보면 도움이 될 거야. 이건 정말 부정행위나 마찬가지지만, 그냥 잠깐만 봐. 그리고 네 마음의 눈으로 좀 더 생생

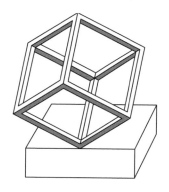

도표 18 꼭짓점 하나로 균형을 잡는 정육면체. 완전히 반대쪽에 있는 꼭짓점은 정육면체가 균형을 잡는 꼭짓점으로부터 똑바로 위쪽에 놓였으며(그 둘 사이에 그어진 선은 정확히 수직이다), 그렇지 않으면 정육면체는 넘어질 것이다. 다른 여섯 꼭짓점은 어떻게 정렬되어 있는가? 모두의 높이가 같은가? 다른가? 또는 '층층이' 배열되어 있는가? 이 질문들은 바로 앞에 그림을 두더라도 까다롭다.

114

하게 그 정육면체를 떠올리는 데 도움이 되는지 한번 봐.

회: 물론 이제 정육면체에는 꼭짓점이 여덟 개 있지. '바닥' 쪽에 있는 꼭짓점(균형을 잡고 서 있는 그 꼭짓점)이랑 '꼭대기' 쪽 꼭짓점(바닥 쪽 꼭짓점의 반대편)은 빼놓자. 다른 여섯 꼭짓점의 배치를 묘사할 수 있니? 꼭짓점들 가운데서 하나와 만나는 수평면을 상상해 봐. 그 수평면이 다른 꼭짓점과도 만나니?

탐: 음, 아마도 그 모두와 만날 거야. 꼭짓점 모두가 같은 면 위에 놓여 있을걸.

회: 지금 그건 아주 자기모순적인데. 사실, 그냥 기하학적으로 불가능하다고! 넌 정말로 마음의 눈으로 정육면체의 마음속 복제본을 보고 있다고 확신하니? (이제 도표 18을 다시 보지 말고)

탐: 글쎄, 아마도 각 꼭짓점은 높이가 다 다르겠지?

회: 하지만 그것도 역시나 기하학적으로 불가능하다고.

탐: 음, 그러면 아마도 평면에서는 꼭짓점 두 개나 세 개가 만날 거야.

회: 그래, 마침 세 개네. 사실 그 여섯 개의 꼭짓점이 두 개의 삼각형을 만드는데, 그 삼각형들이 위아래로 겹쳐 있어.

탐: 아 그래, 그게 맞겠다. 이제 보이는 것 같아. 그래, 전에 무슨 생각을 하고 있었는지 모르겠어.

회: 그러니까 그 정육면체를 자세하고 확실히 볼 수 있으면, 내게 그 삼각형이 서로 어떻게 연결되어 있는지 말해줄 수 있을 거야. 그냥 볼 수만 있다면, 그렇지?

탐: 음, 꼭 그렇지는 않아. 내가 추측을 할 수 있을지 모르겠어. 너는 그냥 내게 다시 그 모순점을 지적하게 될 거야.

회: 균형 잡는 정육면체를 가지고 다른 걸 한번 시도해 보자. 유일한 빛이 위에서부터 똑바로 내려온다고 상상해 봐. 정육면체가 균형을 잡는 그 책상 위로 높은 곳에서부터 스포트라이트를 쏘는 거지. 그 모습이 보여? 이제 정말로 그래야만 된다면 다시 도표 18로 돌아가서 한번 보렴.

탐: 맞아. 위에 조명이 달린 균형 잡힌 정육면체. 이제 보이네.

회: 이제 그 그림자가 어떻게 보이니?

탐: 어, 그러니까, 여러 가지 대각선으로 그려진 선이 아주 많아. 약간 건들거리는 격자라고나 할까(점차 자포자기한다).

회: 그림자의 선이 서로 겹쳐지니?

탐: 아마 그럴 거야.

회: 뭔가 익숙한 패턴이나 모양을 만들고 있어?

탐: 음….

회: (과장된 몸짓으로 도표 19를 내놓으며) 이 패턴이 뭔가 깨달음을 안겨주지는 않아?

탐: (대구할 수 없어 창백해진 얼굴로) …

내면의 정신적 지형을 탐색하고 서술할 수 있다는 주장을 법정에 세울 수는 없을 것이다. 우리의 불쌍한 내면의 탐험가는 믿기 힘든 이야기를 계속하는 것처럼 보이고, 그 이야기는 탐험가가 말을 이어가면서 말

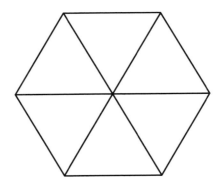

도표 19　정육면체의 그림자. 이 육각형의 '바람개비'를 잠시 보자. 당신은 이것이 삼차원 정육면체의 투영으로 전환된다는 것을 알아차릴 것이다. 사실, 이것은 우리가 정육면체의 정반대 두 꼭짓점을 가로질러 바라본 모습이다.

그대로 만들어내는 것이다. 외부 세계에서 철사로 만든 정육면체는 사람들이 신경을 쓰든 말든 그림자를 가지고 있고, 그 그림자는 사람이 주목하든 말든 간에 뚜렷한 형태를 가진다. 그리고 누군가의 관심이 이 모양에 쏠릴 때, 적어도 대충이라도 무슨 모양인지 말할 수 있다. 현실 세계에서 이 그림자들이 단순한 바람개비 모양을 구성할 때, 우리는 그 모습을 관찰할 수 있고 정확히 그 관찰 결과를 서술할 수 있을 것이다.

　탐험가의 서술은 빈약함과 자기모순의 익숙한 조합이며, 분명히 존재할 중요한 시각적 정보(예를 들어, 그림자)를 계속 빼먹는 것처럼 보이지만, 마찬가지로 철저한 수학적 모순으로 쉽사리 빠져든다. 우선 철사로 만든 정육면체는 빈 책상 위에 놓여 있고, 여기에는 그림자도, 그림자를 드리우는 조명도 없다. 아마도 책상 역시 특별한 모양이나 크기를 가지지도 않았다. 책상과 정육면체 모두 정해진 색상을 가지지 않았고, 정육면체에 특별한 사이즈가 있는 것도 아니다. 물론 일단 조명과 그림자가 언급되면 마음속 그림으로 스케치되지만, 조잡한 스케치일 뿐이다. 우리는 그 그림자가 반드시 직선으로 이뤄져야 하고 약간은 비스듬하고 격자처럼 보이는 형태여야 한다는 점만 빼고 어떻게 생겨야 하는지 거의 알지 못한다. 여섯 개의 꼭짓점에 대한 질문은 비루한 혼란을 드러낸다. 도표 20에서 보듯, 위아래로 놓인 두 개의 정삼각형처럼 단순하고 독특한 모습의 가능한 배치가 있다. 그 외에 다른 모습은 그저 기하학적으로 불가능하다. 그러나 탐험가는 (우리 대부분이 그러하듯) 그러한 불가능성을 기쁘게 제시한다.

우리는 주변을 움직이는 정육면체를 상상할 수 있다는 직관과 함께, 그 정육면체 아래로 있는 그림자에 대한 애매한 감각을 지닌다. 그러나 이 역시 가벼운 스케치일 뿐임이 드러났다. 그리고 문제는 내면세계가 정말로 존재하느냐가 아니라 내면세계의 끊임없는 변화와 복잡성을 서술하는 것이 어렵다는 것이다. 정육면체와 조명의 설정이 외부 세계에서 단순한 패턴인 것을 만들어낼 때조차(바람개비형 그림자), 마음의 눈은 이러한 사실을 전혀 의식하지 못한다.

시각적 경험의 즉흥적인 특성을 고려했을 때, 이러한 것 중 그 무엇도 놀랍지 않다. 물론 우리의 이미지는 부분적이고 모순적일 것이다. 우리가 마음속에서 외부 세계의 '그림'을 구성했다고 믿는 것은 정신적 깊이

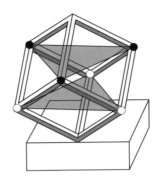

도표 20 한쪽 꼭짓점으로 균형을 잡는 정육면체. '중간 부분'의 꼭짓점들이 강조되어 있다. 아래쪽의 꼭짓점들은 수평으로 누운 삼각형을 이루며, 위쪽의 꼭짓점들도 그렇다. 당신은 두 개의 삼각형이 반대 방향을 가리키고 있음을 볼 수 있다. 한 삼각형은 다른 삼각형의 거울상이다.

의 착각에 완전히 빠져버리는 셈이다.

잃어버린 세계

탐험가의 대답은 전혀 말이 되지 않지만, 회의론자가 반대 심문을 위해 하는 이야기들이 아마도 탐험가를 혼란스럽게 만들어서 분명 모순적인 대답을 내놓게 된 것이다. 적대적인 법적 심문의 특성이 그러한 것처럼, 실제로 정직한 증인은 끔찍한 혼란에 빠질 수 있다.

그러나 앞으로 알게 되겠지만, 우리의 가장 사적인 정신적 깊이를 탐색하려는 시도는 항상 혼란에 빠져드는데, 그것도 체계적이고 예측 가능한 방식으로 빠져버린다. 우리의 대답은 빈틈투성이고 그저 잘 들어맞지 않는다. 왜일까? 시각적 경험처럼 상상력은 명료한 작은 창이며, 그 창을 통해 우리가 보는 대상은 창조적이고 예민하며 지능적으로 만들어지기 때문이다. 단순히 어떤 완전히 구체적이고 일관성 있는 내면의 세계로부터 서술되는 것이 아니다.

　마지막으로 도표 21의 진짜 호랑이에서 보이는 것처럼 다시 호랑이 줄무늬로 돌아가 보자. 우리는 대부분 줄무늬가 몸통 주변을 수직으로 휘감는다고 정확하게 추측한다. 또한 몸길이를 따라서가 아니라 다리 둘레를 감고 있다고 느끼는데, 아마도 이 부분에 대해서는 덜 확신할 것이다 (따라서 도표 16에서는 왼쪽 윗부분의 선택지가 가장 사실에 가깝다). 하지만 당신의 심상을 신중히 살펴보았을 때 호랑이 앞다리에는 전혀 줄무늬가 없음에 주목했는가? 또는 뒷다리의 경우 줄무늬가 서서히, 그리고 고르게

도표 21　실제 호랑이 몸에 줄무늬가 감긴 모습

(다리를 따라) 가로에서 (몸을 따라) 세로로 '돌아가는' 모양이다. 머리 부분의 줄무늬는 너무나 눈에 익은 복잡한 문양을 이루지만, 우리는 대부분 마음속 호랑이의 모습에서는 이를 전혀 알아차리지 못한다. 또한 호랑이의 하얀색 배와 다리 안쪽을 '보지 못한'다. 당신은 이제 마음속 내면의 풍경에서 뛰어다니는 호랑이에 대한 아주 현실적이고 몹시도 자세한 '사진 같은' 이미지를 본다는 감각에 엄청난 의심을 품게 된다.

그러나 생각해 보면 이러한 결과들에 놀라워해서는 안 된다. 지금까지 우리는 시각적 세계를 한 번에 한 요소씩 파악한다는 점을 살펴봤다. 심상에서도 마찬가지다. 다시 말해, 꼭 우리가 상상 속 호랑이 꼬리의 모양을 궁금해하는 만큼 마음의 눈으로 즉시 호랑이 꼬리의 모양을 그려낼 수 있다. 호랑이가 발톱을 드러냈는가 숨겼는가를 자신에게 묻는 만큼 우리의 상상력은 그에 대한 답 역시 즉시 만들어낸다. 철사로 된 정육면체 위로 빛을 비추는 조명의 위치에 관해 추측할 때 우리는 그러한 조명을 만들어내고, 그 조명이 드리우는 그림자에 대해 질문을 받는다면 그림자의 심상을 쓱쓱 그려낸다(앞서 보았듯, 상당히 비현실적인 그림일 수는 있지만). 완전히 형태를 갖춘, 철저하게 자세하고 유색인 심상을 마음의 눈으로 줌인을 하거나 좌우로 주의를 돌리면서 살펴보는 것이 아니다. 대신에 심상을 매 순간 한 조각씩, 그리고 점점 하나하나를 창조해 나간다.

잠시 이러한 관찰이 꿈과 관련해서는 무엇을 의미하는지 생각해 볼 가치가 있다. 꿈은 순간적인 조각들을 연속적으로 창조해 내고 허물어뜨리면서 자연스럽게 여겨지는 것처럼 보인다. 시시각각 그 꿈을 경험하는 동안 아무리 설득력이 있더라도, 되돌아보면 허점과 모순투성이이기 마련이다. 꿈이 앞뒤가 맞지 않는다는 것은 우리가 그 꿈을 기억해 내려 하자마자 바로 명백해진다. 장면과 시간 자체도 불쑥 바뀌고, 사람들은 정체를 바꾸며 예고도 없이 나타났다 사라진다. 꿈의 '세계'는 허구이며, 파편과 모순이 뒤범벅된 곳이다. 실제로, 꿈은 어설픈 소설과 같다. 그 소설에 어떤 질서를 부여하려고 애쓰는 신중한 작가는 존재하지 않으며, 그저 변덕스러운 상상력의 비약만 연속될 뿐이다.

예를 들어, 우리가 꿈에서 오랜 친구 루드비히를 만난다고 상상해 보자. 우리는 루드비히가 안경을 썼는지, 또는 최근에 머리를 잘랐는지 등그의 차림새에 대한 시각적 세부 내용을 구체적으로 기억하지 않을 수 있고, 보통은 기억하지 못한다. 그러한 막연함을 약한 기억력 탓으로 돌리고 싶은 충동이 들 수 있고, 우리 꿈의 기억들이 빠른 속도로 사라진다는 점을 탓하고 싶을 수도 있다. 하지만 이는 전혀 설명되지 못한다. 우리는 이러한 상세 내용을 잊은 것이 아니라, 애초에 뇌가 그 부분을 구체화하려고 애쓴 적이 없었던 것이다. 어느 곳에서든 의미 있는 답이 있을 수 없다. 날씨는 어떠했는가? 우리는 어떤 종류의 바닥이나 땅에 서 있었는가? 몇 년도였는가? 차나 기차 소리가 들렸는가? 나무와 풀이 보였는가? 각 나무와 식물에는 얼마나 많은 잎사귀가 달려 있었는가?

꿈은 자세히 쓰인, 세부 내용이 거의 없는 즉흥적인 이야기다. 마음이 그 꿈을 만들어낼 때 우리는 몇 가지 정보의 단편들만 추적할 수 있으며, 그 외에 거의 모든 것은 완전히 공백으로 남겨진다. 내 꿈에서 루드비히가 청바지를 입고 있었는지 익숙한 타탄체크 바지를 입고 있었는지에 대해서는, 호머 심슨의 간 모양이라든지 치티치티 뱅뱅 자동차의 기름 소비량만큼이나 진실이랄 게 없다.

지각과 상상

물론 지각과 상상 사이에는 결정적인 차이가 있다. 외부 세계를 지각할 때 우리는 주의를 앞뒤로 바꿔가면서 확인하고 교차 점검도 할 수 있으며, 기만적인 심리 실험에 휘말린 것이 아닌 이상 매번 같은 대답을 들을 수 있다고 확신한다. 외부 세계는 기존에 형성된 안정적인 사물로 구성되어 있으며, 우리는 이 세계를 다양한 방향에서 살펴보면서도 이 여러 시점의 아귀가 딱 맞아떨어지리라는 타당한 예상을 가지기 때문이다. 그러나 우리가 상상한 내용을 참고하다 보면 그런 확신을 전혀 가질 수 없다. 마음의 산물은 로이터스베르드의 그림만큼이나 일관성이 없고, 이는 놀라운 일도 아니다. 가장 근면 성실한 소설가마저 자기모순을 피하는 데 어려움을 겪고, 각 등장인물의 뒷이야기를 써놓고 지도를 만들고 가계도를 그려놓는 작업을 해놓더라도 여전히 모순된 부분이 나타나기 마련이다. 그러므로 즉흥적인 말과 이미지의 순간적인 흐름은 당연히 혼란과 자기모순으로 쉽게 이어질 수밖에 없다.

철사로 된 정육면체의 모양을 바꿔놓는 우리의 심상은 역시나 내면세계에 대해 회의가 들도록 한다. 사실 인간의 동기와 신념에 대한 우리의 스토리텔링은 마음의 눈으로 본 정육면체에 대한 묘사만큼이나 앞뒤가 맞지 않는다. 그리고 여기에서도 논리정연하지 못한 상태는 우리의 어둡고 비밀스러운 정신적 깊이를 들여다보고 서술하는 것이 어려워서가 아니라, 우리가 들여다볼 숨겨진 정신적 깊이 같은 것이 **없기 때문에** 생겨난다.

사람들은 우리가 총천연색으로 꿈을 꾸는지 궁금해한다. 하지만 꿈은 이야기보다 딱히 많은 색을 갖춘 것도 아니며, 질감과 배경 소음, 냄새, 또는 빛이 비치는 방식보다 색이 더 다양한 것도 아니다. 물론 풍성하고 화려한 꿈의 세계라는 느낌을 받을 수 있다. 꿈에 대해 궁금해하는 즉시 감각적 인상을 만들어내기 때문이며, 꿈과의 지각적인 접점을 하나씩 상상하게 되는 것이다. 그러나 우리가 꿈을 꾸는 동안 루드비히의 바지 색깔이 궁금하지 않다면, 그 바지 색깔은 공백이 된다. 루드비히의 바지에는 색깔이 있었겠지만 우리가 그저 눈여겨보지 않았을 뿐이라고 의심하는 일은 오필리아가 특정 연도에 특정 보석상에게서 산 사파이어 귀걸이를 하고 있다고 상상하는 것만큼이나 잘못된 인식이다. 셰익스피어의 마음속에는 이런 내용은 전혀 들어 있지 않았을 테니까. 요컨대 이는 현실(우리가 알든 모르든 간에 얼마든지 사실이 존재하는 곳)과 허구(대략 작가가 미리 설정해 놓은 것들 외에 사실이란 것이 없는 곳)를 혼동하는 것이다.

현실과 허구 사이에서의 똑같은 혼동은 우리가 듣지 못한 소리나 느끼지 못한 고통, 숨겨진 동기나 무의식적인 신념이 존재하는가 궁금해질 때 생겨난다. 이러한 잘 알려지지 않은 실체들은 루드비히 바지 색과 소위 '내면의 정육면체'가 비추는 그림자 무늬보다 딱히 현실적이지 않다. 일관성 없고 개략적인 생각의 흐름은 내면세계가 내놓는 투영도가 아니며,

우리의 생각은 기록되거나 발견될 수 있는 내면의 현실 그림자가 아니다. 매 순간 창안되는 허구인 것이다.

헤르베르트 그라프의 반면교사

유명한 오스트리아의 오페라 감독 헤르베르트 그라프Herbert Graf는 겨우 네 살이었을 무렵 엄마와 길을 걷다가 무서운 사건을 목격하게 되었다. 마차를 매달고 빈 거리를 지나던 한 쌍의 말 중 한 마리가 갑자기 쓰러지더니 거칠게 발길질하기 시작했기 때문이었다. 이 사건은 감수성 예민한 아이에게 흔적을 남겼고, 아이는 쓰러지는 것에 대한 공포를 느꼈다. 그 결과 말과 말이 끄는 마차(특히나 이 끔찍한 사건에 있었던 커다란 마차)가 있는 광경을 두려워하게 되었다. 또한 말에 대한 전반적인 공포심을 키웠는데, 말이 쓰러질 뿐만 아니라 자기를 물 수도 있다는 것이었다. 헤르베르트는 특히나 '말들이 눈 앞쪽으로 덮고 있는 천과 입 주위에 두르고 있는 검은색 줄'[3]에 깜짝 놀란다고 설명했다. 그의 앞에서 쓰러진 말이 사용한 눈가리개 가죽과 재갈을 의미하는 것이었다. 이러한 공포는 말과 그 말이 끄는 마차가 즐비한 빈 거리로 외출하는 것에 대한 두려움까지 확장되었고, 헤르베르트의 부모가 상당히 고민하게 할 만큼 심각했다.

헤르베르트는 왜 (우리가 아는 한) 경험한 적도 없는, 말이 물지도 모른다는 공포감을 가지게 되었을까? 그 최초의 사고 때문에 헤르베르트가 말의 존재 앞에서 높은 수준의 불안감을 느끼게 되었고 여기에 심박수가 높아지고 호흡이 가빠지며 아드레날린이 솟구치는 신체 증상까지 결합되었다는 것이 자연스러운 추측이다. 그리고 헤르베르트가 말을 두려워한다는 것은 자연스러운 해석이 되겠지만, 뇌는 왜 말을 두려워하는지 설명을 해야만 한다. 그러한 공포가 정당화되려면 말은 어린 소년에게 어떤 해를 끼쳐야 할까? 자연스러운 설명(물론 다른 여러 가능성 중에서)은 '말이 물 수도 있다'가 된다.

다행스럽게도 말에 대한 공포는 점차 옅어졌다. 사실 이것이 어린 시절 공포증의 자연스러운 패턴이다. 물론 그 가운데 일부는 집요하게 남아 있지만. 아마도 마구 몸부림치는 끔찍한 말의 광경과 소리가 기억 속에서 희미해졌을 수도, 아니면 말에 대한 좀 더 무해한 생각이나 경험으로 점차 덮였을 수도 있다.

상상력이 풍부하고 색다른 이야기를 상대적으로 평범한 행위에 투영하는 인간의 능력은 헤르베르트의 아버지이자 음악 평론가인 막스 그라프가 아들의 공포에 반응하는 모습에서 잘 묘사되어 있다. 당시 유행한 유아 성욕에 관한 이론에 몰두해 있던 막스 그라프는 빈의 동네 의사에게 "(공포의) 기반은 아이 엄마의 부드러움으로 인한 성적인 과잉자극에서 비롯되었으며, 말에 대한 구체적인 공포는 커다란 남자 성기로 인해 겁먹었던 일과 연결된 것처럼 보인다"[4]라고 편지를 써 보냈다. 의사는 여기에 동의하며, "(헤르베르트는) 정말로 아버지가 '비켜나길' 바라는 어린 오이디푸스"이며, 아름다운 어머니와 단둘이 남아 그녀와 잠자리를 하기 위해 아버지를 제거하려 한다고 결론 내렸다.[5] 이러한 관점에 따르면 헤르베르트는 어머니의 애정을 구하기 위한 강력한 라이벌로서 아버지를 두려워하는 것이었다.

　막스와 의사는 실제로 헤르베르트의 말에 대한 공포가 정말로 아버지에 대한 공포라고 의심했다. '눈 앞쪽으로 덮은 천과 입 주위에 두른 검은색 줄'에 대한 헤르베르트의 구체적인 공포는 실제로 너무나 무섭게 쓰러진 말의 눈가리개 가죽과 재갈을 뜻한다기보다는 아버지의 안경과 콧수염에 대한 공포를 암시한다는 것이었다. 게다가 의사는 집을 떠나는 것에 대한 헤르베르트의 공포에는 숨겨진 동기가 있다고 썼다. "헤르베르트가 느끼는 공포의 내용은 움직임의 자유에 대해 아주 상당한 제약을 부과하기 위해서요. 그리고 그게 목표입니다… 그렇게 해야 사랑하는 어머니와 함께 집에 머물 수 있으니까요."[6] 이는 그 말 자체로도 잘 들어맞지 않는다. 헤르베르트는 어머니의 부재에 불안하다고 하지 않았지만(헤르베르트가 집에 남아 있는 동안 어머니가 외출하는 경우) 어머니가 함께 있더라도 밖에 있기를 두려워했다. 따라서 어머니와 헤어지는 일보다는 집을 떠나는 일을 두려워하는 것처럼 보였다. 물론 이 점은 그가 쓰러진 말의 사건이 반복되는 것을 두려워한다면 당연하다. 막스 그라프와 의사는 회의적이었고, 사실 헤르베르트가 자신에게조차 그 공포증의 진정한 근원을 숨기려 든다 해도 그다지 놀랍지 않다고 느꼈다. 이들은 공포증이 트라우마적인 사건 직후에 시작했더라도, 이는 그저 이 현상의 계기가 되었을 뿐이며 풍성한 잠재의식적인 뿌리를 지녔을 것이라고 결론 내렸다. 헤르베르트는 동의하지 않았다. "아니요, 저는 그저 그때 두려움을 얻었을 뿐이에요. 지나가던 말이 쓰러졌을 때 말이에요. 제게 정말로 두려움을 안겨주었다고요! 그때가 바로 제가 그 말도 안 되는 난센스(헤르베르트는 자신의 공포증을 이렇게 불렀다)를 얻은 때라고요."

물론 너무 뻔한 '얄팍한' 해석을 한 것처럼 보이는 행동에 대해 매우 정교하고 '심오한' 설명을 만들어내고자 프로이트 이론을 기발하게 활용하는 일은 어렵지 않다. 말에 대한 두려움을 말로 인해 겁을 먹었던 경험이 아니라 자기 아버지를 죽이고 어머니와 자고 싶은 욕망에서 일어난 것으로 보는 것이다. 헤르베르트의 아버지는 순수한 아마추어 정신분석학자였고, 의사의 소견은 아버지의 편지와 단 한 번 아이와의 짧은 면담이 전부였다. 그러나 이 특정한 사례에 특별한 관심을 기울일 가치가 있다. 미래의 세계적인 오페라 전문가인 헤르베르트 그라프는 '꼬마 한스'로 알려졌고, 아마 당신도 추측했겠지만 그 동네 의사는 지그문트 프로이트였다. 이 사례 연구는 그 모든 취약점에도 불구하고 정신분석학의 주요 문헌 목록에서 가장 중요한 연구 가운데 하나다. 사실 이 연구는 너무나 유명해져서, 짤막한 어린 시절 공포증에 대한 논의는 헤르베르트 그라프에 관한 위키피디아 도입부의 절반 이상을 차지하며, 이는 반세기 이상 오페라 분야에서 가장 중요한 인물로 활약했다는 것과 같은 가치를 부여받은 것이다.

막스 그라프와 프로이트는 '꼬마 한스'의 마음속에 있는 어두운 구석들을 들여다보려 애썼고, 훗날 분석가들 역시 이 사례를 연구했으나 다른 진단을 내렸다. 이런 논쟁이 지닌 문제점은 이들이 헤르베르트의 잠재의식적인 내면의 정신세계에 동의하지 않았다는 게 아니라 헤르베르트(한스)가 우리와 마찬가지로 그저 정신적인 파편들의 모음일 뿐, 내면 세계 같은 것은 존재하지 않는다는 데 있다. 한스에게 잠재의식 속에서 자기 아버지를 살해하고 어머니와 자고 싶어 하는지 묻는 것은 그 세부 내용에서 틀렸을 뿐만 아니라, 윌리엄 블레이크의 시에 나오는 호랑이는 줄무늬가 몇 개인지, 톰 소여가 화요일에 태어났는지, 아니면 제임스 본드가 평생 동안 들이켠 마티니 숫자가 소수에 속하는지 여부를 궁금해하는 것만큼이나 의미 없다. 상상력은 이러한 세부 내용들을 채우고도 남지만, 당연히 그 상상력의 산물은 사실이 아닌 허구다.

요점을 아주 확실하게 짚어보자. 그라프와 프로이트의 실수는 문학적 창작을 심리학과 혼동한 것이다. 이들은 헤르베르트(한스)와 공포증에 관해 이야기를 창작해 낼 수 있었고, 그와 마찬가지로 다양한 대안적인 이야기를 쉽게 만들 수 있어야 했다. 창의적인 작가들이 던지는 핵심적인 질문은 다음과 같다. 어떤 이야기가 가장 흥미롭고, 충격적이며, 마음을 사로잡는가? 실제로 프로이트의 사례 기록은 그가 끝도 없이 혁신적이고 매혹적인 이야기꾼이었으며, 인간의 경험에 관해 아주 흥미롭고 새로운 관점을 만들어내기 위해 어마어마한 수준의 신화와 예술적 지식에 의존했음을 보여준다. 그러나 이러한 이야기들이 어떻게든 진실인지 여부에 관해서는 사실이랄 게 없다. 요컨대 막스 그라프와 프로이트는 심리학이 과학이어야 한다고 믿으면서도 문학적 형태로 이를 실행한 것이다.

우리 대부분은 우리 마음이 생각으로 가득 차 있다고 느낀다. 아마도 우리는 '내면세계'에 사는 거주민들의 특성을 딱히 확신하지 못할 수 있지만, 그럴듯한 후보로는 신념과 욕망, 희망, 두려움, 심상, 주장, 정당화, 불안함, 기쁨, 흥분, 침울함, 만족, 체념, 열광, 노여움, 공감 등이 있어 보인다. 우리 마음에 무엇이 담겼는지 모호해하는 것은 결코 우연이 아니다. 정신적 알맹이가 지닌 견고함이란 우리가 손을 뻗어 만지는 순간 사라지기 십상이기 때문이다.

CHAPTER 5

감정을 창조하다

러시아 영화감독 레프 쿨레쇼프Lev Kuleshov는 열아홉이라는 놀랍도록 어린 나이에 첫 영화를 찍었고, 스탈린 치하 러시아의 정치적 지뢰밭을 운 좋게 빠져나가 훗날 소련 영화 산업에서 큰 영향력을 발휘하는 인물로 성장했다. 또한 눈부신 심리학적 발견을 하기도 했다. 쿨레쇼프는 러시아 무성영화 스타인 이반 모주힌이 등장하는 장면에 세 가지 이미지를 끼워 넣었다. 뚜껑이 열린 관 속에 누워 있는 죽은 아이, 수프 한 그릇, 그리고 긴 소파에 비스듬히 기댄 매력 넘치는 젊은 여성의 사진이다. 관객은 차례로 비탄과 배고픔, 그리고 욕정을 표현하는 모주힌의 섬세한 연기에 감명을 받았다. 하지만 연기는 그다지 섬세하지 않았고 그냥 존재하지 않는 것이나 마찬가지였다. 각 사례에 사용된 연기 장면은 완전히 똑같았기 때문이다. 비교적 무표정한 얼굴에다 감정이 잔뜩 들어간 장면들을 나란히 배치하자, 관객은 모주힌의 감정 상태에 저마다의 해석을 부과했다.[1]

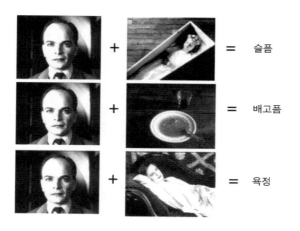

도표 22 쿨레쇼프 효과. 애매한 얼굴 표정의 해석은 다양한 장면을 삽입했을 때 극적으로 바뀐다.

쿨레쇼프 효과는 영화에서 엄청난 영향력을 미쳤으며, 실제로 앨프리드 히치콕은 1966년 TV 인터뷰에서 쿨레쇼프 효과를 가장 강력한 영화적 기법 가운데 하나로 꼽았다.[2] 그리고 이러한 유형의 효과는 필름의 삽입과 뚜렷한 이미지의 병렬 배치에만 국한되지 않았다. 정지된 사진의 배경은 우리가 표정을 감정적으로 '읽는' 방식을 크게 바꿔놓을 수 있다 (도표 23).

우리는 얼굴에 나타난 감정과 얼굴 자체를 '본다'고 생각하지만, 맥락은 우리가 상상하는 것보다 훨씬 더 중요한 것으로 드러났다. 맥락의 힘은 분명 어느 곳에나 존재하는 지각의 특성이다. 예를 들어, 도표 24의 패턴을 생각해 보자. 이미지에서 떨어져 나온 부분은 하나 이상의 해석이

도표 23　선거유세를 벌이고 있는 미국의 상원의원 짐 웹. 맥락을 제거하면 그는 화가 나고 좌절
하는 것처럼 보인다. 선거유세의 맥락에서 그는 행복하고 심지어 의기양양해 보인다.

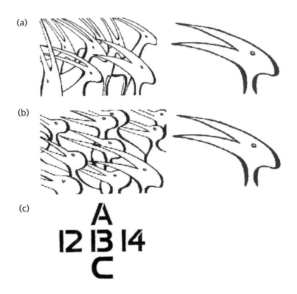

도표 24　(a) 토끼들로 가득 찬 화면은 애매한 '토끼-새' 그림이 토끼처럼 보이도록 만든다. (b) 새
로 가득 찬 화면은 애매한 '토끼-새' 그림이 새처럼 보이도록 만든다. (c) 숫자와 글자로
표현된 같은 현상

나올 수 있도록 열려 있다(언뜻 보아서 섬세했던 모주힌의 연기, 또는 짐 웹 상원의원의 신나 하는 표정처럼). 여기에는 작용하는 원칙이 한 가지 있는데, 뇌는 지각적 입력의 각 토막(얼굴, 사물, 상징, 또는 무엇이든)을 더 넓은 맥락에서 비춰 봤을 때 되도록 많은 의미가 통하도록 해석한다는 것이다.

우리의 애매모호한 자아 이해하기

쿨레쇼프 효과는 우리가 다른 사람의 감정 원인을 찾을 때뿐만 아니라 자신의 감정 원인을 찾을 때도 적용할 수 있을까? 좁은 의미에서 이는 너무나 그럴듯하게 들리는 이야기다. 영화배우 모주힌에게 도표 22에서와 마찬가지로 그의 사진에 비극과 음식, 유혹의 이미지를 나란히 배치해서 제시한다고 해보자. 그는 분명 우리가 그랬듯 자신의 (고정된) 표정이 슬픔과 배고픔, 욕정 등을 섬세하게 표현한다고 읽을 가능성이 매우 높다. 누군가는 그가 엄청나게 절제된 연기를 하며 속으로는 기뻐하고 있다고 상상할 수 있다. 하지만 그 사진이 (영화 속 장면이 아니라) 진짜 생활 속의 의미 있는 순간에 찍혔다면 모주힌은 우리처럼 자신의 표정을 읽으리라고 짐작할 수 있다. 그 감정이 무엇이든 간에 그 맥락상에서 가장 타당한 감정을 의미하는 표정일 것이기 때문이다.

이제 다음에 나오는, 언뜻 보기에 더 기이한 형태의 변형된 쿨레쇼프 효과를 살펴보자. 모주힌의 표정을 보는 대신 (아니면 그 표정을 보는 것뿐만 아니라) 우리는 그의 심박수를 들을 수 있다고 하자. 어쩌면 이미지(관, 수프 한 그릇과 젊은 여성)가 제시된 상태에서 우리는 증가하는 그의 심박수를 뚜렷하게 들을 것이다. 어떻게 이러한 생리학적 신호를 이해할 수 있을까? 나는 이를 지나친 절망이나 갑작스러운 고통, 또는 솟구치는 욕정의 징후로 다양하게 보일 수 있다고 생각한다. 그리고 호흡이 점차 얕고 빨라지며 아드레날린 농도 역시 높아지는 소리를 들을 수 있다고 생각해 보자. 이러한 조짐은 단순히 같은 해석에 색을 입힐 것이다(그리고 이러한 징후들은 당연히도 다양한 경향이 있다).

이제 우리가 어떤 감정을 나중에 돌이켜보는 대신 그 감정이 이는 순간 어떻게 해석하는지 떠올려보자. 물론 우리는 보통 우리의 표정을 들여다보지 않지만, 생리적 상태에 관해서는 분명 알 수 있다. 심장이 고동치는지, 호흡이 짧아지는지, 아드레날린이 마구 솟구쳐 동맥을 타고 흐르는지 어느 정도는 느끼기 때문이다. 이러한 신호들은 물론 모주힌의 스핑크스 같은 표정만큼이나 매우 애매하다. 이들은 우리에게서 솟구치는 아주 다양한 종류의 감정을 가리킬 수 있다.

따라서 우리는 자신의 감정을 이해할 때 어쩔 수 없이 일종의 쿨레쇼프 효과에 좌지우지된다.

우리의 감정이 표정에 새겨지는 것처럼, 하나의 확정적인 감정을 지닌 느낌이 신체 상태에 의해 구체화되거나 결정되지 않을 수 있을까? 사실 우리의 신체 상태는 해석이 필요하며 처한 상황에 따라 매우 다양하게 설명되는 그저 또 하나의 애매한 단서이지 않을까? 요컨대 우리 자신이 느끼는 것도 포함해 감정들 역시 그저 허구에 지나지 않는다.

1962년 미네소타대학교에서 이러한 생각이 옳았음을 보여주는 최초의 직접적인 근거를 내놓은, 놀라운 실험이 진행되었다. 심리학자 스탠리 샥터Stanley Schachter와 제롬 싱어Jerome Singer는 자발적 실험 참가자들에게 아드레날린 또는 위약을 주입했고, 실험이 시작되기 전에 잠시 앉아서 기다릴 대기실로 안내했다. 이들은 역시나 실험 시간이 시작되기를 기다리는 것처럼 보이는 또 다른 참가자들과 대기실을 공유해야만 한다는 것을 깨달았다.

그러나 대기실은 실험이었고, 다른 사람은 참가자가 전혀 아닌, 실험자의 '앞잡이'였다. 즉 가짜 참가자는 약간 조증에 걸렸거나 (종이비행기를 접어서 날림) 화난 것처럼 (기다리는 동안 작성해야 하는 설문지에 격분함) 행동했다. 인위적으로 아드레날린을 주입받은 참가자들은 그냥 위약을 주입받은 참가자들보다 두 가짜 참가자들에게 더 강한 감정 반응을 보였다. '조증' 가짜 참가자와 마주했을 때 참가자들은 자신의 증가한 심박수와 가빠진 호흡, 그리고 붉게 달아오른 얼굴이 자기 자신의 행복감을 의미한다고 해석했다. 그러나 '분노한' 가짜 참가자와 함께 있을 때 이 같은 증상을 짜증을 보여주는 신호라고 해석했다.

여기에서 우리는 또 다른 모습의 쿨레쇼프 효과를 볼 수 있다. 기쁨과 분노의 감정이 내면에서 샘솟는 것이 아니고, 대신에 그 순간의 감정을 해석하는 것처럼 보인다. 그리고 단순히 우리가 처한 상황을 바탕으로 하는 것이 아니라 우리 자체의 생리적 상태를 기반으로 해석하는 것으로 생각된다. 따라서 가짜 참가자가 약간 흥이 오른 행동을 하는데 실험 참가자가 높은 수준의 각성을 경험하는 경우, 참가자는 그 긍정적인 감정을 **강한** 감정으로 해석할 가능성이 있다. 그렇게 해야 심박수의 증가와 숨 가쁨 등을 설명할 수 있기 때문에, 이들은 자신이 약한 수준의 희열을 경험하는 것이라고 추론한다. 이와는 반대로 분노한 가짜 참가자와 마주친 실험 참가자가 짜증의 감정을 표현할 때, (당연히 아드레날린이 유발한) 그 생리학적 반응의 순수 강도는 강력한 감정 반응을 가리키는 것으로 해석한다. 실험 참가자들은 스스로 그저 약간 거슬린다기보다는 짜증이 '많이' 났다고 인식한다.

샥터와 싱어의 실험은 자신의 감정에 관한 우리의 직관을 뒤집어 놓는다. 예를 들어, 우리는 희열과 분노 같은 감정이 별개의 생리학적 신호, 즉 특별한 '느낌'을 주는 신체 상태를 가지고 있다고 생각할 수도 있다. 이 생각이 맞는다면 우리는 아드레날린의 주입으로 생리학적 변화가 우리를 특정한 감정의 생리적 상태로 밀어넣을 것이라 예상할 것이다. 따라서 아드레날린 주사는 우리가 어느 지점에서 시작하든 간에 조금 더 행복하게 만들거나 조금 더 화나게 만든다고 추측할 수 있다. 대신에 아드레날린의 영향은 우리가 처한 상황에 대한 해석에 따라 정반대의 효과를 발휘한다. 대략 아드레날린은 어떤 감정 반응을 보이는 것이 자연스럽든지 그 감정을 강하게 느끼라고 우리에게 신호를 보내는 것처럼 보인다. 따라서 조증에는 긍정적인 반응을, 노골적인 분노에는 부정적인 반응을 강요한다. 우리는 무슨 감정을 경험해야만 하는지 파악하고, 어느 정도는 자신의 신체 상태를 통해 그러한 파악을 하는 것처럼 보이기도 한다. 우리는 우리 감정이 내면에서 솟아올라서 생리학적 반응을 유발한다고 상상하는 경향이 있다(예를 들면, 나는 화가 났으니 내 심장이 빠르게 뛰는 것은 사실이다). 그러나 현실에서 우리는 부분적으로는 자신의 생리적 상태를 관찰한 것을 기반으로 무슨 감정을 느껴야만 하는지 알아내는 것 같다.

사람의 감정을 해석하는 이 모든 논의가 시기상조는 아닌가? 어쨌든 아드레날린 주사가 단순한 감정적 효과를 가질 수 있을 것이고, **강화제**로서 기능할 수도 있을 것이다. 따라서 감정은 우리가 상식에 따라 예상하게 되듯(즐거움이든 짜증이든 가짜 참가자가 어떻게 행동하는지를 바탕으로) 내면에서부터 솟아오르는 것이리라. 하지만 그다음으로 경험한 감정의 강도는 사람의 각성 수준에 따라 그저 증폭되거나 억제된다. 샥터와 싱어는 이 부분을 살펴보기 위해 현명하게도 실험을 수정했다. 아드레날린 주사를 맞은 사람들 중에서 일부에게는 어떤 생리적 효과(심박수 증가, 호흡곤란 등)를 기대하게 되는지를 이야기해 주었고 다른 일부에게는 하지 않았다(이 사람들을 정보 참가자와 무정보 참가자로 부르자).

우리는 이미 샥터와 싱어의 실험에서 무정보 참가자의 고조된 감정 반응에 대해 설명했다. 그러나 정보 참가자는 어떨까? 아드레날린이 단순히 감정 강화제로만 작용한다면, 우리가 예상되는 효과에 대해 이야기를 들었든 아니든 상관없이 그저 똑같은 방식으로 효과를 발휘할 것이다. 대신에 우리가 생리적 상태라는 관점에서 그 순간의 감정적 경험을 해석한다고 생각해 보자. 그러면 아드레날린 주사의 예상 효과에 대한 우리의 지식은 아주 많이 중요해진다. 정보 참가자는 자신의 높은 각성 상태를 주사 탓으로 돌리게 되며, 따라서 이를 가짜 참가자에 대한 감정

반응의 강도를 보여주는 단서로 사용하려는 경향이 줄어들게 된다(그럼에도 이들은 그 단서를 완전히 무시할 수는 없음이 확실하긴 하다). 실제로 이는 샥터와 싱어가 발견한 사실이다.

당신은 이 모든 것이 혼란스럽다고 느낄 수도 있다. 분명 감정은 내면의 깊이로부터 솟아오르는 것일 테니까. 그리고 감정이 먼저 나오고, 생리학적 결과가 두 번째로 나와야만 하는 거 아닌가? 우리의 심박수는 기분의 맹렬한 힘 때문에 마구 뛰는 것 아닌가? 분명히 상식적으로는 그렇다. 하지만 인과관계 역시 정반대의 방향으로 흐를 수 있다면 어떻게 될까? 다시 말해서, 내면의 소란함에 대한 감각이 어느 정도는 심장이 뛰고 있으며 몸이 들썩거리고 얼굴이 달아오른다는 지각에 의해 생겨나는 것이라면? 완전히 뒤죽박죽된 생각을 두고 우리가 절망적이라거나 희망적이라거나 아니면 조용히 체념한 것으로 해석하게 하는 것은 몸 상태에 대한 우리의 해석이다.

이러한 충격적인 상식의 반전은 결코 새로운 것이 아니다. 이는 미국 심리학자이자 철학자 윌리엄 제임스William James가 이미 복선을 깔아두었던 내용이다. 제임스는 심리학 역사상 가장 영향력 있는 교과서를 쓴 저자로[3] 곰에게서 달아날 때 우리는 무서워서 벌벌 떠는 게 아니라 벌벌 떨기 때문에 무서운 기분을 경험한다는 유명한 주장을 했다. 하지만 당연하게도 생리적 증상 자체는 굳이 두려움의 특성이 아니다. 우리는 완전히 똑같은 아드레날린의 고조와 심박수 증가, 빨라지는 호흡 등을 100미터 달리기 시합을 위해 출발선에 설 때나 무대에 오르기 직전 등에 경험한다.

사실 집중과 신체적 노력을 요구하는 다양한 상황에서 우리가 신이 나서 준비 자세를 갖추는지, 또는 초조해하거나 두려워하는지 여부를 말하기는 쉽지 않다. 그럼에도 곰에게서 달아날 때 몸의 생리 반응을 신이 나서 전율을 느끼는 것이라고 해석하는 사람은 거의 없을 것이다. 피가 몸 전체로 걷잡을 수 없이 퍼져나가고 미친 듯이 숨을 내쉬는 것은 분명히 공포의 지표라고 인식할 것이다.

이 점을 염두에 두었을 때 아드레날린과 감정을 다룬 샥터와 싱어의 실험이 이제는 완벽하게 이해되기를 바란다. 읽기 어려운 표정이나 애매모호한 토끼-새 그림, 또는 l3처럼 당신의 생리적 상태는 매우 모호하다. 뇌는 심장이 쿵쾅대고 상당한 양의 아드레날린이 흐르고 있으며 숨을 빠르게 쉬고 있는 등등 당신 몸이 보내는 상당히 투박한 지각적 신호를 받는다. 하지만 이 모든 것은 무엇을 의미할까? 몸속 상태를 지각하는 경험은 여느 때처럼 더 넓은 맥락을 고려해 타당하게 보이는 해석에 의해 달라진다. 완전히 같은 생리적 상태가 (화가 난 가짜 참가자와 함께 있을 때) 짜증 난다고 '느낄' 수 있고 (조증의 가짜 참가자와 함께 있을 때) 크게 기쁘다고 '느낄' 수 있다. 쿨레쇼프의 영상 편집이 보여주는 똑같은 표정이 비통함이나 배고픔, 또는 욕정으로 해석되는 것과 마찬가지다. 이렇게 우리의 기분은 내면으로부터 저절로 터져 나오는 것이 아니다. 애초에 이미 존재하는 것이 아니니까. 대신에 기분은 우리가 처한 상황에 비춰 현 신체 상태의 피드백에 대해 뇌가 내놓는 최고의 순간적인 해석이다. 우리는 자신의 감정을 해석하기 위해 몸의 상태를 '읽는'다. 우리가 다른 사람의 감정을 해석하기 위해 표정을 읽는 것과 거의 같은 방법이다.

그리고 잘 생각해 보면 그렇게 될 수밖에 없다. 예를 들어, 라이벌이 최근에 눈부신 성공을 거두었다든지 이국에서 멋진 휴가를 보냈다는 이야기를 듣는 바람에 생겨난 고통스러운 질투를 떠올려보자. 고통은 신체적 기분이지만 '**에드나가 시험에서 1등을 한 게 질투 나**'라든지 '**엘사가 베트남의 사원과 바닷가로 여행을 떠나 부럽다**'라든지에 걸맞은 완벽하게 특정한 신체적 기분은 특별히 존재하지 않는다. 질투에 관한 다양한 경험 간의 차이는 막 벌어진 사건, 예를 들어 에드나의 시험 성적에 대해 방금 이야기를 들었거나 엘사의 휴가 사진을 얼핏 보거나 등에 따라 생리적으로 유사하고, 심지어 같을 수도 있는 '감정의 물결'을 해석하는 데서 존재한다.

샥터와 싱어가 보여준 것은 우리가 같은 생리적 상태를 같은 감정의 다른 버전(다른 대상을 시샘함)으로 해석할 뿐만 아니라 완전히 다른 감정의 사례(분노 대 환희)로 해석한다는 사실이다. 그리고 이것은 놀라운 일이다. 우리의 생리적 상태, 즉 감정의 신체적 기반을 '읽어내는 것'이 정말로 놀라우리만큼 빈약함을 의미하기 때문이다.

감정을 연구하는 심리학자와 신경과학자는 그 생리적 신호가 얼마나 빈약한가에 대해 다른 입장을 취한다. 예를 들어, 보스턴칼리지 심리학자인 제임스 A. 러셀James A. Russell이 제안하는 영향력 있는 '정서적 순환 모델affective circumplex model'에 따르면[4] 두 가지 생리적 차원이면 충분한데, 한 가지는 각성 수준을 나타내고(우리가 지금까지 집중해 왔던 차원이다) 다른 하나는 호-불호를 나타낸다. 러셀은 한 사람의 생리적 상태를 원시적으로 관찰하는 것을 '핵심 감정'이라고 부른다. 그럼에도 감정을 가진다는 우리의 경험은 처한 상황의 이해를 바탕으로 '핵심 감정'의 해석을 포함한다. 따라서 고통스러운 질투에서 '고통' 부분은 아마도 (질투가 지나치게 극단적이지 않다면) 가벼운 각성에서 나오는 반동일 것이며 '불호'의 방향으로 몰아내는 것일 수도 있다. 그러나 내가 이러한 감정을 다른 감정이라기보다는 질투라고 해석하는 것은 이 변화가 시험 결과에 대해 듣거나 휴가 브로슈어를 우연히 발견한 뒤에 나타났다는 사실 때문이다.

감정에 대한 우리의 혼란에는 기나긴 역사가 있다. 플라톤은 2000년이 넘는 세월 동안 기분과 감정에 대해 우리가 관점을 형성하는 데 도움을 주었다. 생각과 감정을 뚜렷이 구분하던 그는 이성과 감성이 서로 반대편으로 끌어당기는 두 마리 말과 같다는 은유를 떠올렸다. 그러나 이러한 견해는 아주 처음부터 엇나갈 수밖에 없다. 감정을 품는 것은 어쨌든 해석의 전형적인 행위이며, 추론에서도 마찬가지다. 따라서 생리현상과 사회적 맥락에서 비롯된 빈약한 신호들을 바탕으로 신체적 느낌이 분노나 희열, 부러움이나 질투의 신호를 보내는 것이라고 해석해야 한다. 우리가 상대방의 얼굴을 비탄에 잠겼다거나 음탕하다거나 화가 났다거나 의기양양하다고 보는 것처럼, 우리가 I3을 숫자 한 쌍으로 만들어진 글자로 보는 것처럼, 애매한 그림을 토끼 또는 새로 보는 것처럼 우리는 몸이 보내는 최소한의 신호를 분노나 희열, 조증, 아니면 거의 모든 것으로 느낄 수 있다. 이는 우리가 지닌 해석의 힘에 달렸으며, 그 힘은 인생과 세상의 다른 측면을 이해하기 위해 사용하는 바로 그 힘이다.

따라서 감정은 사유와 해석에서 자라난다. 우리는 페이스북에 올라온 휴가 사진, 비행기표를 언뜻 본 것에 비춰 생리적 반응을 설명할 수 있기 때문에, 스스로 질투를 느꼈다고 해석한다. 이 모든 것이 추론이며, 그것도 굉장히 정교화된 추론이다.

물론 우리는 가끔 스스로를 플라톤의 은유를 구현한다고 생각한다. 어쩌면 우리는 다음처럼 억측할지도 모른다. 엘사의 마음은 "베트남으로 호화 여행을 떠나봐"라고 말하지만 머리는 "잠깐, 넌 그럴 돈이 없어!"라고 말했고, 마음이 싸움에서 이겨버렸나 보다고 말이다. 그러나 엘사 속에서 서로를 끌어당기던 두 힘은 이성과 감성이 아니라, **두 개의 다른 이성**이다. 하나의 이성은 휴가의 매력을 기반으로 했고(혹자는 그 매력이란 다른 사람에게서 어느 정도 부러움을 살 거라는 기대라고 짐작해 본다) 다른 이성은 경제적 제약을 기반으로 한다(여기에는 빚에 대한 두려움과 청구서를 갚을 걱정이 포함된다). 그리고 각각의 이성은 기분과 감정(욕망, 희망, 두려움, 걱정)을 가득 짊어진다. 따라서 '머리'와 '마음' 간의 충돌은 이성과 감성 간의 싸움이 아니라, 하나의 이성과 감성 대 또 다른 이성과 감성의 싸움이다.

기분의 해석

그러나 당신은 이렇게 이의를 제기할 수도 있다. "나는 내 기분을 해석하지 않아. 나는 그냥 그런 기분을 **느낄** 뿐이야." 글쎄, 우선 이것은 진짜 논의가 아니라, 그저 상식의 반복일 뿐임에 주목하자. 그리고 역시나, 우리는 이미 우리가 어떻게 생각하는지에 대한 다른 상식적인 직관들이 매우 오해임을 알게 되었다는 점에 주목하자. 내가 시각 세계 전체를 총천연색으로 세부 내용까지 모두 본다는 그 지배적인 직관을 떠올려보자. 또한 (챕터 4의 '내면의 정육면체'처럼) 상상의 시각 세계는 그저 흐릿하고 앞뒤가 맞지 않는 스케치가 아니라 완전하고 논리정연하게 입체로 구현되어 있다던 그 위대한 착각도 떠올려보자. 그럼에도 내가 내 기분을 해석해야 한다는 주장은 충격적으로 다가온다.

사실 감정의 '해석주의적' 관점은 특히 이상한 결과를 내놓는다. 사람의 각성 수준뿐만 아니라 신체의 다른 측면들 역시 감정 상태의 해석에 영향을 미칠 수 있다고 생각한다면 더욱 그렇다. 예를 들어, 내가 행복한 척한다고 가정해 보자. 즉 나는 억지로 쾌활한 미소를 짓고 명랑하게 춤을 추는 중이다. 그렇다면 감정의 해석주의적 이론은 내가 행복감을 느껴야만 한다고 추론할 위험이 있는 것은 아닐까? 그리고 이 이론은 옳을 수 없다. 누가 봐도 믿을 수 없다는 점은 둘째 치고, 이것이 모든 인간의 비애를 해결해 주는 만병통치약임을 의미하기 때문이다. "모든 것이 괜찮은 척 연기해 봐. 그러면 괜찮은 기분이 들 거야!" 하지만 그러한 만병통치약이 수천 년 동안 문명이 발전해 오면서 발견되지 않거나 사용되지 않으면서 언제든 바로 쓰도록 준비되어 있을 가능성은 희박하다.

'행복한' 또는 '슬픈' 신체적 페르소나를 받아들이는 일은 감정에 대한 당신의 해석에 영향을 줄 수는 있다. 따라서 우리는 조금은 더 명랑하게 **행동함으로써** 인생이 약간 더 명랑하게 **느껴지도록** 만들 수 있다. 하지만 너무 심하게 강요한다면 역효과가 난다. 우리의 감정-해석 체계는 매우 정교하기 때문이다. 우리는 모두 개인 경험을 바탕으로, 지나치게 열정적으로 '감정을 꾸며내는 일'이 다른 사람에게는 모순적이게 해석될 수 있음을 알고 있다(우리는 아리송한 감정 표현을 겪어봤다. 예를 들어, 저 사람은 진심으로 즐거워하는가, 아니면 잔혹할 정도로 업신여기는 것인가?). 따라서 누군가 자신의 감정을 같은 방식으로 해석한다면, 그 사람이 보여주는 행동들의 '간극'이 상황에 지나치게 맞지 않는다면, 그 사람의 행동 자체가 모순적으로 보일 수 있다.

이는 사람들에게 학생들이 항상 신분증을 들고 다녀야 하는지에 관한 설득력이 없거나 설득력 있는 메시지를 듣는 동안 고개를 끄덕이거나 저으라고 요청했던 어느 흥미로운 실험을 설명해 준다(고개 끄덕임은 실험 참가자들이 쓰고 있는 헤드폰의 음질 테스트를 위한 것으로 설명되었다).[5] 물론 사람들은 설득력 있는 메시지에 의해 더 쉽게 설득되었고, 지금쯤 당신은 사람들이 메시지를 들으면서 고개를 저을 때보다 끄덕일 때 훨씬 더 쉽게 설득되었을 것이라 기대할 것이다. 고개를 끄덕이라고 지시받은 사실은 끄덕임을 동의한다는 신호로 본다는 일반적인 해석을 완전히 무시하지는 못했다. 그러나 여기에 반전이 등장한다. 메시지가 설득적이지 않을 때 머리를 움직이는 효과는 뒤바뀌었다. 즉 '고개를 끄덕인 사람들'은 실제로 '고개를 저은 사람들'보다 메시지에 의해 덜 설득되었던 것이다. 그러나 해석주의적 관점에서 타당한 이야기다. 다른 누군가가 뻔히 설득력 없는 주장을 들으면서 힘차게 고개를 끄덕이는 모습을 본다고 치자. 그 모습은 동의처럼 보이지 않고, 무언의 "뭐, 그래"라는 조롱처럼 보인다. 그리고 다른 사람의 행동으로부터 기분을 해석하는 것과 마찬가지로 우리가 우리 행동으로부터 기분을 해석한다고 하면, 내가 납득할 수 없다고 생각하는 어떤 맥락에서 억지로 고개를 끄덕이는 것은 정직한 동의가 아닌 반어적인 경멸로 해석될 것이다. 또한 일단 나 자신의 끄덕임을 반어적이라고 해석한다면 나는 그 메시지가 **정말로** 설득력이 없다고 생각하리라고 추론한다.[6]

따라서 이 세상에는 만병통치약 같은 것은 없다. 이 사이에 연필 한 자루를 끼우고 억지 미소를 유지하면서 일상을 살아간다고 해서 시도 때도 없이 명랑하다거나 기적적으로 우울함을 덜어낼 수는 없는 법이다. 그리고 당신의 기분이 밝지 않을 때에 밝게 행동하려고 할 때 역효과가 날 가능성이 매우 높다. 이는 한 사람의 행동을 공허한 가짜 행복으로 여기게 만들면서, 어쩌면 그 사람의 불행을 더욱더 철저하게 강조할 수도 있다.

높은 다리에서 만난 사랑

1970년대 초 밴쿠버의 브리티시컬럼비아대학교 교정에서는 신체적 매력과 낭만적인 기분의 기원에 대한 주목할 만한 실험이 진행되었다.[7] 사회심리학자 도널드 더턴Donald Dutton과 아서 아론Arthur Aron은 매력적인 여성 실험자가 높고 살짝 흔들리는 보행 현수교 끝에 서 있도록 했고, 그다음으로는 튼튼하고 낮은 다리 끝에 서 있도록 했다. 전혀 이상한 낌새를 채지 못한 남성들은 다리를 건넌 뒤에 붙들려서 설문지를 채워달라는 요청을 받았다. 결정적으로 이 남성들은 나중에 궁금한 점이 생길 경우를 생각해 여성 실험자들의 전화번호를 건네받았다. 그 결과 남성들은 '무서운' 다리 가장자리에서 만난 여성을 훨씬 더 매력적으로 느꼈으며 그 번호로 전화를 걸 가능성이 훨씬 더 높은 것으로 나타났다.

아마도 지금까지의 이야기에 비춰 보았을 때 당신은 왜 이런 일이 벌어졌는지 추측할 수 있으리라. 높은 다리를 건너면서 그 높이에서 오는 공포는 남성 보행자에게 아드레날린을 분출시켰고, 남성이 매력적인 여성 실험자를 만나는 때까지 여전히 아드레날린은 신체 구석구석을 다니고 있었다. 보통의 경우 초과된 아드레날린은 공포 반응으로서 충분히 타당하게 설명되었을 것이다. 어쨌든 유난히 높고 흔들리는 다리였으니까. 그러나 이제는 이를 대체할 원인, 즉 매력적인 여성 실험자의 존재가 등장했다. 신체적이고 낭만적인 끌림은 의심할 여지도 없이 아드레날린의 분비를 가져올 가능성이 있는 원인이 된다. 따라서 이 남성들은 자연스럽게 그 고조된 신체 상태가, 자기에게 말을 걸고 설문지를 채워달라는 젊은 여성에게 끌리는 감정 때문에 생겨났다고 해석했을 수 있다.

우리는 자기 마음을 알기는커녕 자신의 경험을 이해하기 위해 끝없이 고군분투하며, 가끔은 잘못된 결론에 도달할 수 있다. 심지어 마음 끌림조차도 어딘가 원초적 근원에서 솟아오르는 것이 아닌 듯 보인다. 우리는 앞에서 맞닥뜨린 환경들 때문에 아드레날린의 급증을 두려움이나 분노로 경험하기보다는 매력으로 느낀다. 뇌는 시시각각 우리 몸으로부터 받은 최소한의 생리적 피드백을 해석하려고 애쓰며, 더턴과 아론이 보여주듯 우리 내면의 '해석자'는 쉽게 속아 넘어간다.

그렇다면 낭만적인 사랑의 의미는 무엇일까? 한 가지 살짝 걱정스러운 가능성은 새로운 잠재적 상대와 가까워지는 강도 자체가 높은 수준의 각성(과 솟구치는 긍정적인 감정까지)을 유발하는데, 이는 어떤 새로운 낭만적인 만남의 부산물이 아니라 특별한 유대를 나타낸다든지 아니면 다른 사람의 특별히 훌륭한 특징을 가리키는 것으로 해석될 수 있다는 것이다. 이러한 신호들이 반드시 오해의 소지가 있는 것은 아니다. 예를 들어, 감정의 강도는 어느 정도까지는 두 사람 간의 '연결'의 강점을 반영할 수도 있다. 그러나 정도의 차이는 있어도, 소문과 소설의 주된 주제가 되는 초기 단계의 끌림의 급작스러운 사라짐은 그 '신호'가 우리 생각보다 훨씬 덜 믿을 만하다는 것을 강력히 시사한다. 우리는 늘 그렇듯 상당히 빈약한 단서들로 우리 기분과 다른 사람의 기분을 설명하려고 애를 쓰며, 너무 쉽게 잘못을 저지른다.

어쨌든 사랑에 관한 '진실'은 무엇일까? 우리가 정신적 깊이라는 착각에 사로잡혀 있다면, 상대 또는 희망하는 상대에 대한 사랑의 감정이 '내 마음 깊은 곳'에서 솟아오른다는 생각에 혹하기 쉽다. 그리고 이와 마찬가지로 누군가는 자신에 대한 사랑의 감정(또는 두려움일 수도 있는 감정)이 마음속 깊은 곳에 숨겨져 있다. 그러나 이러한 내면의 감정은 불가사의한 상태일 것으로 추측된다. 이를테면 우리는 끊임없이 괴로워할 수 있다. 그리고 여기에는 내가 사랑하는 사람이 나를 사랑하는지, 얼마나 사랑하는지에 대한 결과도 없고 성과도 없을 수도 있다.

그러나 이제 우리는 적어도 그러한 질문들에 최종적으로 답해줄, 연인 또는 마음 깊은 곳에 내면의 상태가 있다는 생각에 의심을 품어야만 한다. 지금껏 살펴보았지만, 소위 '내면의 정신적 풍경'에 대한 너무나 진부한 질문에는 명확한 답이 없음이 드러났다. 즉 빛이나 그림자, 심지어 '내면의 정육면체'의 크기 그리고 지금 당장 보이는 사물들에 대한 지각적 경험의 색깔과 세부 내용에 대한 질문에 대해서 말이다.

감정은 더 이상 진짜가 아니다. 따라서 우리가 사랑하는 사람의 얼굴에 스쳐 지나가는 순간적인 표현을 해석할 때면 사랑과 후회, 실망 같은 감정을 '볼' 수 없다. 그보다는 쿨레쇼프 효과의 노예로서 뇌는 상당히 애매모호한 표정을 (우리의 의심, 공포, 희망 같은 배경지식이 어느 정도 주어진다면) 아마도 다정함, 산만함, 지루함의 흔적, 또는 다른 가능성을 포함한다고 해석할 것이다. 그리고 우리가 신체 상태를 사랑하는 사람에 대한 우리 자신의 '감정'을 포함한다고 해석하는 것 역시, 뇌가 빠르게 뛰는 맥박이나 가쁜 숨 같은 것들을 한순간에는 사랑의 신호로, 또 다음 순간에는 절망의 위기의 신호로 보여준 결과다.

실제로 감정과 상상 간의 유사점은 정확하다. 우리가 그림자를 찾아내려고 내면의 정육면체를 살펴본다고 믿는 것과 마찬가지로, 우리는 누구를 사랑하고 얼마나 사랑하는지 판단하기 위해 가장 사적이고 정신적으로 깊숙한 곳을 심층적으로 들여다본다고 믿는다. 하지만 각 경우에서 우리는 착각의 지배를 받는다. 우리는 자신에게 질문을 던지자마자 그 질문에 대한 대답을 지어낸다. 따라서 두 경우 모두에서 우리는 이러한 답들이 언제든 준비될 수 있다는 감을 얻는다. 그리고 이는 그저 우리가 질문을 해나가는 동안 놀라울 정도로 유창하게 그 답을 내놓기 때문일 뿐이다.

감정이 순간적인 창작이 아닌 내면의 폭로라는 믿음은 광범위하게 퍼져 있을 뿐만 아니라 잠재적으로 위험해 보인다. 우리 자신과 다른 사람의 인생에 대한 해석이 지나치게 일관적이지 못할 때 순간적인 흥분이 만들어낸 말과 행동이 내면의 중심부에서 갑자기 튀어나온다는 착각은 우리로 하여금 그 해석의 중요성을 지나치게 과대평가하게 만든다. 몇 세기 동안 무분별하고 무절제한 말과 행동은 여러 사회적 모임 안에서 가차 없이 이원화되거나 불화를 빚는 쪽으로 이어져 왔다. 따라서 우정과 결혼은 소위 '설득력 있는 말'이나 '속이 들여다보이는 행동'에 의해 끔찍하게 타격을 입을 수 있는데, 이러한 말과 행동은 순간적인 혼란이 아니라 진실을 파고드는 통찰력인 것으로 추정된다. 우리의 변덕스러운 마음이 위기의 순간에 숨겨진 진실을 쏟아낸다고 믿는 것 역시, 신앙심 깊은 이들은 자신의 믿음을 의심하고, 용감한 이들은 자신의 비겁함을 의심하며, 선한 이들은 자신의 동기를 잃도록 이끌어갈 수 있다.

철학자이자 정치 운동가인 버트런드 러셀은 1901년 가을에 감정적 통찰력의 순간에 관한 인상적인 글을 썼다. "나는 어느 날 오후 자전거를 타고 나갔고, 시골길을 따라 달리는 도중에 불현듯 내가 앨리스를 더 이상 사랑하지 않음을 깨달았다. 나는 이 순간까지도 그녀를 향한 내 사랑이 사그라질 수조차 있다는 생각을 전혀 하지 못했다. 이러한 깨달음에서 비롯되는 문제는 바로 파멸이다."[8] 러셀에게 이러한 생각은 단순히 순간의 창작이 아니었고(아마도 불만스러운 아침 연구의 산물이거나 논쟁의 여파였을 것이다), 그는 이를 숨겨진 비밀의 감정 세계에서 뚫고 나온 확실한 계시라고 해석했다. 이 해석은 적어도 러셀과 알리스 간의 관계에서는 처참할 정도로 형편없는 수준이었는데, 이 둘은 순식간에 맺어진 인연이었음에도 20년이 지나고 나서야 이혼했기 때문이다. 물론 결혼은 어쨌거나 실패할 수 있지만, 러셀은 '내면의 현자'로부터 유죄를 선고하는 최종 판결을 받게 되자 이 인연은 끝나버렸다고 완전히 확신하게 되었다. 그리고 그러한 믿음이 마음속에 확고히 자리 잡자 희망이란 게 없어졌다.

한 사람의 일시적인 감정적 해석에 지나친 무게를 두는 일은 훌륭한 철학자들의 전유물이 아니다. 우리는 모두 생각과 감정이 부인할 수 없는 진실의 전달자가 아닌 일시적인 창작물이자 순간에 대한 단순한 해설로 여기기 위해 계속 투쟁을 벌인다. 여기에서 위험은 한순간의 추측에 근거한 생각("나는 알리스를 사랑하지 않아", "나는 가망 없는 실패자야", "이 세상은 끔찍해")이 다음 순간에는 반박의 여지가 없는 증거가 된다는 것이다. 처음의 생각이 그 자체로 정당화되기 때문이다. 사실 이 문제는 너무나 광범위하고 해로운 나머지 소위 '마음챙김' 요법은 주로 이러한 착각을 깨뜨리는 데 주력한다. 즉 가장 중요하게는 우울과 불안과 관련된 파괴적인 생각과 감정을 한발 물러서거나 비판하거나 묵살할 수 있는, 찰나에 지어낸 이야기로 보는 것이다. 말할 것도 없이, 생각의 해로운 형태를 파괴하는 일은 쉽지 않다. 이를 위한 방법에는 우리가 (예를 들어, 심박수과 아드레날린 수치 같은) 자신의 생리적 상태를 호흡법 등으로 조절하고 세심한 주의를 기울이면서 자기 감정으로부터 거리감을 확보하는 것도 포함된다. 그러나 러셀의 결혼과 마찬가지로 생각의 부정적인 유형을 다루는 일은 우리가 정신적 깊이라는 착각에 빠져 있다면 훨씬 더 어려워진다. 우리가 감정을 그 순간의 조잡하고 비논리적인 해석의 산물이 아니라, 내면세계에서 온 결코 틀리지 않는 전달자라고 본다면 그럴 수밖에 없다.

감정의 처참한 오해가 지닌 잠재적인 영향력은, 우리의 말과 행동이 매우 수수께끼 같은 형태로 내면의 진실을 드러낼 수 있다는 프로이트 학파에 빠졌다면 더욱 커진다. 그리고 우리가 '꼬마 한스'의 이야기에서 보았듯 그 제시된 '분석'에 저항할 때 이는 간편하게도 '방어'라고 설명되고, 심지어는 그 분석이 맞는다는 확인으로 해석된다. 그러나 우리가 보아왔듯이 한 사람의 행동을 몰아가는 감정과 동기, 신념을 헤아리려고 시도하는 것은 시작부터 파멸이다. 문제는 정신적 깊이를 헤아리는 것이 어려운 게 아니라 헤아릴 만한 정신적 깊이가 존재하지 않는다는 것이다.

이는 사랑이 착각이라는 의미일까? 낭만적으로 얽힌 이들은 그저 서로의 생각과 감정, 그리고 자기 자신의 생각과 감정에 관한 동화 같은 이야기들을 지어낼 뿐일까? 전혀 그렇지 않다. 지각과 감정의 심리학은 우리가 사랑에 대한 진실을 찾으려 할 때 가장 깊은 곳에 있는 자아를 향해 가는 것이 아닌 바로 지금 이곳에서 생각과 상호작용의 패턴에 집중해 볼 것을 제안한다. 다른 사람을 좋아한다는 감정, 다른 이를 돕고 그 대가로 도움을 받는 것, 현명하고 적절한 순간에 아드레날린과 긍정적인 감정이 솟구치는 것, 좋을 때나 나쁠 때나 서로를 놓지 않는 것. 이 모든 것은 그저 깊고 진정한 내면 상태, '진정한 사랑'의 상태에 대한 증거가 아니다. 사랑이 무엇인지에 대한 그 본질이다.

인생에서 의미 찾기

점차 기계화되어 가는 세계에서 어느 때보다 정확하게 자연의 숨겨진 과정을 밝히는 과학이 있기에, 비기계적이고 정신적이며 감정적인 가치를 회복하려는 욕망은 점차 더 절박해 보인다. 인간들은 뉴턴(또는 아인슈타인)의 물리학이 제시하는 철칙이 지배하는 것이 분명한 세계에서 의미를 찾기 위해 고군분투한다.

인생의 의미를 골똘히 생각해 보는 것은 좀 더 광범위한 사물의 의미에 대한 난제들 가운데에서도 특이나 집요하고 개인적인 경우다. 왜 '개'라는 단어는 (아주 대충 말하자면) '중간 크기이고 털로 덮였으며 길들여진 육식성 동물로, 보통은 반려동물이다'라는 의미를 지니는가? 왜 영국 도로에서는 두 줄로 그어진 노란 선이 '주차금지'라는 의미인가? 왜 1달러 지폐와 1파운드 동전은 금전적 가치를 가지는가? 이러한 경우에 의미는 관계의 유형으로부터 비롯된다고 추측하는 것이 자연스러워 보인다. '개'라는 단어는 우리가 그 말을 사용하는 방식, 즉 언어와 우리의 삶과 세상과의 관계(예를 들어 개의 생활과 천성), 그리고 우리의 지각 체계가 세계를 분류하는 방식 등등에서의 역할에 따라 그 의미를 발전시켜 왔다. 그러나 그 단어 자체를 면밀히 조사함으로써 그 의미를 찾아보는 것은 가망 없는 전략이다. 돈에서도 역시 마찬가지다. 실물화폐의 가치는 사람들 사이의 복잡한 관계에서 나온 산물이다. 돈은 상품과 서비스를 대신해서 화폐를 취급하기 위해 개인과 상인, 생산자와 정부가 뒷받침하는 상호적인 동의다. 또한 규범과 법규, 경제에 대한 신뢰 등도 이를 뒷받침한다. (적어도 소버린 금화가 사라진 이후) '내면'으로부터는 돈의 의미를 찾을 수 없게 되었다. 종이와 금속이 가치를 지닌 것이 아니기 때문이다. 우리가 종이돈의 문양을 얼마나 자세히 살펴봤는지, 아니면 동전이 정확히 어디에서 주조되는지 등은 상관없다. 말은 그저 단순한 소리가 아니고, 돈은 그저 숫자가 쓰인 종이가 아니다.

그리고 이와 똑같은 이유가 우리 자신의 경험과 인생에서 의미를 찾는 일에서도 분명 진실이다. 그렇다면 감정은 '날것의 경험'의 어떤 기본 특성이 아니라 우리 생각과 사회적 상호작용과 문화 속에서의 역할을 통해 의미를 가진다. 수치스럽고, 자랑스럽고, 화가 나고, 질투를 느끼는 것은 어떤 원시적인 감정이 솟아남을 경험하는 것이 아니다. 우리는 특정한 행동을 부끄러워하고, 특정한 성과를 자랑스러워하며, 구체적인 이유로 인해 사람들에게 화를 낸다. 물론 그러한 감정들은 신체적인 상태와 연관되지만, 아드레날린이 솟구치거나 심장이 쿵쾅거리는 신체적인 상태를 감정 자체와 혼동해서는 안 된다.

같은 패턴이 분명 우리 인생의 의미에서도 좀 더 광범위하게 적용된다. 꽤 많은 것의 의미가 내면이 아니라 광범위한 인과관계의 한 지점에서부터 나온다. 따라서 당신이 사랑에 빠졌는지, 신을 정말로 믿는지, 아니면 어떤 팝송이 매력적이라거나 메스껍다고 느끼는지 등이 궁금하다면 이는 당신의 생각과 느낌이 어떻게 맞아떨어지는지, 그 생각과 감정이 어떻게 당신의 행동과 다른 사람의 행동과 연결되는지, 당신이 과거에 경험했던 상황과 어떻게 비교되는지 등을 고심하도록 촉진할 것이다. 그러한 질문들에 대한 대답은 한 사람의 내면의 감각을 미시적으로 분석하는 헛된 시도로는 찾을 수 없다.

훗날 되돌아보면, 감정이란 본질적으로 불안정하며 순간순간마다 계속해서 창조하고 재창조하는 것이라고 보는 사람도 있을 것이다. 내면의 어떤 정신적 기반을 찾는 과정에서 우리는 아마도 무엇을 **느끼는지**가 아니라 무엇을 **하는지**를 봐야 할 것이다. 우리의 감정이 선택을 결정하는 데 도움을 준다면, 우리의 선택은 감정만큼이나 영향을 잘 받고 변덕스러울 것이다. 그러나 감정 표현은 그저 '부정확한 아무 말'일 뿐, 우리가 어떻게 행동하기로 선택하는지와는 상관없는, 재미있는 사후 논평이다. 따라서 다음 챕터에서 우리는 '진정한 자아'를 우리 선택에 의해 드러낼 수 있는지에 관한 질문으로 넘어가 보려 한다.

선택을 만들어내다

인간 뇌에 빽빽하게 들어차 있는 대뇌피질은 마치 호두처럼 두 개의 구분된 반구 안에 들어 있다. 즉 '좌뇌'와 '우뇌'는 서로 다른 기능과 연관되어 있다. 대중 심리학과 경영 이론은 좌뇌적 사고(논리적이고 양적이며 분석적인 사고)와 우뇌적 사고(감성적이고 창의적이며 공감적인 사고) 사이를 구분한다. 물론 현실은 훨씬 더 애매모호하다.

일반적인 생활에서 뇌의 두 반구는 놀라울 정도로 자연스럽게 함께 작동한다. 사실 뇌에는 2억 개 이상의 신경섬유가 커다란 다발을 이루는데, 이 뇌량은 좌뇌와 우뇌 사이에서 메시지를 교환하는 역할을 한다(도표 25).

그러나 두 개의 반구가 진정으로 분리된다면, 좌뇌와 우뇌가 고립되어 작동해야 한다면 무슨 일이 벌어질까? 1960년대와 1970년대에 중증 간질에 대한 실험적 치료가 널리 퍼지면서 두 반구가 별개로 작동할 때 생활이 어떠한지 알게 되었다. 외과적으로 뇌량을 제거하자, 겉보기에 뇌를

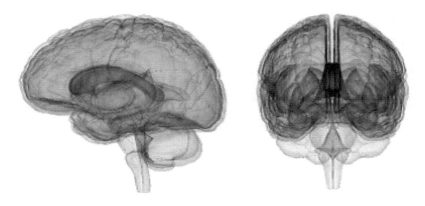

도표 25 뇌량은 뇌의 반구들을 연결해서 하나의 매끄러운 체계로 함께 작동하게 해준다. 그러나 외과적인 수술 때문에 뇌량의 기능이 사라진 사람들도 일상생활에서 놀라울 정도로 잘 활동한다.

지배하는 전기적 활동의 변칙파가 확산되는 것을 막아 발작을 줄이는 데 도움되는 것으로 드러났다. 그러나 그러한 극단적인 방식이, 이제 우리가 추정하길 별개의 두 자아로 나뉜 환자의 정신적 기능에 미치는 영향은 무엇일까? 수술의 명백한 효과는 놀랍게도 그리 대단하지 않았다. 사람들은 평범한 삶을 살 수 있었고, 주관적인 경험에서는 전혀 변화를 말하지 않았으며(즉, 이들의 '의식'의 감각은 예전처럼 통일되어 있었다), 거의 정상에 가까운 언어 지능과 기억력 등을 보였다.

신중한 분석으로 피질의 두 반쪽이 실제로 독립적으로 기능하고 있음을 밝혀냈다. 특히 분리뇌 연구의 선구자 가운데 하나인 심리학자이자 신경과학자 마이클 가자니가Michael Gazzaniga가 진행한 충격적인 연구를 살펴보자. 그는 분리뇌 환자인 P.S.에게 시야의 왼편과 오른편에서 서로 다른 그림을 동시에 보여주었다.[1] 왼편의 그림은 눈이 오는 장면으로, 뇌의 교차 회로는 이 정보를 우반구의 시각피질로 전달한다. 오른편의 그림은 닭발로, 이 정보는 좌반구의 해당 부위로 보내진다. 대부분 사람과 마찬가지로 P.S.의 언어 처리 능력은 좌반구에 강하게 집중되어 있고, 우반구에는 언어적 능력이 거의 없다. P.S.의 좌반구는 무엇이 보이는지 파악할 수 있었고 닭발에 대해 능숙하게 묘사할 수 있었다. 하지만 P.S.는 우반구가 보았을 눈 오는 장면에 대해서는 아무 말도 할 수 없었다.

P.S.의 과제는 네 가지 그림 중에서 자기가 본 그림과 관련 있는 그림을 고르는 것이었다. 두 반구 모두 이 과제를 해낼 수 있었다. P.S.의 좌반구는 오른손(뇌의 교차 회로가 다시 작동했다)이 닭발과 조화되는 닭 머리 그림을 고르도록 지시했고, 우반구는 왼손이 왼편 그림의 눈 오는 장면에 어울리는 삽 그림을 고르도록 지시했다.

그러나 어떻게 P.S.는 (좌반구는) 이러한 행위에 대해 설명했을까? P.S.의 언어 처리를 담당하는 좌반구는 어쨌든 눈 오는 장면을 전혀 알지 못했고, (우반구가 통제하는) 왼손이 삽을 선택하는 모습으로 비춰 보면 P.S.의 좌반구는 완전히 혼란에 빠져버린 것일 수도 있다. 그러나 P.S.는 두 선택에 관해 깔끔하게 설명했다. "아, 그건 간단해요. 닭발은 닭하고 연결되죠. 그리고 그 닭장을 청소하려면 삽이 있어야 하거든요." 좌반구는 우반구의 선택을 촉발했을 것이 분명한 눈과 삽의 관계를 전적으로 알지 못했다. 좌반구는 눈 오는 장면을 전혀 모르고 있었기 때문이다. 그런데도 좌반구는 순조롭게 그럴듯하게 들리는 설명을 생각해 냈다.

가자니가는 좌반구의 언어 처리 체계를 '해석기'라고 불렀다. 해석기는 우리가 왜 지금 일을 하는지에 대한 이야기를 만들어낼 수 있는 체계다. 그러나 이 실험은 해석기가 어림짐작의 대가라는 것을 보여준다. 또한 삽을 선택한 원인(눈 오는 장면)이 단절된 다른 쪽 뇌에서 생겨났기 때문에 그에 대한 가능한 통찰력도 없음을 보여준다.

또 다른 연구에서 가자니가는 분리뇌 환자 J.W.에게 왼쪽 시야에는 '음악'이라는 단어를, 그리고 오른쪽 시야에는 '종'이라는 단어를 보여주었다. 그러자 왼손은 '적절한' 그림을 선택했다. 우반구에 의해 유도되어 종 그림을 선택했던 것이다(우반구는 단어의 의미에 대한 어느 정도 기초적인 지식을 가지고 있다). 이에 관한 질문을 받은 J.W.은 이렇게 대답한다. "음악이라… 지난번에 무슨 음악을 들었는데, 여기 바깥에서 열심히 흔들리는 종들이 만들어낸 소리였거든요." 이 발언은 실험이 진행된 뉴햄프셔주 다트머스대학교 캠퍼스 내에 있는 근처 도서관에서 규칙적으로 울리는 종에 관한 것이었다. 다시 한번 J.W.의 좌반구 해석기는 그 선택을 설명하기 위한 훌륭한 시도를 하고 있었지만, 완전히 틀린 설명이었다. 왼손은 그에 상응하는 우뇌가 '**종**'이라는 단어를 막 보았기 때문에 종 사진을 선택했지만, 당연하게도 좌반구는 그 사실을 알 방법이 없었다. 그러나 해석기는 실제로 그 선택을 유발한 것에 대한 아무런 지식도 가질 수 없을 때조차 계속 적극적으로 작동했다.

따라서 좌반구 '해석기'는 우반구의 선택을 설명한 '이야기들'을 고안해 내고, 그것도 자연스럽고 청산유수같이 만들어낸다. 실제로 그러한 이야기를 만들어내는 '해석기'의 능력 자체는 분리뇌 환자의 정신적인 일치라는 감각을 유지하기 위해 중요할 수 있다. 그러나 해석기의 존재 자체는 정상적인 뇌를 지닌 사람들에게도 선택은 역시 **일이 벌어진 후에** 자연스럽고 유창하게 설명된다는 가능성을 제시한다. 따라서 선택에 대한 정당화는 그저 그 선택에 대한 정신적 명분을 알리는 것뿐이라고 생각함에도 우리는 전적으로 또 다른 가능성을 염두에 두어야 할 것이다. 즉 돌이켜 생각해 보면 우리 선택에 대한 정당화는 언제나 창조적인 좌반구 해석기에 의해 '날조'되었다는 것이다.

그렇다면 무슨 말을 할지 판단하는 것은 내 신념과 태도, 가치라는 종합적인 내면의 데이터베이스를 판독하는 것이라기보다는 창의적인 행동에 해당한다. 우리가 생각을 만들어내고 정당화할 수 있는 속도와 유창함은 인상적이다. 실제로 어찌나 빠른지 우리가 스스로에게 질문을 던진 즉시 마음속으로 그 대답이 튀어나오는 것처럼 보일 정도다. 또한 너무나 술술 나와서 우리가 즉각 대답을 만들어내는 것임을 깨닫지 못한다. 우리는 그 대답이 '판독'되길 기다리면서 늘 그곳에 있다는 착각을 계속 품는다.

지각과의 유사성 역시 충격적이다. 우리는 놀랄 만큼 좁은 창을 통해 외부 세계를 어떻게 흘깃 내다보며, 어떻게 풍성한 감각이라는 착각이 우리가 받는 거의 모든 질문에 거의 바로 대답을 떠올리는 능력으로 유지되는지 살펴보았다. 이제 우리는 내면세계의 빤히 보이는 그 화려함 역시 근본적으로 같은 것은 아닌지 의심해 봐야 한다. 스스로에게 질문하는 즉시 자연스럽고 매끄럽게 대답이 나오기 때문이다. 우리의 신념, 욕망, 희망과 두려움은 미리 만들어진 채 기다리고 있다가 언어적인 표현을 통해 하나씩 나타나지 않는다. 좌뇌 해석기는 우리가 생각하고 느끼는 바로 그 순간 생각과 감정을 구성해 낸다.

우리 자신의 마음을 알 수 없다는 것

심리학자 페테르 요한손Petter Johansson과 라르스 할Lars Hall, 그리고 스웨덴 룬드대학교의 동료 학자들은 2010년 스웨덴 총선거를 앞두고 유권자들에게 장난을 쳤다.[2] 우선 이들은 사람들에게 좌파 연합에 표를 던질지 우파 연합에 표를 던질지 물었고, 그 후 사람들에게 소득세 수준과 건강보험 정책 등 선거운동에서 중대한 여러 주제에 관해 설문을 했다. 불운한 예비 유권자들은 실험자에게 자신들의 응답을 넘겼는데, 이 실험자는 접착식 메모지를 사용하는 간단한 속임수로 응답자들의 대답을 반대편 선거캠프에 속해 있음을 시사하는 대답들로 바꿔놓았다. 예를 들어 좌파 성향의 응답자는 낮은 소득세와 건강보험의 민간 부문 개입 등에 공감을 표하는 응답들을 건네받았고, 우파 성향의 응답자는 좀 더 넉넉한 복지 혜택과 노동자 권리를 선호하는 응답들을 받았다.

이들은 답을 확인했을 때 바뀐 대답 중 고작 4분의 1만 알아챘다. 이러한 경우 사람들은 자기가 실수를 저지른 것 같다고 말하는 경향이 있었고, 처음 냈던 의견들로 답을 다시 고쳐 썼다. 그러나 대부분 사람이 바꿔진 답변을 알아채지 못했을 뿐만 아니라 몇 분 전만 하더라도 취하지 않았던 정치적 입장을 신나게 설명하고 옹호했다.

물론 스웨덴의 투표 인구가 분리뇌를 지닌 것은 아니며 이들의 뇌량은 전혀 손상되지 않았다. 그러나 좌반구 해석기는 여기에서도 똑같은 장난을 치는 것으로 보인다. 낮은 세금을 지지하는 것처럼 보이는 설문지 응답을 마주한 예비 유권자의 '해석기'는 선뜻 왜 낮은 세금이 여러 측면에서 좋은지, 이를테면 빈곤층의 부담을 덜어주고 사업을 장려한다든지 하는 설명을 내놓을 것이다. 그러나 이러한 진술은 아무리 유창하고 호소력 있더라도 원래의 대답을 정당화할 수는 없다. 당연하게도 그 유권자의 원 대답은 완전히 반대로, 더 높은 세금을 지지하는 것이기 때문이다.

그리고 이는 근본적으로 아무리 속임수가 없더라도 우리가 스스로의 말과 행동을 옹호하고 정당화하는 행위에 대해 의혹을 품게 만든다. 우리가 이렇게 내면의 기록보관소를 뒤지고 우리를 행동하게 한 정신적 '역사'를 재구성할 수 있었다면 자신이 하지 않은 뭔가를 정당화하도록 요청받았을 때 분명 실패했을 것이다. 우리가 기록보관소로부터 찾은 이야기는 어쨌든 '잘못된' 결과로 이어졌을 것이며, 분명 우리가 했어야 할 행동에 대해 설명하지 못했을 것이다. 그러나 이는 데이터가 생성되는 방법이 전혀 아니다. 사람들은 자기들이 표현한 의견을 정당화할 수 있는 만큼이나, 표현하지 않은 의견을 정당화하는 완벽하게 그럴듯한 이야기를 아무렇지도 않게 날조해 낼 수 있기 때문이다. 그리고 실제로 우리는 이러한 두 가지 경우가 지닌 차이점을 태평스럽게도 인지하지 못한다. 따라서 여기서 끌어낼 명백한 결론은 우리가 내면의 기록보관소를 참고해서 행동을 정당화하지 않는다는 점이다. 그보다는 생각과 행동, 행위를 설명하기 위한 과정은 창작의 과정이다. 그리고 심상과 마찬가지로 창작의 과정은 너무나 빠르고 매끄러워서 우리가 정신적 깊이에서 나오는 것이라고 쉽게 상상할 정도다. 하지만 우리가 마음속에 생겨나는 어떠한 질문(호랑이 꼬리는 어떻게 휘어 있는가? 네 개의 발 모두 땅에 붙이고 있는가? 발톱을 드러냈는가, 숨겼는가?)에도 대답하기 위해 '그 순간에' 이미지를 다시 고치고 만들어내는 것과 마찬가지로, 정당화가 필요한 생각들이 떠오르는 한 그 타당한 이유를 만들어낼 수 있다. "왜 세금 인상이 가난한 사람들에게 도움이 될까?" 글쎄, 어쨌든 그 사람들은 세금을 거의 내지 않고 공공서비스로부터 과하게 도움을 받겠지. 또는 그 반대로, "왜 세금 인상이 가난한 사람들에게 해가 될까?" 분명 이들은 거의 돈을 낼 수 없을 것이고, 조세가 경제에 미치는 영향에 타격받을 가능성이 크니까. 해석기는 어떤 경우에든 양쪽 모두를 논증할 수 있다. 마치 유능한 변호사처럼, 무슨 일이 벌어지든 당장 당신의 말과 행동을 기쁜 마음으로 옹호해 주는 것이다. 따라서 우리의 가치와 신념은 결코 상상만큼 안정적이지 않다.

이야기를 지어내는 해석기는 완전한 기억상실증 환자가 아니며, 무엇이든 기억할 수 있는 것들을 기반으로 강력한 서사를 만들어내려고 시도한다. 실제로 해석기는 과거 행동의 기억을 다시 꺼내고 바꿔놓음으로써 작동한다. 따라서 우리는 전에 했던 행동에 대한 기억들을 따라가면서 성격을 유지하는 것이다. 그러나 요한손과 할의 실험 결과는 요컨대 우리는 과거의 행동에 대한 허위 정보인 (한 사람의 지나간 선택을 속이는) '거짓 기억'을 실험자가 심었을 때 속아 넘어간다는 것을 보여준다.

이러한 '선택맹choice blindness' 현상, 어떤 사람이 자기가 실제로 하지 않은 선택을 옹호하는 현상은 정치에만 국한되지 않는다. 요한손과 할, 그리고 동료 학자들은 우리의 직관이 철저히 깊은 곳에 자리하고 완전히 바꿀 수 없다고 믿는 정황상에서도 이러한 현상을 발견했다. 그 상황은 얼굴의 매력을 판단하는 경우였다. 사람들은 얼굴이 그려진 카드 한 쌍을 보고(도표 26) 가장 매력적이라고 느끼는 얼굴을 선택했다. 그리고 어떤 경우에는 카드 속임수로 인해 선택하지 않은 얼굴 사진을 건네받기도 했다. 대부분 사람은 그 속임수를 눈치채지 못하고 자기들이 실제로 하지 않은 선택을 왜 했는지에 대해 신나게 설명했다. 이러한 설명의 내용(설명의 길이와 복잡함, 유창함)을 분석하자 '속임수'가 발휘된 부분과 그렇지 않은 부분 사이에 차이가 발견되지 않았다. 선택하지 않은 선택을 설명해 달라는 요청을 받고 우리 속임수가 딱 멈춘 것이 아니라, '해석기'는 태평스럽게도 '반대편' 관점을 옹호하면서 잘못된 부분은 전혀 알아채지 못했다. 확실히, 가끔 사람들이 속임수에 당한 사례에서 자기 선택에 대한 정당화는 명백하게 사후에 생겨난 이유들을 기반으로 한 것이었다. "저는 그 여자가 한 멋진 귀걸이와 파마머리 때문에 그 여자를 선택한 거예요"는 사실 귀걸이를 하지 않은 생머리 여자를 선택했던 어느 사람의 과

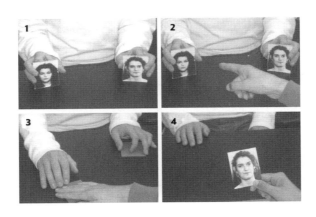

도표 26 카드 속임수로 선택하지 않은 사진을 건네받음

거 의사결정 과정을 진짜로 서술하는 것이 될 수 없다. 이는 해석기가 나중에 회상하면서 그 선택을 정당화하기 위해 서둘러 짜내는 그런 식의 이야기일 뿐이다.

그리고 이러한 결과들은 정치와 얼굴에 관한 실험에서만 발견되는 것이 아니라 미각 실험에서도 발견되었다. 어느 동네 슈퍼마켓에 매대를 설치한 요한손과 할의 연구 팀은 사람들에게 한 쌍의 잼 가운데에서 하나를 고르라고 부탁했다. 그 후 이들은 위아래 양쪽으로 뚜껑이 열리는 잼 병을 쓰는 방식으로 선택받은 잼과 그렇지 않은 잼을 바꿔치기했다 (양 끝에는 서로 다른 잼이 담겼다). 이러한 바꿔치기는 선택된 잼을 손님에게 건네주기 전에 남몰래 뒤집음으로써 눈에 띄지 않게 이뤄졌고, 손님들은 실제로 선택했던 잼이 아니라 자기들이 거절했던 새로운 맛의 잼을 받게 되었다. 이전과 마찬가지로 거의 알아채지 못했고, 뭔가가 잘못되었음을 알아차리는 데 실패한 사람들은 마치 그 선택이 '진짜'인 양 그저 그 '가짜' 선택에 자신 있어 했다. 우리는 잼처럼 익숙한 물건에서도 좋아하는 것에 대해서도 고작 보잘것없이 파악하고 있을 뿐이다.

이야기로 만들어낸 미래

따라서 달변으로 우리의 생각과 행동을 옹호하고 설명하는 '해석기'는 우리의 과거를 정당화할 뿐 미래는 만들어낼 수 없는 그저 해설자에 불과할까? 실제로 해석기는 단지 과거 행동을 설명하는 것만이 아니라 우리가 다음에 무엇을 할지 형태를 잡는 데 도움을 준다.

다시 한번 얼굴을 생각해 보자. 몇 년 전 나는 거짓 피드백이 어떻게 미래의 선택에 영향을 주는지를 보는 요한손과 할의 연구에 참여한 적이 있다. 우리는 B의 얼굴보다 A의 얼굴을 더 선호한다는 (잘못된) 이야기를 들으면 훗날 같은 결정을 내려야 할 때 이러한 선호를 표현할 가능성이 더 높다. 해석기는 우리가 내리지 않은 결정을 설명하지만(귀걸이 때문이다, 혹은 파마머리 때문이다), 바로 그 설명 자체가 미래의 결정을 구성하는 데 도움을 준다. 아마도 더 중요한 것은 해석기가 정당화하고 옹호할 선택을 내리려는 일관된 목표다. 우리가 (옳든 그르든) 맨 처음 질문을 받았을 때 A의 얼굴을 선호한다고 말했다고 믿는다면, 어떻게 우리는 마음을 바꿨음을 정당화할 수 있을까? 해석기의 창의적인 능력을 고려해 봤을 때 이야기는 당연히 날조된다. "하, 세상에. 우리가 B의 얼굴에 있는 친근한 미소를 눈여겨보지 않았네… 잠시 정신이 팔렸었어. 실수로 처음에 잘못된 사진을 고른 거야." 그러나 일관성을 유지하는 일은 훨씬 더 쉽고 훨씬 더 설득력 있다.[3] 그리고 이 점을 염두에 둔다면 우리는 두 번째로 질문을 받았을 때 A의 얼굴을 선택하는 것에 편향될 것이다.

그렇다면 정치는 어떨까? 요한손과 할의 팀은 참가자들의 일반적인 관점에서 사람들이 한 답변의 좌파적, 우파적 중요성을 합쳐서 정치 관련 허위 설문지를 완성했고 그 후 사람들에게 좌우 투표 의향을 표시하도록 요청했다. 그렇다면 단 몇 분 전 실험의 시작 부분에서 표현했던 의향은 그 이후에 바뀌었을까? 놀랍게도 좌 성향으로 끌어가는 가짜 피드백을 받은 사람들은 대체로 좌파 연합에 투표하려는 의향을 표현할 가능성이 높았다(그리고 기억하자. 이 사람들은 애초에 가지고 있지 않았던 일부 좌 편향 의견을 받아들이고 심지어 옹호했다). 우파 성향에서도 마찬가지였다. 그리고 그 효과는 확실했다. 거의 절반에 가까운 응답자들은 거짓 피드백의 결과로 좌우 경계를 넘나들었다.

그러나 그러한 생각의 순간적인 변화가 정말로 사람들이 실제로 투표하는 행태를 바꿔놓을 수 있을까? 이쯤에서 의구심을 가질 필요가 있다. 어쨌든 우리는 투표장에서의 최종 결정은 정치 의제가 우리 마음속을 헤집어놓았던 수도 없이 많은 경우의 총체라고 믿으며, 단 한 번의 순간이 균형이 맞지 않는 영향력을 발휘해서는 안 된다고 희망할 것이다.

2008년 미국 대선을 앞두고 코넬대학교에서 이뤄진 어느 주목할 만한 연구는 이와는 대조적으로, 누가 봐도 적절한 실험 처치조차로도 유권자들이 마음을 바꾸도록 할 수 있다고 주장한다.[4] 피실험자들은 정치적 태도에 관한 웹 기반 설문 조사를 작성하는데, 표본의 절반에게는 화면 한구석에 미국 국기를 삽입해서 보여준다. 사전 조사에 따르면 미국 국기의 노출은 순간적으로 민족주의 감정과 국가 안보에 대한 걱정 등을 불러일으키는데, 이러한 감정들은 공화당의 강령에 가장 많이 관련된 것들이다. 그리고 이 연구는 실제로 국기가 노출되었을 때 사람들의 정치적 태도가 우 편향으로 바뀐다는 것을 보여준다. 이러한 발견은 그 자체로도 흥미롭다. 이는 우리가 의식의 흐름 속에 뛰어든 생각들과 일치하도록 자신의 선호를 구성하려고 계속 노력한다는 추가적인 증거가 된다.

그러나 그러한 효과는 오래가지 못하리라고 예상하기도 한다. 그런데 놀랍게도 코넬 팀이 나중에 선거가 끝난 뒤에 표본으로 다시 돌아오자, 처음의 설문 조사를 하면서 미국 국기에 노출된 사람들은 확실히 공화당을 지지할 가능성이 더 높았다. 인터넷 설문 조사에 미국 국기가 잠시 등장했던 것이 8개월을 꼬박 보낸 후의 실제 투표 행위를 바꿔놓았던 것이다. 어떻게 이럴 수 있을까? 그런데 미국 유권자들은 건물이며 광고판, 이웃집 게양대에 걸린 미국 국기에 계속해서 노출된다. 이 모든 수백 개의 국기 사이에서 분명 단 하나라도 공화당 후보들에게 유리한 정세를 만들어내지 못한다. 만약 매번 국기 노출이 사람들로 하여금 우파를 지지하도록 몰아가는 것이라면, 공화당의 선거 전략상으로는 그저 자리가 나는 족족 성조기로 덮어버리는 것과, 민주당으로서는 신중하게 성조기들을 시야에서 차단해 내야 할 것이 분명하다.

내가 보기에 이 연구에 대한 올바른 해석은 전혀 다르지만 훨씬 흥미롭다. 국기의 노출은 정치 태도에 대해 제한적이지만 즉각적인 영향력을 가지며, 의심할 필요도 없이 이러한 영향력은 수많은 다른 자극에 의해 빠르게 덮인다. 그러나 우리가 정치적 설문 조사에 임하는 동안 국기를 보게 된다면, 당연히 그 국기는 설문 조사상의 대답에 영향을 미칠 것이다. 이는 실제로 연구자들이 발견한 결과이기도 하다. 그러나 행동에 오래 지속적인 효과를 발휘하는 기억 흔적이 있다. 내 정치관을 고려했을 때 내가 이전까지 스스로 우파에 가깝다고 깨달은 이상, 나는 미래에도 우 편향일 가능성이 조금 더 높다. 나는 내 나름의 행동을 가장 잘 이해하려고 예전처럼 생각하고 행동하려고 한다.

선택과 거부

우리가 모든 상황을 무릅쓰고서라도 마음속 깊이 우리에게 안정적이고 기존에 형성된 선호가 있다는 생각을 놓지 않으려고 애쓴다고 치자. 그 선호가 '흔들리기 쉬울' 경우에도 그렇다. 예를 들어, 내가 오렌지보다 사과를 선호하는지를 알아낼 아주 간단한 방법이 있다. 그냥 나에게 여러 차례 사과나 오렌지를 권해보고, 내가 어느 쪽을 좀 더 자주 선택하는지 더해보자. 그쪽이 확실히 내가 선호하는 과일이다. 이번에도 언뜻 보기에 간단한 시험이 또 하나 있다. 나에게 사과 또는 오렌지를 보여주고 어느 쪽을 거부할지 묻는 것이다. 이제 이번에는 내가 거부를 덜 하는 쪽을 합쳐보자. 그러면 그쪽이 확실히 내가 선호하는 과일이지 않을까? 처음 경우에 내가 대부분 사과를 선택하고(이는 사과를 선호함을 의미한다) 두 번째 경우에 대부분 사과를 거부한다면(이는 오렌지를 선호함을 의미한다) 우스운 일일 것이다. 일관되게 선택할 뿐만 아니라 거부하기로 결정하는 것은 선호의 개념 자체를 무의미하게 만드는 것처럼 보인다.

그러나 놀랍게도 심리학자 엘다 샤퍼Eldar Shafir와 아모스 트버스키Amos Tversky는 이러한 모순적인 패턴이 실제로 벌어진다는 것을 발견했다. 이들은 사람들에게 극단적인 선택지(아주 좋은 속성과 아주 나쁜 속성 모두)와 중립적인 선택지(모든 속성이 중간인 것) 사이에서 선택하도록 요청했다.[5] 예를 들어, 사람들은 '극단적인 부모(아이와 매우 친밀함, 적극적인 사회생활을 함, 평균을 상회하는 소득, 그러나 출장이 잦음, 약간의 건강상 문제)'와 '평범한 부모(아이와의 적당한 관계, 상대적으로 안정적인 사회생활, 평균 수준의 소득과 근무시간, 건강)' 사이에서 양육권을 결정한다고 상상했다. 어떤 부모에게 양육권을 **부여**할지 선택하라고 요청받자 대부분 사람은 극단적인 부모를 선택했다. 그러나 어떤 부모에게서 양육권을 **박탈**할지 선택하는 질문에서도 대부분 극단적인 부모를 선택했다. 그리고 이러한 일반적인 패턴은 여러 연구에 걸쳐 등장했다. 선택지를 고르라는 요청을 받을 때 사람들은 '평균'보다는 더 자주 '극단의 조합'을 선택했지만 선택지를 버리라는 요청에도 역시 '극단의 조합'을 '평균'보다 더 자주 선택했다. 분명 사람들은 그 똑같은 부모가 최고의 선택지이자 최악의 선택지임을 생각하지 못했던 것이다.

무슨 일이 벌어지는 것일까? 샤퍼와 트버스키는 우리가 선택할 때 기존에 존재하는 선호를 '표현하는 것'이 절대 아니라고 보았다. 실제로 이들은 이 세상에 선호 같은 것은 없다고 주장했다. 그 대신에 우리가 하는 행동은 즉흥적인 것, 다시 말해 일이 흘러가는 대로 선호를 만들어낸다고 보았다. 즉흥화는 여러 형태로 이뤄질 수 있다. 예를 들어, 앞으로 살펴보겠지만 우리는 우리가 평소에 하는 일, 또는 다른 사람이 하는 일에 따라 영향을 받을 수 있다. 그러나 결정한 내용을 제시하기 위해 할 수 있는 한 가지 당연한 일은 어느 한 선택지에 찬성 또는 반대하는 몇 가지 이유를 함께 모으는 것이다. 그렇다면 우리는 어디에 초점을 맞춰야 할까? 찬성하는 이유일까, 반대하는 이유일까? 샤퍼와 트버스키는 이러한 긍정적인 또는 부정적인 선택은 그 결정이 어떻게 묘사되는지에 따라 영향을 받는다고 주장했다.

우리는 선택지를 고르라는 요청을 받았을 때 대부분은 이런저런 것을 선택하는 이유들**에 대해** 초점을 맞추며, 이러한 이유들은 어느 한 선택지를 선호하는 **긍정적인** 이유인 경향이 있다. 극단적인 선택지는 가장 강력한 긍정적인 이유(예로 아이와 매우 친밀함)를 지니며, 그렇기에 채택된다. 반면에 주어진 선택지 가운데에서 하나를 **거부**하도록 요청받는다면, **부정적인** 이유들을 찾아내어 어느 한 선택지나 다른 선택지를 탈락시킨다. 그리고 극단적인 선택지 역시 가장 강력한 부정적인 이유(예로 출장이 많음)를 가지므로, 그 극단적인 선택지는 지워진다.

나는 동료들과 함께 이 현상, 즉 완전히 똑같은 것을 선택하기도 하고 거부하기도 하는 현상을 매우 통제된 환경에서 살펴보기로 했다.[6] 실험의 참가자들은 도박들 중에서 선택해야만 했다. 실험할 때마다 도박에서는 금전 보상과 관련 있는 어떤 숫자가 만들어졌다. 사람들은 도박을 선택하기 전에 여러 차례에 걸쳐 도박으로 만들어진 보상 종류를 보고, 그다음에 그것을 선택할지 결정하게 된다. 이를테면 어느 도박꾼 어깨 너머로 슬롯머신을 당기는 모습을 구경하다가, 그다음에 나도 같은 도박을 할지 결정하는 것과 비슷하다. 실제로 사람들은 실험마다 컴퓨터 화면에서 진행되는 두세 개의 도박을 볼 수 있었고, 여러 다른 위치에서 숫자들의 '흐름'을 보았다. 실험의 참가자들에게 주어진 질문은 다음과 같았다. 어떤 유형의 도박 혹은 어떤 숫자의 흐름을 선택할 것인가?

사람들은 위의 그림에 해당하는 도박에서 가능한 성과에 해당하는 연속된 숫자들을 지켜보았다. 도박들은 상대적으로 넓은 범위의 성과(도표 27에서 윗줄의 검은색 종 모양 곡선) 또는 협소한 범위의 성과(회색 종 모양 곡선)를 낼 수 있었고, 두 유형의 도박 모두에서 평균적인 이득은 완전히 똑같았다. 그렇다면 사람들은 어떤 도박을 선호할까? 사람들에게 폭넓은 성과를 내는 도박과 협소한 성과를 내는 도박 중에서 **선택**하라고 요청한다면 이들은 이 선택에서 긍정적인 이유 즉 '대박'에 초점을 맞출 것이다. 그렇다면 이들은 폭넓은 성과를 내는 도박을 선호할 것으로, 경제학 용어로는 '위험 추구' 행위로 알려져 있다(도표 27의 맨 위 왼편). 그러나 사람들에게 폭넓은 성과를 내는 도박과 협소한 성과를 내는 도박 중에서 **제거**하라고 요청한다면 사람들은 '쪽박'과 같이 거절할 이유에 초점을 맞출 것이다. 그러나 폭넓은 성과를 내는 도박 역시 커다란 손실을 만들어낼

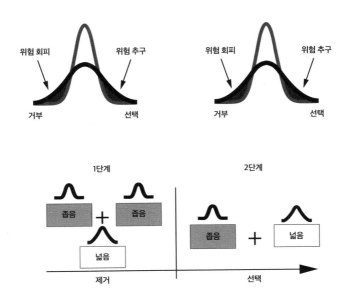

도표 27 위험한 선택지를 거부하고 선택하기. 1단계에서 사람들은 성과의 분포가 넓은 도박을
제외했다. 그리고 몇 분 후 2단계에서 이들은 같은 선택지를 택했다.

수 있고, 따라서 똑같은 그 선택지가 이번에는 거부당하면 이를 '위험 회피' 행위라고 부른다. 그리고 실제로 이것이 바로 사람들이 어떻게 행동하는지다(도표 27의 밑부분). 사람들은 처음에 세 가지 종류의 도박을 제안받는데(폭넓은 성과를 내는 도박 두 가지, 협소한 성과를 내는 도박 한 가지), 여러 차례에 걸쳐 도박판이 진행되는 모습을 관찰했다. 그리고 나서 그중 한 가지 도박을 제거하라는 요청을 받고(밑부분 왼편), 그 후에는 두 가지 남은 도박이 내놓는 더 많은 표본에 노출되고 나서 어느 쪽을 선택하고 싶은지 질문을 받는다. 예상했듯이 결과의 전형적 패턴은 사람들이 특히나 1단계에서는 협소한 도박보다는 광범위한 도박을 **거부**할 가능성이 높지만, 2단계에서는 광범위한 도박을 선택할 가능성이 더 높다는 것이다. 따라서 한순간에 사람들은 위험을 꺼리지만, 그다음 순간에는 받아들인다. 이것이 내면의 현자에게 조언을 구해서 나온 선택이라면 이해할 수 없지만, 사람들이 즉석에서 만들어낸 선택이라면 완벽하게 이해하게 된다. 자신의 어느 한 선택을 정당화하기 위한 이유를 떠올린 것이기 때문이다.

똑같은 것을 선택하고 거부하는 것은 특이해 보이지만, 결코 별개의 사건이 아니다. 실제로 판단과 의사결정, 행동경제학 그리고 사회인지의 넓은 영역을 포함해 연구의 분야 전체에서 이러한 모순적인 사례가 수도 없이 발견되었다.[7] 같은 질문을 던지고, 같은 태도를 면밀히 살피고, 같은 선택을 다른 방식으로 제시한다면 거의 예외 없이 사람들은 다른 대답을 내놓는다. 위험에 대한 태도를 떠올려보자. 우리는 사람들이 두 도박 중에 무엇을 선택할지 결정해야 할 때 위험을 감수하지만 무엇을 탈락시킬지 결정해야 할 때는 위험을 회피한다는 사실을 막 살펴보았다. 도박을 숫자의 흐름으로 제시하는 특정한 방법을 사용했을 때의 이야기다. 하지만 우리가 사람들에게 묘사를 바탕으로 도박의 종류를 선택하라고 요청한다면(예를 들어, 100파운드를 딸 수 있는 50퍼센트의 확률 대 50파운드를 딸 수 있는 특정한 확률) 사람들은 거의 위험을 회피하려 든다. 우리가 도박을 딴 돈이 아닌 잃은 돈의 관점에서 묘사한다면, 사람들은 보통 위험 추구로 가게 된다. 도박의 '규모가 축소'되어 대박을 낼(또는 쪽박을 찰) 가능성이 작을 때 상황은 뒤집힌다. 사람들은 큰돈을 벌 작은 기회에 대해 위험 추구를 하지만(따라서 로또를 산다), 큰돈을 잃을 작은 기회에는 위험 회피를 한다(따라서 보험에 든다).

그리고 사람들은 같은 금전적 위험이 겉보기에 다른 여러 방식(손실, 수익, 투자, 도박 등)으로 설명되었을 때 매우 다른 선택을 한다.[8] 그러나 우리가 돈과 건강, 위험한 스포츠 등에 대해 위험 태도를 비교해 보면, 이러한 태도들 역시 약한 연관성이 있는 것으로 드러난다.[9] 대략적으로 '같은' 질문이 새롭게 변형될 때마다 우리는 체계적으로 다른 답을 얻게 된다. 뇌는 매번 새로운 '이야기'를 떠올리기 때문이다. 그리고 우리가 살짝 다른 방식으로 이야기꾼을 자극한다면 그 이야기는 어느 정도 바뀔 가능성이 높아진다.[10]

이러한 변형이 창의적인 파격의 산물이 아니라 단순히 불안정한 평가 때문이라면, 더 많이 평가해서 그 결과를 삼각검증(어떤 한 주제를 검증하기 위해 서로 다른 세 가지의 자료 수집 방법을 적용하는 것 - 옮긴이)한다면 결국에는 일관성 있는 답을 얻을 것이다. 그러나 이야기의 변형은 체계적으로, 아무리 측정하고 재측정해도 도움이 되지 않는다. 위험 선호를 측정하는 데서 나오는 문제는 측정이 어렵거나 부정확하다는 것이 아니라, 측정할 수 있는 위험 선호라는 것이 존재하지 않는 데 있다. 그저 우리가 '마음속으로' 얼마나 위험과 보상의 균형을 원하는지에는 답이 없을 뿐이다. 그리고 사람들이 현재와 미래를 맞바꾸는 방식에서도 마찬가지다.

우리는 얼마나 이타적이며 누구에게 이타적인가, 그리고 성별이나 인종을 두고 어느 정도까지 편견을 표하는가 등등에서도 그렇다.

정신적 깊이가 착각이라면, 이는 당연히 우리가 예상하는 바일 뿐이다. 우리의 숨겨진 깊이에 도사리는 위험에 대한 기존의 신념, 욕망, 동기, 태도는 지어낸 허구이며, 우리는 내면의 자아를 표현하기보다는 순간순간의 도전을 다루기 위해 우리 행동을 즉흥적으로 만들어내는 것이다. 따라서 어떤 식으로 질문을 해야(어느 쪽을 선택하겠는가? 어느 쪽을 거부하겠는가?) 사람들이 진정으로 원하는 바를 이야기해 주는지 궁금해할 필요는 없다. 이 세상에는 끝도 없이 많은 질문과 끝도 없이 많은 대답이 있다. 마음이 평면이라면, 시장조사와 가설, 심리치료, 뇌 촬영을 끌어들인다고 해도, 이러한 질문에 답할 방법은 없다. 우리의 정신적인 동기와 욕망, 선호를 헤아릴 수 없기 때문이 아니라 존재하지 않기 때문이다.

PART 2
즉흥적인 마음

MIND

FLAT

CHAPTER 7 생각의 순환

인간의 뇌는 그저 적당히 20와트 에너지 정도로 움직이는 섬유 다발이지만 우주를 통틀어서 지금까지 알려진 것 중 단연코 가장 뛰어난 컴퓨터다. 뇌가 깜빡 잘 잊고, 실수도 잘 저지르며, 몇 분 이상 집중을 유지하기 위해 고군분투해야 한다는 것도 사실이다. 실제로 우리는 논리나 수학은 둘째 치고 기본적인 산수와 씨름하며 끔찍할 정도로 느리게 읽고 추론한다. 그러나 뇌는 눈부신 능력을 갖추고 있기도 하다. 당황스럽게도 복잡한 감각 세계를 해석하고, 다양하게 숙련된 행위를 수행하며, 복잡한 물리적, 사회적인 세계에서 소통할 수 있다. 그리고 인공지능에서 지금껏 만들어진 그 무엇의 능력을 훨씬 초월하는 수준에서 이러한 일들을 해낸다. 뇌는 훌륭한 컴퓨터지만 전혀 틀에 박히지 않은 컴퓨터이기도 하다.

우리가 사용하는 PC와 노트북, 태블릿을 포함해 친숙한 디지털 컴퓨터의 능력은 주로 놀라운 속도로 간단한 계산을 수행하는 데서 비롯된다. 1초당 수십억 가지의 공정이 이뤄지는 것이다. 그에 비해 뇌는 대단히 느리게 움직인다. 뇌의 기본적인 계산 단위인 뉴런은 너무나 복잡한 전기화학 연결망을 가로질러 서로에게 전기신호를 보내면서 계산한다. 신경 '점화'의 최고 속도는 초당 대략 1천 번의 신호를 보내는 정도인데, 당장 직접적으로 업무가 주어지더라도 뉴런은 보통 초당 5번에서 50번 정도의 훨씬 느긋한 속도로 점화한다.[1] 따라서 우리의 뉴런은 실리콘 칩의 놀라운 처리 속도보다 놀라울 정도로 느리다. 그러나 뉴런은 느릴지 몰라도 숫자가 많다. 뇌는 대략 1천억 개 정도의 뉴런이 100조 개 정도의 시냅스로 연결된 반면에 PC는 경이적인 속도로 작동하는 처리 칩을 기껏해야 하나 또는 몇 개 가지고 있을 뿐이다.

따라서 인간 정신의 환상적인 영리함은 실리콘 계산기가 뒷받침해 주는 단순 계산의 연속에서 나오는 것이 아니다. 뇌 방식의 계산은 고도로 상호 연결되어 있지만 느리게 작동하는 신경 처리 장치 전체에 걸친 협동에서 나오는 것이며, 이는 전체 뇌 연결망 또는 전 구역에서 이뤄지는 신경 활동의 조직적인 패턴으로 이어질 것이다.[2]

그러나 어마어마한 숫자의 상호 연결된 뉴런이 혼란과 간섭을 겪지 않고 어떻게 한 번에 한 가지 이상의 일에 대해 조화롭게 움직이는지는 보기가 쉽지 않다. 뉴런은 점화할 때마다 자기와 연결된 다른 모든 뉴런에 전기신호를 보낸다. 이는 뉴런이 모두 같은 문제의 다른 측면들에 집중하는 한 협력을 돕기에 좋은 메커니즘이다(예를 들어 얼굴, 말, 패턴이나 사물로 된 가능한 의미 있는 조합을 쌓아 올리기 등). 그리고 나서 조합의 서로 다른 부분들(얼굴 부위, 단어를 만드는 글자)을 함께 연결하고 교차 확인하고 정정하고 검증함으로써 점차 통일된 전체를 만들어나간다. 그러나 상호 연결된 뉴런들이 완전히 다른 문제들을 다룬다면, 이들이 서로 주고받는 신호들은 뜻이 완전히 어긋날 것이며 그 어떤 과제도 성공적으로 완료하지 못할 것이다. 각 뉴런은 들어오는 신호들 중에 어떤 것이 자기가 작업하는 문제에 관련되었는지, 아니면 그저 상관없는 것인지 알 수 없기 때문이다.

따라서 우리에게는 원칙이 있다. 뇌가 각각 느린 뉴런들의 광대한 연결망의 협력적인 계산을 통해 문제를 해결한다면, 그 어떤 특정한 신경 회로망도 한 번에 단 하나의 문제에 대한 해결책 하나만 작업할 수 있다. 뇌는 하나의 거대하고 고도로 상호 연결된 연결망에 상당히 가까워 보인다(물론 뇌의 다양한 부위 간의 연결은 균등하게 밀집되어 있지는 않다). 그렇기에 우리는 뇌의 신경 회로망이 한 번에 그저 한 문제에 대해서만 협업할 수 있다고 기대해야 한다.

이 사실은 1부에서 훑어보았던 지각과 생각의 느리고 단계적인 특성에 대한 설명의 시작점을 던져준다. 즉 우리의 능력이 한 번에 한 단어, 얼굴, 심지어 색상만을 처리한다는 것이다. 설명해야 할 일련의 정보에 집중하는 것은 뇌가 해결해야 하는 문제들을 결정하는 것이다. 문제들은 아주 다양할 수 있다. 흑백 모양에서 '의미'를 찾는다든지, 연설의 흐름상 무슨 말을 하는 것인지 알아낸다든지, 한 꼭짓점에서 균형을 잡는 정육면체를 시각화한다든지, 내가 마지막으로 극장에 갔던 때를 회상한다든지 하는 것들이다. 우리는 이러한 과정을 뉴런 집단의 어떤 부분집합이 지닌 값을 구체적으로 명시하는 것으로 생각할 수 있다. 그렇다면 생각의 순서상 각 단계는 그 '질문'에 가장 잘 맞는 답을 찾기 위해 우리가 알고 있는 그 외의 모든 것을 가장 의미 있게 조합한 것을 찾아내려는 협력적인 계산을 수반한다. 한 단계마다 걸리는 시간은 몇백만분의 일 초지만, 지식에 기반해 얻은 계산력과 수십억 개의 뉴런이 만들어내는 신경망을 거치는 처리 능력은 어마어마할 수 있다.

그렇다면 뇌의 계산 능력은 심각하게 제한적이면서 놀랍게도 강력하다. 개입의 문제는 생각의 순환이 한 번에 한 단계만 진행하고 한 번에 단 한 문제만 해결하도록 제한되어 있음을 시사한다. 그러나 상호 연결된 뉴런들을 협조적으로 이끌어냄으로써 생각의 순환에서 어려운 질문에 답할 잠재력을 가지되, 여기에서 각각의 뉴런은 당장의 문제에 대한 전체적인 해결책에는 아주 조금만 기여한다. 예를 들어 표정을 해독하고 복잡한 물리적, 사회적 상황에서 이다음으로 무슨 일이 벌어질지를 예측하며, 빠르게 입력되는 말이나 글자를 통합하고, 시속 160킬로미터 이상의 속도로 내리치는 테니스 서브를 넘기기 위해 굉장히 복잡한 일련의 행동을 계획하고 착수하기도 한다. 각각의 이러한 과정은 기존 컴퓨터에서 성공적으로 시뮬레이션을 할 수 있는 범위 내에서 수백만 또는 심지어 수십억 가지의 아주 작은 단계에 대응한다. 이는 거의 상상도 못 할 속도로 하나하나씩 시행할 수 있을 것이다. 그러나 뇌는 다른 방침을 택한다. 느릿느릿한 뉴런 단위는 문제를 수도 없이 많은 조각으로 나누고 잠정적인 해결책을 찾기 위해 빽빽하게 상호 연결된 전체 신경망을 동시에 공유하는 것이다.

중요한 것은 뇌가 광활한 신경 회로망을 넘나드는 협력적인 계산을 사용한다는 사실 자체가 이러한 신경망은 한 번에 하나씩 거대하고 통합된 단계를 만든다는 사실을 시사한다는 점이다. 기존 컴퓨터에서처럼 거의 미량에 가깝도록 작은 정보처리 단계들을 통해서가 아니라는 의미다. 나는 1초당 여러 차례 움직이는 이 거대하고 통합된 일련의 단계를 **생각의 순환**이라고 부르려고 한다.[3]

따라서 컴퓨터와 뇌 사이의 비교는 매우 잘못 이뤄질 수 있다. 우리는 PC에서 음악을 다운받거나 천문학적 계산을 빠르게 해치우는 등 여러 업무를 수행하며 문서를 쓰거나 영화를 볼 수 있다. 따라서 우리의 의식적 마음은 아침을 만든다거나 소설을 읽는 것에 집중하는 것처럼 심오하고 난해한 생각들이 가지가지로 의식 아래에서 흘러간다는 개념은 그럴듯하게 보인다. 그러나 뇌는 컴퓨터와는 아주 다르다. 초고속 중앙처리장치를 시간대별로 나눠서 사용한다기보다는 뉴런의 대부분이나 전부를 거쳐 협력적인 계산을 하면서 작업한다. 그리고 협력적인 계산은 한 번에 단 하나의 문제에만 연결되고 해결할 수 있다.

뇌에서 협동하는 뉴런들의 각 신경망이 오직 단 하나의 문제에만 집중할 수 있다면, 우리는 체스 말을 움직일 때도 한 번에 하나만 생각할 수 있어야 하고, 한 번에 한 단어만 읽고, 한 번에 한 얼굴만 알아보고, 한 번에 한 대화에만 귀 기울일 수 있어야 한다. 따라서 뇌가 사용하는 계산의 협력적인 방식은 우리에게 심각한 한계를 부여한다. 실제로 수십 년간 세세하게 이뤄진 심리 실험에 따르면 이러한 한계는 분명하다.

각 뇌 연결망이 한 번에 하나의 과제만 맡을 수 있다면, 여기에서 결정적인 의문은 뇌가 어느 범위까지 여러 독립적인 망으로 갈라지는지 각 망은 저마다의 과제를 부여받는지다. 또한 그러한 부위들이 고정적인지, 또는 뇌가 당면한 문제들을 해결하기 위해 독자적인 망으로 스스로를 재구성할 수 있는지 여부도 마찬가지다. 그러나 신경세포의 협력망으로 나뉘는 뇌 부위의 특성이 어떠하건 간에(그리고 우리는 이러한 분할이 어떻게 유연하게 이뤄지는지에 대해 간단히 짚고 넘어가야 한다), 핵심은 각 뉴런의 협력망이 정확히 한 번에 한 문제만 해결할 수 있다는 것이다.

게다가 우리가 특정한 업무를 수행할 때 뇌 경로를 분석하는 일은 뇌의 연결망들이 고도로 상호 연결되어 있음을 보여준다. 여기에서 나온 결론 중 하나는 멀티태스킹이 원칙이라기보다는 예외라는 것이다.

우리의 의식적 집중을 끄는 것이 사물이든 과제이든 간에 일반적으로 뇌의 많은 부분과 관련이 있다는 것으로 밝혀졌다.[4] 그에 따라 우리의 의식적 집중을 끄는 두 가지 과제 또는 문제에는 보통 심각한 개입이 발생한다. 뇌의 계산이 지닌 협력 방식은 두 가지 개별적인 과제를 수행하는 단일한 뇌 연결망을 막기 때문이다. 이는 우리가 의식적으로 한 번에 오직 한 문제에만 집중할 수 있다는 의미일 뿐만 아니라, 다른 문제에 대해서는 **무의식적으로도** 생각할 수 없음을 의미한다. 여기에 관여하는 뇌 연결망은 중첩될 가능성이 높기 때문이다. 의식적 집중이 필요한 과제와 문제는 우리의 신경 기관의 여러 부위와 관련되며, 그 기관의 각 부위는 오직 한 번에 한 가지 일만 할 수 있다. 특히 무의식은 우리가 다른 과제에 의식적으로 집중하는 동안 까다로운 지적이고 창의적인 도전을 해나갈 수 없다. 그러한 정교화된 무의식적 생각에 필요한 뇌 회로는 그 순간의 의식적인 뇌 처리 과정에 의해 '차단'되어 있기 때문이다. 우리는 '무의식적 생각'과 '숨겨진 동기'에 관한 직관을 바꾸고 행동이 여러 개의 자아(예를 들어 프로이트의 원초아, 자아, 초자아)들 간에 벌어진 전투의 산물이라는 의혹을 제거할 것이다.

뇌는 고도로 상호 연결되고 협력적인 연결망의 집합이지만 이러한 연결망의 구조는 특히나 흥미로운 사실을 드러내는 것으로 밝혀졌다. 즉 감각 정보가 흘러나가는 상당히 협소한 신경의 병목현상이 존재한다는 것이다. 이러한 병목현상은 지나치게 많은 일을 한꺼번에 해치울 가능성을 제한한다. 그러나 앞으로 살펴보겠지만 이 역시 의식적 경험의 특성에 관한 굉장히 흥미로운 단서들을 준다.

의식적인 뇌의 재촉

저명한 신경외과의사인 와일더 펜필드Wilder Penfield는 깨어 있는 사람들을 대상으로 한 뇌 연구와 뇌 수술을 개척했다.[5] 환자의 입장에서는 두개골 절개에서 오는 고통을 해결하기 위해 국소마취만 하면 되었다. 뇌는 몸 전체의 다양하고 많은 유형의 고통(쿡쿡 찔림, 찰과상, 비틀림, 지나친 열감이나 냉기 등)을 감지하지만, 막상 자신이 받은 손상을 감지할 수 있는 기제를 가지고 있지 않다. 따라서 펜필드의 뇌 수술은 환자들에게는 전혀 고통스럽지 않았다.

펜필드 수술의 목적은 발작의 원인이 되는 뇌 부위를 분리해 제거함으로써 중증 뇌전증의 증세를 완화하는 데 있었다. 뇌전증 발작이 일어날 때 넓은 부위 전체의 세포들은 그 순간의 문제를 해결하기 위해 복잡한 협력적 계산도 중단했고, 그 대신 천천히 동기화된 파동을 '점화'하기 시작한다. 따라서 점차 정상적인 정보처리 기능에서 유리되어 버린다. 조금은 상상력을 발휘해서 비슷한 예시를 찾아보자면, 어느 분주한 도시의 인구가 갑자기 다양하고 고도로 상호 연결된 활동(구매, 판매, 수다 떨기, 건축, 생산 등)을 그만두고 단일하고 연속적이며 조직적이지만 완전히 비자발적으로 파도타기 응원을 하는 것이다. 파도타기 응원이 어디까지 퍼져나가든 간에 일은 완전히 멈출 것이다. 중증 뇌전증 발작에서 대뇌피질의 전체 또는 넓은 부위는 외부 자극에 관여하면서 완전히 기능을 하지 않게 되고, 이는 뇌가 어떻게든 스스로 제자리를 찾을 때까지 계속된다. 이렇게 중증 뇌전증 환자는 매일 여러 차례 자신을 쇠약하게 만드는 발작으로 고통받는다. 뇌전증의 관여는 일반적으로 피질의 특정 구역에서 시작된다. 마치 어느 한 지역의 주민들이 자연스럽게 파도타기 응원을 잘 시작하는 경향이 있으며, 가까이에 사는 이웃들이 여기에 끌려 들어오고 파도타기가 도시 전체로 퍼져나가는 것이나 마찬가지다. 펜필드의 논리에 따르면, 만약에 골칫거리 구역만 나머지 도시로부터 어떻게든 고립시킬 수 있다면, 파도타기 응원은 퍼져나가지 않을 것이고 일상생활은 아무런 방해도 받지 않고 재개될 것이다. 실제로 펜필드는 가장 효과적인 치료법이 가끔 상당히 극단적인 것으로 드러났음을 깨달았다. 몇몇 다리나 주요 도로를 막는 셈이라 할 수 있는, 피질의 주요 부위에 약간 세밀한 외과적 수술을 하기보다는 펜필드는 피질의 넓은 부위를 제거해 버렸다. 한 도시의 방대한 지역을 완전히 밀어버리는 것과 비슷했다.

국소마취 외에는 아무것도 하지 않고 한 사람의 뇌 부위를 제거해 버리는 것만큼 무서운 일은 거의 상상할 수조차 없다. 그러나 국소마취의 사용은 결정적인 것으로 드러났다. 피질의 다른 부위들이 보내는 전기

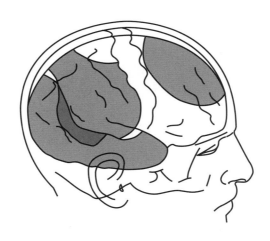

도표 28 위 그림에서 표시된 부분이 와일더 펜필드가 세 명의 뇌전증 환자에게서 제거한 피질 부위다. 뇌의 앞부분 중에서 제거된 부위는 시각을 담당하는데, 이 그림에서는 오른편 이지만 실제로는 거울에 비춰 봤을 때 왼편이다.

자극은 깨어 있는 환자가 그 부위의 기능에 대한 상당한 양의 정보를 전달할 수 있다는 의미였다. 피질의 어떤 부위는 다른 부위보다 좀 더 중요하며, 따라서 펜필드는 부주의하게 마비나 언어 상실을 초래하는 일 없이 가능한 한 오래 수술을 집도할 수 있었다. 이 의사는 환자 뇌의 상당 부분이 제거되는 동안 그 환자와 대화를 나눌 수 있는 위치에 있었다. 환자는 수술 내내 의식을 유지했을 뿐만 아니라 늘 그렇듯 유려한 대화를 계속 이어나갔으며, 의식적인 경험이 중단되었음을 나타내거나 전하지도 않았다.

어쩌면 혹자는 피질의 이러한 부위들, 그리고 아마도 좀 더 전반적으로는 피질 자체가 단순히 의식적인 생각과는 관계가 없다고 결론을 내릴 수도 있다. 그러나 다른 생각들을 광범위하게 고려했을 때 이러한 가능성은 제외된다. 예를 들어, 우리가 앞에서 이야기했던 시각 무시 환자는 빈번히 시야의 한쪽 절반에 대한 의식적 경험이 존재하지 않음을 떠올려 보자. 또한 의식적 처리 과정이 결여된 부위를 손상된 시각피질 부위에 깔끔하게 연결했다는 사실도 기억해 보자. 이와 유사하게, 때로는 작은 뇌졸중으로 색깔과 움직임, 맛 등을 처리하는 것으로 알려진 피질 부위가 손상되어 고통을 겪는 환자들은 그 의식적인 경험에서 그러한 손상의 결과를 보여준다. 더 이상 색깔을 정상적으로 지각하지 못하고, 이 세계가 간헐적으로 멈췄다가 홱 움직인다고 본다거나, 미각을 잃었다고 하는 등이다. 다시 말해, 우리가 지닌 피질의 정보처리 기계는 경험할 수 있는 의식적인 현상학으로 직접적으로 연결되는 것처럼 보인다. 펜필드는 피질 표면의 다양한 부위에 전기 자극을 주면서 피질과 의식 사이의 긴밀한 관계를 보여주는 아주 새롭고 직접적인 근거들을 모을 수 있었다. 그러한 자극은 가끔 아주 충격적인 방식으로 의식적 경험에 개입했다. 부위와 자극에 따라 환자들은 시각적 경험과 소리, 꿈 자락, 심지어 완전한 섬광 기억처럼 보이는 현상(가장 유명한 사례는 한 환자가 뇌를 찌르는 특정한 전기 탐침에 반응해서 "토스트 탄 냄새가 나요!"라는, 이상할 정도로 구체적인 말을 한 것이다) 등을 전하기도 했다.

따라서 뇌 부위를 자극하는 일은 어떻게 의식적 현상학으로 이어지면서도 같은 부위를 제거하더라도 의식적 경험이 전혀 영향을 받지 않고 남아 있는 것처럼 보일까? 펜필드는 의식은 뇌의 피질 표면이 아니라 더 깊숙한 뇌 부위에 자리하고 있다고 대답했다. 그 부위는 특히 뇌의 중심부에 놓인 진화론적으로 오래된 '피질하' 구조 더미까지 이어지는, 피질이 투사하고 감싸는 곳이다.

뇌의 해부는 아마도 초기 단서를 줄 것이다. 피질하 구조(시상이나 상구 등)에서는 그것을 감싸고 있는 피질 안쪽으로 퍼지는 선명한 신경 투사가 일어나며, 이러한 연결은 정보가 양방향으로 흐를 수 있게 해준다. 흥미롭게도 감각에서 오는 대부분 정보는 피질로 투사되기 전에 뇌간을 통과하며, 그 정보는 우리를 행동하게 만들기 위해 깊숙한 피질하 구조를 지나간다. 따라서 우리가 대략 '깊숙한' 뇌, 즉 뇌 심부라고 부르는 부분은 감각 세계와 피질 사이에서, 그리고 피질 뒤편에서 행동의 세계까지 잇는 중계국 역할을 한다. 아마도 이 깊숙한 뇌 구조 어딘가에는 결정적인 병목이 존재할 것이다. 그리고 그 병목을 통해 지나가는 것이 무엇이든 의식적으로 경험하게 된다.

펜필드의 관점은 최근 들어서 스웨덴 신경과학자 비외른 메르케르Björn Merker에 의해 정교화되고 확장되었다.[6] 메르케르는 의식적 경험이 다양한 피질 부위와 뇌 심부의 협소한 정보처리 병목 사이에는 연결 장치가 필요할 것이라는 펜필드의 의심에 들어맞는 더 심층적인 의견을 강조했다. 예를 들어, 의식적 경험이 뇌 심부 피질하 구조에 의해 통제된다면 그러한 구조가 의식의 존재 자체를 통제할 것이며, 특히 각성 상태와 수면 사이의 스위치 역할을 할 것이다. 실제로 그러한 스위치는 존재하는 것으로 보인다. 또는 적어도, 동물에게 매우 국부적인 뇌 심부를 전기적으로 자극하면 피질 전체에서 일어나는 활동이 급속도로 감소한다. 그러면 동물은 움직임이 없는 상태로 접어든다.[7] 심지어 이 뇌 부위를 수술로 제거하면 동물은 마치 잠에서 깨어날 수 없듯 혼수상태에 빠진다. 반대로, 각성은 동물이나 사람에게서 피질의 넓은 부위를 제거해도 영향을 받지 않는다.

인간의 뇌 깊숙한 곳에서 일어나는 일시적 교란으로 스위치가 순간적으로 꺼져 의식이 단 몇 초 또는 몇 분 동안 갑자기 멈춰버릴 수 있는가? 펜필드에 따라 메르케르는 소위 소발작petit mal 또는 결신발작absence epilepsy이 이러한 특성을 지닌 것처럼 보인다고 강조했다. 소발작 단계에서는 일상적인 활동을 하다가 갑자기 멍하게 응시하면서 주변 환경에 완전히 반응하지 않게 된다. 환자가 걸어 다니는 중이라면 속도가 점점 줄어들다가 그 자리에서 똑바로 선 채 굳어버리고 만다. 말하던 도중이라면 말은 보통 느려지다가 결국에는 완전히 중단되겠지만 잠깐은 계속 이어질 것이다. 식사 중이었다면 포크에 잔뜩 올린 음식은 그릇과 입 사이에서 붕 떠버리고 말 것이다. 결신('없음'이라는 의미로, 뇌전증 발작이 지속되어 잠시 의식을 잃는 증상 - 옮긴이)이 지속되는 동안 환자를 깨우려고 시도하는 것은 보통 소용이 없다. 물론 가끔 그렇게 해서 환자를 갑자기 '깨울' 수 있긴 하다. 그럼에도 일반적으로 의식은 몇 초 안에 자연스레 돌아온다. 환자는 전형적으로 뇌전증으로 고통받았다는 사실을 즉각적으로는 알지 못한다. 환자의 관점에서 의식적 경험은 중단되지 않고 계속되는 것으로 보인다. 환자들은 특히나 '결신'이 지속되는 동안에는 완전한 기억상실을 경험한다.

결신 동안 피질의 전기적 활성 기록은 전형적인 느린 파동의 양상을 보여주지만, 이러한 양상은 아주 초기 단계부터 피질 표면 전체에서 일제히 동기화되는 것처럼 보인다. 다른 뇌전증 발작의 유형이 그러하듯 한 부위에서 다음 부위로 확산되는 것이 아니다. 마치 파도타기 응원이 한 구역에서 다른 구역으로 물결치는 것이 아니라 전체 도시를 가로질러 시작하는 것과 같다. 그리고 이는 어쩌면 라디오 방송 같은 어떤 외부적인 커뮤니케이션 신호가 사람들이 한마음으로 움직이도록 지시한다는 것일 수도 있음을 암시한다. 펜필드의 결론은 뇌 심부 피질하 구조가 피질 표면과의 풍부한 신경 연결과 함께 이러한 역할을 정확하게 해나간다는 것이다. 실제로 전기적으로 자극을 받았을 때 동물의 피질을 멈추게

하는 것이 바로 그 구조일 것이다.

펜필드의 신경외과 연구에서 비롯된 추가적인 단서들은 그가 행한 전기 자극으로 얻은 결과들에서 나왔다. 그러한 전기 자극은 빈번히 뇌전증 단계를 유발했고, 환자들은 가장 극단적이고 빈번한 유형의 뇌전증 발작으로 고통받았다. 그렇지 않았다면 이 환자들은 절대로 그런 급진적인 수술을 받으러 펜필드에게 가지 않았을 것이다. 따라서 환자들의 뇌는 이미 뇌전증 상태에 접어들었다 해도 놀랍지 않다. 그러나 펜필드는 피질의 어느 부위에 자극을 주었든 간에 한 번도 유도되지 않은 뇌전증의 형태가 바로 결신 또는 소발작이라고 전했다. 피질 자체의 전기 자극은 피질 체계의 또렷하고 즉각적이며 완전한 '멈춤'을 유발할 수 없었으며, 이는 의식의 스위치가 피질 표면이 아닌 뇌 깊숙한 곳에 자리하기 때문이라고 주장했다.

우리는 뇌와 그 뇌가 지원하는 놀라운 지성에 대해 생각할 때 두개골 바로 아래 놓인, 단단하게 주름 잡힌 호두 모양의 피질 표면을 상상하곤 한다. 실제로 인간의 피질은 가장 중요하다. 쥐와 같이 여러 포유동물에게서 피질은 다른 뇌 부위와 비교해 꽤 적당한 크기지만, 침팬지와 고릴라 같은 영장류에게서는 뇌를 장악하며, 인간의 경우에는 대단히 커진다. 그러나 피질은 더욱 깊은 곳에 있는 피질하 구조를 통해서 입력을 받아들이고 산출물을 내보내는데, 이러한 피질하 구조는 의식의 '흐름'을 이루는 내용물과 함께 우리에게 의식이 있는지 자체를 결정한다.

피질하 구조가 어떻게 작동하는지를 보기 위해서, 지각과 행동의 연관성을 명확히 해야 한다. 우리가 나무에서 사과를 딴다고 가정해 보자. 뇌는 다음에 딸 사과를 생각하고, 어떤 사과가 충분히 익고 곯지 않았는지를 판단한 뒤에 우거진 나뭇잎 사이로 사과를 골라내 성공적으로 쥐고 비틀어서 가지에서 떼어내는 움직임의 순서를 계획할 것이다. 또는, 어떤 사람의 경우 그 행동은 다른 누군가에게 사과를 따라고 한다거나 사과를 묘사하는 것으로 구성될 수 있다. 그러나 어느 쪽이든 행동이 이 특정한 사과와 관련한 시각적 입력과 연관이 있어야 하며, 시각적 입력의 다양한 조각들(아마도 잎사귀 사이로 보이는 사과의 다양한 파편들)이 온전하게 통합되어야 하는 것이 중요하다. 우리가 사과를 향해 손을 뻗어 만졌을 때, 팔의 위치에 대한 정보와 잎사귀를 스치면서 느끼는 감각, 그리고 사과를 쥐었을 때 그 표면의 느낌은 우리의 시각적 입력과 반드시 연결되어야 한다(그래야만 우리는 쳐다보고 있던 바로 그 사과에 손을 뻗어 쥐었다는 것을 알 수 있다). 그리고 이 모든 정보는 그 후에 기억으로 연결되어야 한다. 사과(그것도 아마 특별히 잘 익은 사과만)를 따기로 한 초기의 결정, 그리고 우리가 사과와 잎과 나뭇가지를 알아볼 수 있게 해준 과거의 시각적 경험에 대한 기억 등과도 마찬가지다. 그리고 차례로 우리는 어린 시절 사과를 땄던 일이나 사과에 대한 다른 농업적, 생물적 사실 등을 떠올릴 수도 있다. 사과에 손을 뻗어 쥐는 일 자체는 잠재적으로 복잡할 수 있으며, 그저 팔 하나와 손 하나가 협동해서 되는 일이 아니라 몸을 쭉 뻗는 행동, 필요하다면 발끝으로 서는 것, 그리고 균형을 유지하기 위한 자세 보정 등이 필요하다.

한 번에 하나씩 행동이 일어나지만 각 행동을 하기 위해서는 감각과 기억, 우리의 운동신경에서 비롯되는 어마어마한 양의 정보를 통합하는 것이 필요하다. 따라서 뇌 깊숙한 곳에서 하나 이상의 구조들이 하는 역할은 그러한 통합을 위해 중심점이 되어주는 것이다. 또는 주변 피질의 다양한 부위를 탐색하면서 감각 정보의 처리와 기억, 또는 움직임의 통제에 기여하고, 그러한 것들을 똑같은 문제로 연결하는 역할도 한다. 그렇기에 행동의 연속적인 특성은 생각의 순차적인 흐름에 의해 반영된다.

피질보다는 뇌 심부 구조가 의식적 경험이 흘러가는 과정에서 병목현상을 일으키는 동안, 예를 들어 전극을 이용한 자극에 의해 피질이 활성화된다면 이는 의식적 경험에 개입할 수 있어야 한다. 피질과 뇌 심부 간의 연결은 쌍방향이기 때문이다. 피질의 특정 부위에서 활동이 갑작스레 치솟으면 뇌 심부로 신호가 전달되는데, 그 신호는 현재의 활동을 방해하고 심지어는 번복하면서, 이를테면 희한한 감각적 경험과 기억의 파편을 만들어낸다. 결정적으로 피질 부위의 완전한 소멸은 마침 다른 새로운 정신 활동에 직접 관여하던 것이 아니라면 전혀 눈에 띄지 않게 지나가며, 의식적 경험에는 아주 미약한 영향조차 미치지 않는다. 그리고 당연하게도 펜필드가 관찰한 내용이 바로 이것이었다. 환자들은 피질 한 조각에 전기 충격을 주었을 때 토스트 탄내 같은 의식적 경험의 희한한 조각을 보고하지만, 펜필드가 뇌의 전체 부위를 도려내는 동안에는 아무런 이례적인 의식적 경험은 하지 않았다.

이러한 관점 역시 왜 시각 무시를 겪는 환자들이 시야의 대부분에 상응하는 피질이 손상을 입거나 완전히 기능하지 못하게 되었는데도 자신들의 결손을 하나도 인식하지 못하는지를 설명해 준다. 우리는 의식적으로 우리가 현재 집중하는 것에 대한 특정한 과제만을 인식한다. 따라서 시각 무시를 지닌 사람은 과일 따기에 참여하는 경우 온전한 시각피질 부위에서만 시각 정보에 집중할 것이다. 그리고 정상적인 시각 처리가 가능한 사람과 마찬가지로 뇌 심부에 있는 구조의 조정력을 통해 기억과 행동 체계에 연결될 것이다. 이 지점에서 의식적 경험은 완전히 정상적일 수 있다. 물론 시각적 위치가 시각피질의 '맹목' 부분으로 투사되는 과일을 따거나 묘사할 수는 없을 것이며, 따라서 이들의 시각적 현상학은 순간적으로는 완전히 정상이지만, 이를테면 시야의 왼쪽 반으로만 한정될 것이다.

우리의 뇌는 **매 순간** 직면하게 되는 정보를 이해하는 것에 온전히 관여한다. 의식과 실제로 생각의 전체적인 활동은 좁은 병목을 통해 차례차례 유도되며, 피질하 구조는 한 번에 하나씩 감각적 입력과 기억과 운동적 산출물을 찾아내고 만들어낸다. 뇌의 임무는 시시각각 정보의 서로 다른 조각들을 함께 잇고 올바른 방향으로 통합해서 그에 따라 행동하는 것이다. 물론 뇌는 이러한 처리 과정이 진행되는 동안 신선한 기억들을 포기할 것이며, 과거의 정보처리로 만들어진 기억의 풍성함에 의지할 것이다.

또는 적어도 이면에서 우리가 전혀 생각하지 않는 것처럼 보이는 문제들에 대해 심사숙고하고 평가하고 판단하는 뇌 처리 과정이 있다면, 신경과학은 그 흔적을 결코 찾아내지 못했다. 대신에 뇌는 의식적인 생각의 협소한 병목을 통해 즉각적인 경험을 이해하고 언어를 포함해(크게 말할까, 아니면 속으로 얘기할까) 행동의 순서를 만들어내는 것으로 보인다. 그렇기 때문에 뇌는 **한 번에 한 문제**를 해결하기 위해서만 통합되고 변형될 수 있는 것이다.

우리는 이제 뇌가 계산할 때 그 협동 양식이 어떻게 작동하는지에 대한 잠정적인 대답은 확보하게 되었다. 펜필드와 메르케르의 뇌에 대한 관점에 따르면 뇌가 마주하는 질문과 내놓는 답 둘 다 시상과 상구를 포함한 피질하 구조에서 표현되는데, 이 피질하 구조는 대뇌피질과 감각, 운동 체계 간의 중계국 역할을 하며 근본적으로는 뇌 반구와 바깥 세계로의 출구가 된다. 여기서 우리가 추측할 수 있는 것은, 질문과 그에 대한 답은 모두 주로 감각과 움직임의 조직화에 관련되어 있다는 것이다. 또한 이러한 구조와 피질 간의 상호 연결은 피질하 구조가 제기한 문제들을 해결하도록 협력적인 계산 연결망을 제공하는 것으로 보인다. 그러나 피질이 시각 정보를 처리하고 움직임을 계획하며 기억에 의존하는 데 결정적인 반면에, 우리는 그러한 계산의 결과가 피질하 구조라는 '관문'에 도달했을 때만 광범위한 협력 과제의 결과를 인식할 수 있다. 피질 자체가 아니라 이러한 구조가 의식적 경험의 근원인 것이다.

생각의 순환을 위한 네 가지 원칙

이제 그림(도표 29)과 네 가지 원칙으로 마음이 작동하는 방식을 그려 보겠다. 첫 번째 원칙은 "**집중은 해석의 과정이다**"이다. 매 순간 뇌는 목표

로 삼은 정보의 집합에 '연결'되고(일상 용어로는 '주목'하고), 그 후에 이를
조직화하고 해석하려 한다. 목표는 감각적 경험의 측면이나 언어의 파

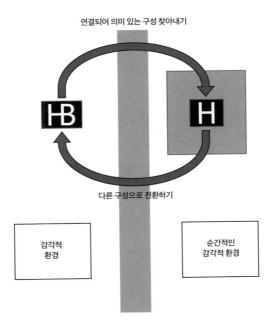

도표 29 생각의 순환. **위쪽 화살표**: 뇌가 시각적 자극의 조각들에 연결되어 이를 조직화하며, 우
리는 이 구성을 의식하고 전할 수 있다. **아래쪽 화살표**: 그러나 뇌와 눈은 끊임없이 이
러한 현재의 구성에서 벗어나서 이미지의 다른 조각으로 연결되려고 애를 쓴다. 이러한
주기는 너무나 빠르고 매끄럽게 진행되어 우리는 온전한 세부 내용과 색깔로 복합적인
사물이나 심지어는 전체 장면을 인식한다는 느낌을 받게 된다. 의식의 흐름은 연속적인
감각의 구성이며, 의식은 회색 직사각형 안에 완전히 한정되어 있다. 우리는 감각에 의
해 선정된 정보(그림의 왼편)에 의식적으로 접근할 수 없으며 그 정보가 어떻게 해석되
는지(화살표), 또는 우리의 주의를 (눈을 움직이거나 움직이지 않고) 바꿈으로써 뇌가
어떻게 다른 정보에 연결되는지도 알 수 없다.

편, 또는 기억일 수 있다.[8] 도표 29는 뇌가 순간적으로 복합적인 자극 중에서 'H'에 연결된 경우를 보여준다. 몇 분 후 뇌는 'B'를 우연히 발견하게된다. 결정적으로 뇌는 한 번에 한 목표에만 연결되며, 이 사실은 자극에서의 H와 B가 공유하는 선은 어떠한 순간에도 한쪽 글자 또는 다른 쪽 글자에 속해 있다고 해석될 뿐, 양쪽 모두에 속한 선으로 해석되지는 않음을 시사한다. 펜필드와 메르케르의 추측에 따라 우리는 그러한 정보가뇌 깊숙한 곳에 있는 피질하 구조(즉, 시상과 상구)에 나타난다고 짐작한다. 또한 이러한 정보들이 피질 전체로 연결됨으로써 폭넓은 과거 경험과 지식은 현 목표에서 의미를 찾는 것에 영향을 미칠 수 있게 된다. 우리가 모든 종류의 정보에 연결되고 통합될 수 있음을 기억하자. 우리는 이세상에서 의미를 찾기 위해 이 모든 종류의 정보와 독창적인 주요 단계와 상상력을 활용할 수 있다. 하지만 한 번에 한 패턴만 만들어낼 수 있을뿐이다.

두 번째 원칙은 의식의 특성과 관련되어 있는데, "우리의 유일한 의식적 경험은 감각적 정보에 대한 우리의 해석이다"라는 것이다. 감각적 입력에 대한 뇌의 '해석' 결과는 의식적이다. 즉 우리는 세상에 대한 뇌의 '해석'을 인지하지만 이 해석이 구성된 곳에서 나온 '원재료'와 구성 과정 자체에는 의식적으로 접근할 수 없다. (의식적 경험은 피질 전체에서 나온 입력과 함께 뇌 심부 구조에 표현되지만, 우리는 피질의 활동 자체를 직접적으로 의식하지 않는다.) 따라서 도표 29에서 우리는 H 또는 B를 인지하면서도 그 글자들이 구성되는 동안 거치는 과정에 대해서는 절대로 알지 못한다.

지각은 언제나 이런 식으로 작동한다. 우리는 우리 망막에 떨어지는 빛에 반응한 감광 세포가 만들어낸 패턴의 결과로 사물과 사람, 얼굴을 '본다'. 그리고 내이의 진동 감지 세포를 자극하는 복잡한 패턴을 발견한 결과로 목소리와 음악 연주, 자동차 소음을 '듣는다'. 그러나 우리는 내적 성찰만으로는 그러한 의미 있는 해석들이 어디서 튀어나왔는지, 뇌가 어떻게 신경계의 불협화음에서 주변의 안정적이고 의미 있는 세계로 도약하는지 알 수가 없다. 우리가 '경험'하는 모든 것은 안정적이고 의미 있는 세계이며, 우리는 과정이 아니라 결과를 경험한다.[9]

지금까지의 설명은 감각적 정보에서 의미의 의식에 초점을 맞춰왔다. 세 번째 원칙은 "우리는 그 밖엔 아무것도 의식하고 있지 않다. **모든 의식적 생각은 감각적 정보의 의미 있는 해석과 관련한다**"라는 것이다. 그러나 우리는 비감각적 정보의 의식적 경험을 하지 못한 반면에 그 감각적 '결과'는 의식한다(바꿔 말하면 나는 추상적인 숫자 5에 대한 의식적 경험은 하지 못했으나 점 다섯 개라든지 5라는 숫자 모양에 대한 감각적 표현은 떠올릴 수 있다). 뇌 심부 영역은 결국 감각적 정보를 피질로 운반하는 중계국이며, 따라서 뇌 심부에 의식적 경험이 있다면, 우리는 의식적 경험이 한갓 감각적 경험에 불과하다고 예상해야 한다.

우리는 감각적 경험의 의미 있는 구성만 인지한다는 주장은 생각만큼 한정적이지 않다. 감각적 정보는 반드시 감각을 통해 **수집될** 필요가 없으며, 우리의 꿈이나 공상에 의해 생겨날 수도 있다. 그리고 다수의 감각적 정보는 당연히 외부 세계에서만 들어오는 것이 아닌 우리 몸에서도 생겨난다. 여기에는 우리가 느끼는 고통과 기쁨, 애쓰는 감각과 지루함 같은 것도 포함된다. 우리는 추상적인 생각을 표현하기 위해 사용하는 단어 또는 그것에 수반되는 이미지를 의식하지만, 추상적인 생각 자체는 무엇을 의미하든 간에 의식하지 않는다. 나는 (단지) 사과 세 개, 아니면 기호 '3'이나 'iii' 또는 '삼'을 상상할 수 있으며, 약간 불분명하지만 다양한 세모와 단어 '세모'를 상상할 수도 있다. 그러나 분명 무슨 의미이든 간에 추상적인 숫자 '3'을 상상하거나 결코 의식할 수 없으며, '삼각형'이라는 추상적인 수학적 개념에서도 마찬가지다. 나는 스스로 "삼각형은 세 개의 직선으로 이루어져 있다"라든지 "삼각형 내각의 합은 180도다"라고 말하는 소리는 들을 수 있지만, 이러한 추상적 진실에 대한 추가적인 의식적 경험은 없다.

이와 비슷하게, 이미 살펴보았듯 우리가 그 어떤 신념과 욕망, 희망, 두려움을 의식한다고 생각하면 오산이다. 나는 "물이 무서워"라고 혼잣말한다든지, 급류에 휘말려서 떠내려가지 않으려고 필사적으로 애쓰는 나 자신을 떠올릴 수는 있다. 그러나 그것은 의식의 대상이 되는 언어와 이미지이지, '추상적인' 생각이 아니다. 당신이 이러한 관점에 대해 의구심이 든다면, **바로 지금** 스스로가 어떤 생각을 의식하는지 떠올려보자. 정확히 몇 가지 생각이 있는가? 한 생각이 당신의 의식에서 떠나가거나 어느 새로운 생각이 '마음속에 들어온다'고 느낄 수 있는가? 그럴 리 없다고 믿는다.[10]

이제 이 세 가지 제안을 네 번째 원칙으로 함께 엮어보자. 나는 개별적인 의식적 생각이 감각적 입력의 의미 있는 구성을 만들어내는 과정이라고 제안했다. 그렇다면 의식의 흐름이란 무엇인가? 이는 그저 생각의 연속에 지나지 않으며, 감각적 입력의 다양한 측면에 대한 순차적인 구성의 결과라 할 수 있는 경험의 불규칙한 주기다. 즉 도표 29에 나오는 오른쪽 상자의 변화하는 내용물이라 할 수 있다. 이는 뇌에 대한 펜필드와 메르케르의 이야기에 부합한다. 즉 뇌 심부에 있는 피질하 구조는 전체 피질의 자원이 감각적 정보의 파편에 의미를 부여하기 위해 집중할 수 있는 '용광로'를 만들어낸다. 그러나 그 용광로에는 한 번에 한 패턴만 들어갈 수 있다.

특히나 생각의 순환은 순차적임을 명심하자. 우리는 한 번에 한 꾸러미의 정보를 추적하고 의미를 부여한다. 이제 당연히 당신의 뇌는 생각의 순환과는 별도로 적어도 호흡과 심박수와 균형을 통제할 수 있다. 적어도 어느 정도까지는 그렇다(우리는 어떤 문제에 몰두해 있다고 해서 넘어지지 않는다). 그러나, 곧 살펴보겠지만 생각의 순차적인 주기를 넘어선 뇌의 활동은 놀랍게도 제한적이다. 이러한 관점에서 우리가 파트 1에서 살펴봤던 여러 현상이 맞아떨어진다.

- 뇌는 우리가 추적하는 감각적 정보의 찌꺼기들을 한꺼번에 연결하느라 계속 허둥지둥한다(물론 뇌는 재빠른 눈 깜빡임 한 번에 더 많은 정보를 모으는 능력을 지녔다). 우리는 한 번에 하나씩 주워들은 조각들의 연속으로부터 전체적인 시각 세계에 대한 지각을 '창조'한다(챕터 2를 보

자). 그러나 우리의 의식적 경험은 단순히 주목할 만한 과정의 산출물일 뿐이다. 우리는 이와 관련 있는 감각적 입력이나 그것이 어떻게 조합되는지에 대해서는 거의 아무것도 모른다.

- 우리가 시각적 장면의 (또는 기억의) 어떤 측면에 대해 의문을 제기하자마자, 뇌는 곧장 관련된 정보를 추적해서 거기에 의미를 부여하려고 한다. 그러한 의미를 만들어내는 과정은 너무나 매끄러워서 우리가 그저 기존에 존재하는 정보를 읽어내는 것뿐이며 이미 그 정보에 접근할 수 있다고 상상할 정도다. 우리는 워드프로세서의 내용을 스크롤로 내릴 때, 또는 가상현실 게임 속에서 탐험할 때, 전체 문서 또는 우리가 마주칠 괴물이 ('화면 밖' 어딘가에서) 픽셀 하나하나까지 세부적으로 이미 존재한다고 상상한다. 우리에게 필요한 바로 그 순간 (즉, 스크롤을 내리거나 가상현실 속 통로를 따라 뛰어갈 때) 컴퓨터 소프트웨어에 의해 생겨나는 것이 아니라는 것이다. 이는 위대한 착각의 기반을 이루는 교묘한 속임수다.

- 지각에서 우리는 감각적 정보의 조각에 초점을 맞추고 꽤 추상적인 의미를 부여한다. 예를 들어 정체성, 자세, 표정, 다른 사람의 의도 같은 것들이다. 그러나 그 과정을 뒤집어 버려도 괜찮다. 우리는 추상적인 의미에 초점을 맞추고선 그에 상응하는 감각 이미지를 만들어낼 수 있다. 이것이 바로 심상의 기초다. 따라서 우리가 정말 잠깐 흘긋 보는 것만으로도 호랑이를 알아볼 수 있는 것처럼 호랑이를 **상상**할 수도 있다. 물론 챕터 4에서 보았듯 우리가 재구성한 감각적 이미지는

놀라울 정도로 피상적이다.

- 기분은 우리가 주의를 기울일 수 있는 또 다른 대상일 뿐이다. 챕터 5 에서 보았듯 감정은 신체 상태의 **해석**이다. 따라서 감정을 경험하기 위해서는 외부 세계의 관련된 측면뿐만 아니라 한 사람의 신체 상태 에 주의를 기울이는 것이 필요하다. 해석은 신체와 세계를 함께 잇는 '이야기'를 부여해 준다. 예를 들어, 레스트레이드 경감(추리소설《셜록 홈스》시리즈에 등장하는 런던 경찰청 소속 경감 - 옮긴이)이 셜록 홈스가 자 신의 업적에 대해 설명하는 동안 뒷걸음질하거나 어깨를 구부리거나 입꼬리를 축 늘어뜨리거나 바닥을 내려다보는 등 부정적인 생리적 흔적을 보였다고 가정해 보자. 관찰력 좋은 왓슨은 레스트레이드 경 감의 태도와 홈스의 이야기에 주목하면서 이러한 정보 토막들의 의 미를 찾고는 다음과 같이 결론을 내렸을 수도 있다. "레스트레이드는 홈스의 똑똑함과 성공을 질투하고 있어." 그러나 레스트레이드가 자 신의 감정을 읽는 것 역시 똑같은 방식으로 이뤄진다. 그는 자신의 생 리적 상태와 홈스의 말에 주의를 기울이고 해석하면서, 자기가 홈스 의 똑똑함과 성공을 질투한다는 결론을 내렸을 수도 있다. 말할 필요 도 없겠지만, 레스트레이드는 그런 생각은 결코 하지 않았을 것이다. 그저 그는 홈스의 사건 설명에서 흠을 잡아내려고 애쓰고 있을 수도 있다. 그렇다면, 왓슨이 레스트레이드가 질투한다고 해석하는 동안 레스트레이드는 (홈스의 똑똑함과 성공, 아니면 그 아무거나에 대한) 질투 를 경험하지 않고 있다. 질투를 경험하는 것은 해석의 과정에서 나오

는 것인데, 질투심은 생성된 '의미'지만 레스트레이드의 마음은 완전히 다른 문제에, 특히나 사건의 세부 내용에 집중하고 있기 때문이다. 마지막으로, 선택에 대해 생각해 보자(챕터 6을 보자). 분리뇌 환자의 좌반구가 왼손이 한 알 수 없는 행동을 어떻게 '설명'하는지 기억해 보자. 실제로 그 손은 뇌의 우반구가 관장하기는 하지만 말이다. 이는 오른손의 움직임에 의미를 부여하려는 좌측 언어적 뇌의 노력이다. 그러한 의미 있는 (물론 분리뇌 환자의 경우에는 완전한 착각이지만) 설명을 만들어내기 위해서는 왼손의 활동을 추적하는 것이 필요하며, 그 의미를 이해하기 위해서도 마찬가지다. 특히 우반구(왼손의 실제 통제) 내에 숨어 있는 숨겨진 내면의 동기를 추적하는 일이 여기에 포함하는데, 당연하게도 좌반구와 우반부가 완전히 분리되어 있기 때문이다. 그러나 양 반구가 연결되어 있더라도 좌반구는 우반구의 내부 작용을 처리할 수 없다는 것에 주목하자. 뇌는 **오직** (자신의 신체적 상태의 지각을 포함해) 지각적 입력만 처리할 수 있으며, 뇌 자체의 내부 작용 측면은 처리할 수 없다.

말하자면 우리는 멈출 줄 모르는 즉흥 시인이며, 감각적 입력으로부터 한 단계 한 단계씩 끊임없이 의미를 만들어내는 정신 기관에 의해 동력을 얻는다. 그러나 우리는 그저 만들어진 의미를 인식할 뿐, 그러한 의미가 생겨난 과정은 감춰져 있다. 한 땀 한 땀 만들어진 우리의 즉흥곡은 너무나 유려해서 스스로에게 던진 질문이 무엇이든 간에 그 답은 '항상 우리 마음속에 있다'는 착각을 할 정도다. 그러나 실제로 우리는 무엇을 말하고 무엇을 선택하고 어떻게 행동할지 결정할 때 한 번에 생각 하나씩 우리 마음을 **지어내는** 것이다.

CHAPTER 8

의식의 좁은 목

생각이 주기라면, 우리는 생각을 한 번에 하나씩만 한다는 결론에 이르게 된다. 좀 더 구체적으로는, 우리는 한 번에 단 한 세트의 정보에만 초점을 맞추고 의미를 부여한다는 것이다. 그러나 뇌는 한 번에 많은 일을 할 수 있다. 우리는 대부분 흔히 말하듯 걸으며 껌을 씹을 수 있다. 또한 걸으면서 껌을 씹고 우연히 들려온 대화에 충격을 받을 수도 있다. 그러나 우리의 마음이 대화를 추적해 나간다면, 동시적으로 걷거나 껌을 씹지는 않을 것이다. 이러한 활동은 숨쉬기나 심박수를 통제하는 것처럼 사실은 아무 생각 없이 하는 일이다. 이러한 과정은 정확히는 해석, 즉 현재 우리의 정신이 '초점'을 맞추는 정보를 이해하기 위해 우리가 아는 모든 것과 무엇이든 상상으로 적용하려는 시도를 수반하지 않는다. 그러한 무분별하고 자동적인 과정은 무엇을 할 수 있는지와 어떻게 잘 수행할 수 있는지에서 아주 제한적이다(나중에 살펴보겠지만, 가끔은 놀라울 정도의 예외가 일어난다).

그러나 마음이 한 번에 단 한 세트의 정보만을 추적할 수 있다면, 이는 우리가 현재 주의를 기울이지 않는 어떤 것은 실질적으로 의식하지 못한다는 의미일까? 딱히 그렇지는 않다. 우선 껌 씹기와 걷기 같은 자동적인 과정은 끊임없이 이어지면서 일부 감각적 정보의 처리가 필요하다. 절대로 넘어지지 않으려고 우리 앞의 지형과 자세, 관절의 위치, 근육의 움직임에 대한 정보를 처리한다든지, 우리가 무심코 혀를 깨물지 않도록 입안쪽에 대한 감각적 정보를 처리하는 것과 마찬가지다. 두 번째로, 우리가 현재 집중하지 않는 정보에 대해서조차 각성의 문제가 존재한다는 것이다. 망막의 주변부는 끊임없이 움직임의 기색과 빛의 깜빡임 또는 다른 갑작스러운 변화를 감시하고 있음을 기억하자. 우리의 청력 체계는 적어도 어느 정도까지는 예기치 못한 쾅 소리나 삐걱거리는 소리, 또는 목소리에 대해 경계 태세를 갖추고 있으며, 몸은 예상치 못한 고통이나 찔림을 감지하기 위해 '무장'한 상태다. 다시 말해, 지각 체계는 계속 경보를 울릴 준비가 되어 있는 한편, 놀랄 만한 새로운 자극을 추적하기 위해 현재의 업무로부터 우리의 한정된 주의 자원을 끌어올 채비도 되어 있다. 그러나 이러한 '경보 체계'는 그 자체가 감각적 입력의 해석과 구성을 포함하는 것은 아니며, 대신 감각적 입력을 조직하고 해석하려는 우리의 시도를 지시하는 데 도움이 된다. 따라서 우리는 예상치 못한 정보를 추적하고 그 정보를 이해하려고 노력하고 나서야 주의를 끈 것이 무엇인지 알게 된다.[1]

이는 우리가 가끔은 쉽게 보이는데도 주목하지 않는 정보를 감지하지 못한다는 의미다. 그러한 '무주의 맹시'는 매우 반직관적으로 보이지만 너무나 현실적이다. 지각심리학자 아리엔 맥Arien Mack과 어빈 록Irvin Rock은 한 실험에서 피실험자들에게 컴퓨터 화면 한가운데에 있는 작은 십자가를 응시하라고 요청했다. 그러고 나면 훨씬 더 큰 십자가가 화면에 나타나는데, 여기에서 과제는 커다란 십자가의 가로선과 세로선 중에 무엇이 더 긴지 판단하는 것이었다. 도표 30에서 보듯 이 과제에서는 신중한 주의와 집중이 필요하고, 상당히 미세한 차이를 판단해야 한다. 커다란 십자가는 0.2초 후에 사라지고, 임의적인 흑백의 '가면' 무늬로 대체된다(도표 30의 오른쪽). 과거의 연구들은 가면이 이후에 나타나는 십자가의 시각 분석을 지워버린다는 것을 보여줬다. 가면은 그저 사람들이 십자가를 쳐다볼 수 있는 시간의 양을 조절하기 위해 사용되었다. 가면이 사용되지 않고 그냥 화면이 까만 경우, 피실험자들이 여전히 망막 위에 남은 십자가의 잔상을 활용할 가능성 때문이었다.

피실험자들은 처음에 작은 가운데 십자가를 응시한다. 그 후에 커다란 십자가와 주변의 점으로 이뤄진 '임계 자극'이 나타난다. 과제는 십자가의 가로 또는 세로의 선 중에 무엇이 더 긴지 보고하는 것이다. 0.2초 후 임계 자극은 가면에 의해 지워지는데, 사람들은 가끔 십자가에 집중하느라 점의 존재를 깨닫지 못하고 놓치고 만다.

맥과 록의 실험에서 핵심적인 순간은 세 번째 또는 네 번째 실험에서 등장했다. 이들이 응시점에서 어느 정도 떨어진 곳에, 예를 들어 검은 점이나 색깔 점 같은 추가적인 사물을 삽입했을 때였다(따라서 이 점은 실제

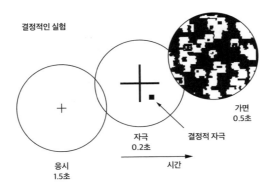

가면
0.5초

자극
0.2초

결정적 자극

응시
1.5초

시간

도표 30 맥과 록의 실험에서 세 개의 연속적인 자극

로 중심와의 안쪽은 아니더라도 근처에 투영되었다). 이 결정적인 실험에서 맥과 록은 피실험자들에게 큰 십자가 외에 다른 뭔가를 본 적 있는지 간단하게 물었다.

약 25퍼센트의 사람들이 전혀 아무것도 보지 못했다고 했다. 점의 크기가 상당히 컸고 뚜렷한 대조를 이루고 있었으며 비교하는 십자가의 두 선에 가까운 만큼 중심와와도 가까운 곳에 있었음에도 그랬다. 이는 노골적인 '무주의 맹시'로, 사람들은 점에 집중하지 못하면 그저 그 점을 보지 못한다는 것을 증명했다.

혹자는 우리의 시각적 처리가 가장 정확한 중심와로부터 점이 미묘하게 비껴나 있는 것이 문제의 일부라고 의심할 수도 있다. 정말로 그렇다면 여기에는 간단한 해결 방법이 있다. 큰 십자가를 응시점(중심와가 중점

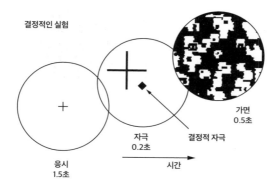

결정적인 실험

가면
0.5초

자극
0.2초

결정적 자극

시간

응시
1.5초

도표 31 실험 수정에 따른 차이. 이전과 마찬가지로 피실험자들은 처음 화면 한가운데 있는 작은 십자가를 응시한다. 커다란 십자가와 중앙 점으로 이뤄진 임계 자극이 나타난다. 십자가의 세로선이 더 긴지 가로선이 더 긴지 보고하는 것이 과제이며, 0.2초 후에는 임계 자극이 마스크에 의해 지워진다. 피실험자가 직접 보고 있음에도 점으로 인한 무주의 맹시 비율이 급격하게 증가했다.

을 두는 곳)으로부터 멀리 보내고 점을 응시점에 두는 것이다. 그렇게 해서 피실험자는 자기 눈이 가장 예리해지는 곳인 그 점을 직접적으로 바라보게 된다(도표 31). 그러나 아주 놀랍게도, 이러한 처치가 끝나자 맥과 록은 무주의 맹시의 비율이 25퍼센트에서 85퍼센트로 **증가**했음을 발견했다.

무주의 맹시의 기이한 현상은 시각에만 국한될까? 이를 알아볼 한 가지 방법은 예상치 못한 검은 점을 예상치 못한 소리로 바꾸는 것이다.[2] 피실험자들은 계속 쉬쉬거리는 백색 소음이 나오는 헤드폰을 끼고 시각 과제를 수행했다. 결정적 실험에서 십자가 모양이 나타나는 바로 그 시점에 추가적으로 긴 '삐' 소리가 더해졌다. 그 어떤 추가적인 과제도 없었더라면 삐 소리는 분명하게 들릴 만큼 충분히 컸지만, 사람들이 어느 쪽 십자 선이 더 긴가에 초점을 맞추는 동안에는 약 80퍼센트의 사람들은 삐 소리를, 또는 실제로 예외적인 소리는 전혀 듣지 못했다고 부인했다. 따라서 까다로운 시각 자료에 집중하는 일은 (우리가 직접적으로 바라보는 자극에 대해서도) 무주의 맹시뿐만 아니라 무주의 난청으로 이어졌다.[3]

무주의 맹시는 결코 단순히 신기한 것이 아니라, 실제로는 믿을 수 없을 만큼 위험하다. 나사 연구원 리처드 헤인스Richard Haines는 수천 시간의 비행 경험이 있는 조종사들이 천장형 영상표시기에 나타나는 정보를 어떻게 다룰 수 있는지를 탐구하기 위해 실전용 비행 시뮬레이터를 사용했다. 천장형 영상표시기란 정보가 나타나는 투명한 영상표시기로, 시야 전체를 완전히 덮는 장치다. 천장형 영상표시기의 장점은 조종사가 원칙적으로 시야를 한눈에 파악할 수 있으며 눈을 거의 움직이지 않고도 계기비행이 가능하다는 것이다. 그와는 반대로, 재래식 조절 장치와 화면, 계량기는 시선을 전환하는 데 시간이 많이 걸릴 것이다.

헤인스는 시뮬레이터를 설정해서 조종사들이 잘 보이지 않는 야간에 계기에만 의존해서 '가상 비행기'를 착륙시키도록 했다. 그러나 도표 32에서 보듯 비행기는 하강 단계의 막바지에 갑자기 구름층 밑부분을 통과하고 나서 선명한 야간 활주로를 마주하게 되었다. 비행기를 착륙시키려는 상황에서 도표 32는 다소 소름 끼치는 예상을 보여준다. 또 한 대의 비행기가 바로 앞에서 활주로를 주행하기 위해 기수를 돌리고 있는 것이

도표 32 무주의 맹시의 작용 사례. 천장형 영상표시기에 표시된 기호와 문장에 집중하느라 몇몇 조종사는 다른 비행기를 의식하지 못하고 계속 정상적인 착륙을 시도했다.

다. 대다수 조종사는 신속하고 과감한 행동을 취했지만, 일부 조종사는 그러지 않았다. 다행히 가상의 상황이라지만, 커다랗고 뚜렷한 비행기가 시야의 정가운데에 등장하는 것을 전혀 깨닫지 못하고 하강과 착륙을 계속 진행했다. 십자가를 자세히 보다 검은 점을 놓친 피실험자들과 마찬가지로, 이 조종사들은 천장형 영상표시기를 면밀히 살피느라 안전에 가장 결정적인 시각 정보를 똑바로 바라보면서도 부주의하게 넘겨버렸다.

무주의 맹시 현상은 사실 우리 모두에게 익숙하다. 밤에 밝게 빛나는 방 안에서 창문을 내다보자. 방이 반사되는 모습은 하나도 보지 않으면서 창문 밖 세상을 어떻게 볼 수 있는지 주목해 보자. 또는 반사된 모습을 찬찬히 살피면서 바깥세상이 일시적으로 눈앞에서 사라짐을 깨달을 수도 있다. 가끔은 당신의 시각 체계가 이미지의 어느 부분이 바깥쪽이고 어느 부분이 반사된 것인지 판단하기 위해 고군분투할 수도 있다. 예를 들어, 방 안에서 하늘에 감도는 빛을 바라보는 경우가 있겠다(아마도 UFO 목격의 잠재적인 출처가 될 것이다). 그리고 당신의 집과 사무실의 내부와 외부로부터 이상한 복합체를 만들어낼 수도 있다. 그러나 시각 체계가 할 수 없는 일은 동시에 두 가지 개별적인 장면을 한 번에 '보는' 일이다. 우리는 반사된 세계(의 일부)나 외부 세계, 심지어는 두 개의 이상한 결합물을 추적하고 의미를 부여하지만, 두 가지를 한 번에 할 수는 없다. 조종사역시 같은 한계를 가지고 비행기를 조종한다. '영상표시기 상의 세계'에 집중하는 일은 외부적인 시각 장면을 완전히 제거해 버릴 수 있다.

그럼에도 이것이 천장형 영상표시기에 대한 불운한 소식이 아닐 수도 있다. 천장형 영상표시기가 외부 세계를 보강하고 함께 맞물린 결과로 둘은 하나의 의미 있는 전체로 통합될 수 있다. 그러나 영상표시기와 외부 세계가 강력하게 상호 연결된 것이 아니라 단절되었다면, 한쪽을 보는 일이 다른 한쪽을 보는 일을 지워버리는 진짜 위험이 일어난다.

인지심리학의 선구자 중 하나인 코넬대학교의 율릭 나이서Ulric Neisser가 이끈 연구에서 피실험자들은 사람들이 서로서로 공을 던지는 영상을 시청했다.[4] 이들은 공이 던져질 때마다 단추를 누르기로 했는데, 문제는 그렇게 단순하지 않았다. 나이서와 동료들은 공 던지기 게임을 두 가지 다른 영상으로 만들어낸 후에 두 영상을 겹치게 만들었다. 따라서 (두 가지 서로 다른 색깔의 셔츠를 입은 것으로 구분되는) 두 팀이 존재했고, 공 던지는 유형 역시 두 가지였다. 그리고 둘 중 한 팀은 단추를 눌러 기록하고 다른 하나는 무시하기로 했다.

나이서의 첫 번째 흥미로운 발견은 처음부터 사람들은 분명 상당히 복합적인 이 과제로부터 전혀 문제를 깨닫지 못했다는 점이다. 이들은 쉽사리 한쪽 영상의 흐름에는 주의를 기울이면서 다른 영상은 무시할 수 있었고, 뇌는 다른 중첩된 영상이 마치 전혀 존재하지도 않는 것처럼 한 영상을 관찰했다. 이와는 대조적으로, 현재의 컴퓨터 시각 장치에는 장면을 '제대로 정리'해서 한쪽은 집중하고 다른 한쪽은 무시하는 것은 매우 어려운 도전일 것이다.

그러나 나이서의 두 번째 발견은 정말로 놀라운 것이었다. 그는 영상이 재생되는 동안 매우 두드러지면서도 예상에 없던 사건을 추가했는데, 한 여성이 공을 던지는 사람들 사이로 커다란 우산을 들고 천천히 화면 안으로 들어왔다가 사라지는 것이었다. 영상을 가볍게 시청하는 피실험자들(즉, 한쪽 팀이나 다른 쪽 팀이 공을 던지는 횟수를 세어보지 않는 사람)에게는 이 여성과 우산이 너무 당연하게 눈에 들어왔다. 실제로, 여성의 갑작스러운 등장은 분명히 놀랍고 특이한 일이었다. 그러나 공 던지기를 감시하던 4분의 1 미만의 피실험자는 그 부분은 전혀 눈치채지 못했다. 공이 왔다 갔다 하는 모습을 좇으면서 화면 위로 눈이 동분서주했으며 꽤 크고 눈에 띄는 여성과 우산 근처까지 공이 날아다니고 땅 위로 떨어졌는데도 그랬다.[5]

이 모든 연구가 밝혀낸 사실은 우리의 뇌가 감각적 정보의 조각들을 추적하면서 그 조각들에 의미를 부여하며 작동한다는 점이다. 그러나 우리는 그저 한 번에 한 세트의 조각만 추적하고 의미를 부여할 수 있다. 뇌가 천장형 영상표시기에 표시된 선들을 구성하느라 바쁘다면, 우리는 바로 앞 활주로로 돌아 나오는 커다란 비행기를 놓칠 수 있다. 정원을 창문을 통해 내다볼 때 자신의 모습이 반사된 것을 전혀 깨닫지 못하는 것과 마찬가지다.

주목받지 못한 정보의 '운명'

생각의 순환이라는 과점에 따르면 오직 한 방향 정보만이 의식에 입력될 수 있으며, 곧바로 주의를 기울이는 방식으로만 가능하다. 그러나 마음에도 '뒷문'이 존재해서, 생각의 순환을 우회하고 따라서 의식적 자각 역시 완전히 건너뛸 수 있을까?[6] 내가 알기론 그러한 뒷문이 존재한다는 실험적 증거는 없다. 비유하자면 뇌는 여러 개의 구분된 퍼즐을 한꺼번에 동시에 맞추기보다는 한 번에 한 퍼즐만 처리한다.[7]

따라서 생각의 순환은 다음 단계를 따라 작동한다. 각 처리 단계의 초기에는 어떤 정보가 추적되고 어떤 정보가 무시되는지에 관한 불확실성이 있을 수 있다. 뇌는 처음에 어떤 정보가 관련 있고 어떤 정보가 그렇지 않은지 정확히 밝히는 데 도움이 되는 어떤 기본적인 '의미'를 찾을 것이다. 즉 우리가 처음에 조각 퍼즐이 뒤섞여 있는데 그중 어떤 것이 우리와 관련 있고 어떤 것을 무시할지 골라내려면 그 두 종류의 퍼즐 조각들을 분석해야 한다. 우리는 글자를 읽거나 눈을 깜빡이며 그림을 보거나 빠르게 변화하는 음악과 사진의 흐름을 받게 된다면, 말하자면 여러 조각 퍼즐을 금세 풀어낼 수도 있다(그럼에도 한 퍼즐에서 다음 퍼즐을 맞추는 데 도움되는 힌트를 얻는 경우가 왕왕 있다. 예를 들어, 우리가 광경을 훑거나 책을 읽을 때, 다음 차례에 무엇을 보거나 읽을 수 있을지 예상을 쌓는다. 예상한 대로 되면, 그다음의 마음속 조각 퍼즐 맞추기의 속도를 높일 것이다). 그러나 뇌는 여전히 근본적인 한계에 갇혀 있다. 한 번에 한 세트의 정보만 분석할 수 있다는 한계다. 그리고 지금껏 보아왔듯 생각의 순환에서 우리가 각 단계에 부여하는 의미는 의식적 인식의 흐름을 이루는 내용들과 부합한다. 따라서 의식의 순차적인 특성은 우연이 아니며, 생각의 순환이라는 순차적인 기관을 반영한다.

따라서 이러한 의식적 경험의 관점을 뒷받침하는 근거는 무엇인가? 우리는 어떻게 뇌가 한 번에 단 한 세트의 정보만을 이해하려고 애쓴다는 것을 아는가?[8] 생각해 봤을 때, 우리가 위대한 착각을 위해 검토했던 모든 근거에서 강력한 힌트를 얻을 수 있다. 우리는 단어가 빼곡한 종이, 사람으로 붐비는 방, 물건으로 가득 찬 광경을 풍성한 색깔과 세부 내용으로 보고 있다는 인상을 받지만, 이러한 인상은 완전히 틀렸다는 것을 지금껏 살펴보았다. 예를 들어, 우리가 챕터 1에서 논의했듯 응시 조건적 시선 추적 장치의 속임수에 넘어갔을 때 사람들은 응시할 때마다 화면 위에 12개에서 15개의 글자만 나타날 뿐 나머지 글자는 X로 바뀐다는 사실을 전혀 깨닫지 못하고 매끄럽게 읽어갈 수 있음을 떠올려보자.

뇌가 비밀리에 나머지 단어 모두 또는 일부를 처리하고 있다면, 글을 읽을 때 상당히 극적인 효과가 있을 수도 있다고 상상해 볼 수도 있을 것이다. 그렇게 되면 행동에도 어느 정도 영향을 미치지 않을까? 즉, 글 읽는 속도가 느려지면서, 글을 읽는 사람이 미처 이유도 알지 못한 채 매우 불편함을 느낄 수도 있지 않을까? 내가 알기론, 그러한 효과는 보고된 바 없다.[9]

위대한 착각의 손아귀 안에서 우리는 고화질과 총천연색으로 단어와 얼굴과 사물로 이뤄진 '거대한 바다'를 동시에 지각한다고 상상한다. 그리고 목소리와 음악과 유리잔이 쨍그랑 부딪치는 소리로 이뤄진 풍성한 음향의 세계를 단 한 번의 지각적 섭취를 통해 '받아들인다'고 상상하기도 한다. 위대한 착각은 우리가 관심의 초점이 실제보다 훨씬 더 광범위하다고 믿도록 속인다.

따라서 우리는 상상했던 것보다 집중을 잘하지 못하고, 주목받지 못한 정보는 우리가 알아차리지 못한 새에 극적으로 바뀔 수 있다(XXX에서 글자로, 글자에서 다시 XXX로). 따라서 우리의 집중은 심각하게 한정되어 있으며, 주의를 기울이지 않는 정보에는 거의 접근할 수 없는 것처럼 보인다. 그러나 주목받지 못한 정보는 정교하게 처리되면서도 빠르게 잊힐 수도 있을까? 주관적 경험의 외견상 풍요로움은 충분히 현실적일 수 있는가? 그러면서도 우리의 실험에서 그러한 경험이 드러나지 않은 것은 주목받지 못한 모든 사물과 색깔, 질감 등의 기억이 너무나 허술하기 때문일까?

세계적으로 유명한 유니버시티 칼리지 런던의 뇌 영상 실험실에서 근무하는 저레인트 리스Geraint Rees와 샬럿 러셀Charlotte Russell 등은 뇌의 온라인 활동을 기록함으로써 이러한 의문을 보는 훌륭한 방법을 찾아냈다(도표 33).[10] 피실험자들은 뇌 주사 장치를 장착한 뒤 익숙한 사물을 선으로 그린 그림 위로 대문자로 된 글자들이 겹치는 것을 포함하는 이미지들을 보게 된다. 이러한 의미 없는 글자의 나열은 다른 글줄에서는 익숙한 단어를 형성했다. 사전 조사에서는 단순히 의미 없는 글자만 나열된 것과는 대조적으로 글자를 읽는 것과 연계된 뇌 활동에 특징적 떨림이 있음을 밝혀냈다. 따라서 우리는 이 활동을 (우연히도 좌측 후두엽 피질이 있는 뇌 뒷부분 왼쪽에서) 어떤 단어가 인식되었다는 중요한 객관적 지표로 사용

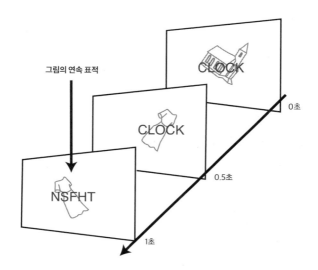

도표 33 리스와 동료 학자들의 실험에서 영상 화면

할 수 있으며, 물론 이 지표는 주관적 인식과는 완전히 독립적이다.

리스와 동료들은 피실험자들에게 글줄(이 글줄은 의미가 없을 수도, 또는 익숙한 단어를 형성할 수도 있었다)과 중첩된 그림들(도표 33)로 이뤄진 연속된 자극을 보여주었다. 피실험자들의 주의는 간단한 과제를 통해 어떤 단어나 그림으로 유도되었는데, 이 과제는 오직 한 유형의 정보만 보도록 하는 것이었다. 특히 글자나 그림 모두에서 즉각적인 반복(즉, 연속적인 동일한 자극의 쌍)을 지켜보라고 요청했다. 연구자들은 피실험자들이 성공적으로 반복의 발생을 감지해 냈는지를 확인함으로써 한 가지 유형의 정보(글자 또는 그림)에 주의를 기울이는지 확인할 수 있었다. 이미지는 한 가지 유형의 자극에만 온전히 주의를 기울이도록 충분히 신속하게 제시되었고, 따라서 글자와 그림 사이에서 관심을 옮겨 다닐 시간이 없었다.

글자들에 관한 질문에 답을 하고 그에 관심을 기울이면서 글자들이 익숙한 단어를 형성할 때면 단어에 특정되는 활동의 떨림이 뚜렷하게 생겨났지만, 주의를 기울이지 않은 그림들은 결과를 바꾸지 않았다. 그러나 피실험자들이 그림을 관찰하면서 주의를 집중한다면 무슨 일이 벌어질까? 뇌는 주목받지 않은 단어들을 여전히 정상적으로 인식한다면(다시 말해, 주목하지 않은 정보를 분석하지만 그 후에 무시하는 것이라면), 중요한 단어 특정적 떨림은 여전히 나타날 것이었다. 반면에, 주목하지 않는 단어는 전혀 읽히지 않았고 뇌가 임의의 글자 배열과 단어를 구분하는 것에 실패했다면, 신경 활동에서 오는 단어 특정적 떨림은 존재하지 않아야 했다. 그리고 실제로 후자의 가능성이 옳은 것으로 드러났다.

실험 결과는 피실험자들이 그저 주목하지 않은 단어는 전혀 읽지 않고 있음을 보여줬다. 그 글자들을 똑바로 보고 있을 때도 마찬가지였다. 이들은 결정적으로 중첩된 그림에 관심을 기울이고 있었기 때문에 글자들을 읽지 않은 것이었다. 따라서 당신이 단어에 주의를 집중하지 않는다면, 그냥 그 단어를 읽지 않는다. 실제로, 뇌의 관점에서는 그 단어는 거기에 있지 않은 것이다. 생각의 순환이 어디서 작동하는지와는 상관없이 똑같은 결론이 나온다고 추측하는 것이 합당해 보인다. 읽기에서뿐만 아니라, 주의를 기울이지 않고서는 해석이나 분석, 또는 이해도 불가능하다.[11]

뇌를 가르며

나는 지금껏 뇌의 협력적인 계산 방식 때문에 우리는 한 번에 한 단계씩만 생각할 수밖에 없다고 주장해 왔다. 그러나 이러한 관점은 더 많은 시사점을 지니는데, 이 뉴런의 뚜렷하고 비상호적인 연결망은 원칙적으로는 독립적으로 작동할 수 있으면서도 각 연결망은 개입 없이 자신의 문제를 협력적으로 해결한다는 것이다. 공교롭게도 뇌는 빽빽하게 상호 연결되어 있고, 문장을 읽는 것부터 얼굴을 알아보거나 밤하늘의 별자리를 보는 등 적당히 복잡한 문제들은 거의 모두가 피질 대부분에서 일어나는 활동을 포함하는 것이 보통이다. 따라서 여러 정신적 활동을 '동시에' 수행하는 능력은 심각하게 제한적이다.

그럼에도 우리의 신경 '기제'가 대체로 분리되는 과제들이 존재한다. 이를 명백하게 보여주는 사례 하나는 우리의 심장과 호흡, 소화 등을 관장하는 자율신경계의 작동이다. 이러한 신경 회로는 그저 느슨하게 피질과 결합되어 있기 때문에, 우리가 까다로운 문제나 재미있는 책에 집중하는 동안에도 심장은 계속 뛰고 폐는 호흡하며 위는 소화를 시킨다. 그러나 더 복잡한 과업에서는 어떨까? 아마도 과업이 충분히 다를 경우에는 뇌의 중복적인 연결망을 사용하지 않을 것이며, 이러한 과업은 독립적으로 그리고 동시에 작동할 수 있을 것이다.

이러한 상황은 운전에서 추측할 수 있듯이 드물지만 벌어질 수 있다. 옥스퍼드 심리학자 앨런 올포트Alan Allport와 동료들이 행한 연구[12]는 이 의문점을 살펴보면서, 숙련된 피아니스트들에게 헤드폰으로 전달되는 연설을 '말로 따라 말하면서(귀에 들리는 연설의 흐름을 0.25초 정도 뒤늦은 속도로 따라가면서)' 새로운 악보를 즉석에서 보고 연주해 달라고 했다. 놀랍게도, 연습을 얼마 하지 않은 후에도 두 과제 사이에는 개입이 거의 일어나지 않았다. 피아니스트들은 동시에 연설을 따라 하면서도 악보를 매끄럽게 읽어나갔다.

얼마 후 영국 엑서터대학교의 헨리 섀퍼Henry Shaffer가 후속 연구를 통해 이러한 결과를 한 단계 더 끌어올려서 고도로 훈련된 타이피스트들은 거의 아무런 개입 없이 보이지 않는 글을 말로 따라 하면서 타이핑을 할 수 있음을 보여줬다.[13] 이는 주목할 만한 일이었는데, 말을 따라 하는 과제와 타이핑하는 과제 모두 언어를 포함하고 있으므로 더욱 헷갈릴 가능성이 특히 높기 때문이다. 그러나 놀랍게도 타이피스트들은 평소와 같은 속도와 정확성에 가깝게 두 과제 모두를 완수했다.

따라서 두 가지 과제를 수행하는 데 관여하는 뉴런 연결망은 실제로 분리되어 있거나, 적어도 연습을 통해 분리된 상태를 유지할 수 있는 듯 보인다. 예를 들어, 시각적으로 제시된 글자나 단어부터 (타이핑에 필요한) 손가락의 움직임에 대한 매핑은 청각적인 단어와 (따라 말하기에 필요한) 연설 사이에서의 매핑과 계속 분리될 수 있다는 것이다. 이러한 생각이 옳다면 섀퍼의 실험에서 피실험자들이 손을 보지 않고 타이핑을 하는 일과 연설을 말로 따라 하는 일을 동시에 할 때, 이 둘 중에서 기껏해야 한 쪽에서 공급되는 언어만이 문법과 의미가 처리될 것이다. 이는 실질적으로 피실험자들이 능수능란하게 손을 내려다보지도 않고 타이핑하면서 동시에 입으로는 연설을 따라 할 수 있지만, 여기에서 전달되는 언어 자료는 의미 있다기보다는 아무 말처럼 보일 수 있음을 시사한다. 그에 따라 의식적이고 의미 있는 언어의 해석은 읽는 자료나 듣는 자료 중 하나에만 적용될 뿐, 둘 모두에 적용될 수는 없다(따라서 어느 한 입력물의 의미만 해석되고 기억 속에 저장될 것이다). 두 언어적 입력 모두를 동시에 이해하는 것은 불가능하다. 우리가 두 가지 시각적 패턴 중 하나를 보며 한 그림이 다른 그림보다 우위에 있다고 보거나, 토끼가 될 수도 있고 새가 될 수도 있는 어느 애매모호한 그림(도표 24)을 보는 것과 같은 문제다. 이러한 추리 과정은 논리상 사람들이 적어도 자신들이 작업한 언어적 입력 가운데 잘해야 한 가지, 즉, 의미를 파악하기 위해 처리했어야 했던 것 가운데 하나만 기억해 낸다는 예측으로 이어진다.

이러한 일반적인 이론이 옳다면, 과제마다 서로 겹치지 않는 뉴런 연결망에 의존하는 경우 뇌는 여러 개의 과제를 수행할 수 있다. 그러나 뇌의 빽빽한 연결성과 여러 과제를 수행하는 데 관여하는 요소의 다양성을 고려한다면, 상당한 복잡성을 지닌 업무들에는 이것이 불가능할 수도 있다. 보통 각 과제가 사용하려는 뉴런 연결망은 어느 정도 겹치기 마련이고, 이는 두 과제를 동시에 해내려는 우리 능력을 혼란스럽게 만든다. 걷기와 껌 씹기에 관여하는 뉴런들은 비교적 그 차이가 뚜렷하며, 이를테면 복잡한 암산 문제를 푼다든지 하는 것과도 차이가 있다(그렇지만 우리가 정말로 까다로운 곱셈과 십자말풀이의 힌트 등에 열심히 집중해야 할 때면 현저히 걸음걸이가 느려지고 껌 씹기를 그만둔다거나 심지어는 눈을 감아버리는 것을 스스로 깨달을 수 있다).

거의 모든 까다로운 과제에는 중복된 뉴런 회로들이 수반되며, 따라서 지각과 기억과 상상은 오직 한 번에 한 단계씩만 진행될 수 있다. 각 단계는 복잡한 시각 이미지와 풍성한 음악 패턴을 이해하거나 십자말풀이를 완성하는 것처럼 '큰 걸음'일 수 있으며, 수십억 개의 뉴런을 포함하는 연결망의 협력적인 노력에 의존할 것이다. 그러나 당연히 각 단계의 내면 작업은 의식적 인식에 결코 접근할 수 없다.

이 장에서 우리는 특수한 사례는 제외하고, 어떻게 생각의 순환이 단계별로 세상을 이해할 수 있는 단일한 통로를 우리에게 주는지를 살펴봤다. 그리고 생각의 순환이 시각적 세계의 한 측면을 추적할 때, 다른 정보(검은 점, 비행기, 단어 등)는 앞에 잘 보이더라도 무시당할 수 있었다. 이 말이 옳다면, 생각의 순환이 지닌 순차적 특성은 한 주제에 대한 의식적 생각이 (의식적이든 무의식적이든 간에) 다른 주제에 대한 우리의 생각을 가로막을 수 있음을 시사하는 것처럼 보인다(일반적으로 그렇듯이 이러한 생각의 흐름은 중복되는 뇌 연결망에 의존하리라고 가정할 때 그렇다).

무의식적인 생각의 작용은 우리의 전체적인 서사에서 중요한 것으로 간주된다. 이는 생각의 순환이라는 서사에 반대되는 것일까? 아니면 좀 더 면밀히 검증했을 때 사라질 또 하나의 신기루일 뿐일까?

CHAPTER 9 무의식적인 생각이라는 미신

위대한 프랑스 수학자이자 물리학자인 앙리 푸앵카레 Henri Poincaré는 자신의 창의성의 기원에 특별한 흥미를 가졌다. 푸앵카레가 거둔 성과는 눈부셨다. 그의 연구는 수학과 물리학을 근본적으로 바꿔놓았고, 아인슈타인의 상대성이론과 카오스에 대한 현대의 수학적 분석을 위한 중대한 기반을 다지기도 했다. 그러나 푸앵카레는 자신의 뛰어난 아이디어들 중 다수가 어디에서 왔는지에 대해 영향력 있는 고찰을 내놓기도 했다. 바로 '무의식적 생각'이다.

푸앵카레는 자신이 어떤 수학 문제를 두고 며칠 또는 몇 주 동안 실패를 거듭하며 고군분투할 때가 있음을 깨달았다[1](공정하게 말하자면, 그가 막혔던 문제들은 조금의 과장도 없이 어려웠다). 그러다가 그 문제에 전혀 손을 대고 있지 않은 와중에 가능한 풀이 과정이 불쑥 머릿속에 떠올랐던 것이다. 그리고 나중에 찬찬히 확인해 보면 그것은 언제나 거의 옳은 것으로 드러났다.

푸앵카레 자신의 무의식적 마음이 '배후에서' 문제에 대한 여러 가능한 접근법을 통해 만들어지고, 한 접근법이 심미적으로 '옳다'고 보일 때 의식 속으로 불쑥 올라오는 것 같다고 의심했다. 푸앵카레는 이 '무의식적 생각'의 과정은 의식적 연구의 과정을 거쳐 준비되고, 힘을 얻은 두 번째 자아가 완전히 의식적 인식의 단계 아래에서 당면한 문제를 부지런히 연구함으로써 실행되는 것이라고 믿었다.

유명한 20세기 독일 작곡가 파울 힌데미트Paul Hindemith는 자신의 저서에서 다음과 같은 구절로 이와 비슷한 생각을 묘사했다.

우리는 모두 한밤에 아주 무섭게 번쩍이는 번개가 주는 감명을 잘 안다.1초의 시간 내에 우리는 드넓은 풍경의 그 전체적인 윤곽뿐만 아니라 아주 세세한 부분까지 보게 된다. 비록 그림의 요소 하나하나를 묘사할 수는 없지만 작디작은 풀잎조차 우리의 주의에서 벗어나지 못한다는 것을 느낀다. 우리는 엄청나게 포괄적이면서 동시에 엄청나게 세밀한 경관을 경험한다. 평범한 낮이 주는 조건에서는 절대로 보지 못할, 그리고 돌연 생겨난 이 보기 드문 사건이 우리의 감각과 신경을 긴장시키지 않았다면 아마 밤 동안에도 보지 못할 그런 경관이다. 작곡 역시 같은 방식으로 마음속에 품어야 한다. 순간의 번쩍임 속에서 작품의 절대적인 전체 구성과 적절한 위치에 있는 적합한 세부 요소 하나하나까지 보지 못한다면, 우리는 진정한 창조자가 아니다.2

문자 그대로 받아들였을 때 힌데미트의 주장은 작곡의 전체 과정은 무의식의 작업임을 시사하는 것처럼 보인다. 또한 완성된 악보는 무의식적인 과정에 의한 속임수로 만들어졌으며 극적으로 타오르는 순간 불현듯 의식으로 돌아와 버렸을 뿐임을 보여준다. 무의식적인 작업이 완료되면 작곡가는 그저 이미 완성된 작품을 종이 위에 기록하는 인고의 시간을 거치면 된다. 사실 이는 창조적인 노동이 이미 끝났다는 점을 고려하면 단조로운 행위일 뿐이다. 힌데미트가 제시한 처리 과정의 합성이라는 개념은 그의 작품을 지배하는 음악 체계의 극단적인 복잡성과 특이점에서 비춰 보면 더욱더 놀랍다.[3]

이와는 대조적으로, 누가 보아도 당황스러운 이미지들을 이해하기 위한 과정에서 훨씬 더 평범한 축의 '통찰'에 대해 생각해 보자. 당신은 과거에 도표 34의 그림 가운데 하나 또는 둘 모두를 봤을 수 있고, 그랬을 경우 곧장 이 그림들이 무엇을 의미하는지 알아차릴 것이다. 본 적이 없었다면 이 그림들은 보기에 그저 작은 반점과 자국, 얼룩이 어지럽게 뒤섞인 모습에 지나지 않으리라는 것이 거의 확실하다. 처음에 그림들을 이해할 수 없다면 1, 2분 정도 자세히 들여다보는 시간을 갖자. 운이 좋다면 갑자기 그림에 대한 해석이 '튀어나와' 당신에게 기쁜 감정을 선사할 수도 있다. 이 그림들을 전에 본 적 없더라도 너무 빨리 포기하지는 말자. 잠깐 혼란에 빠지더라도 갑자기 그림들을 깨달을 수 있으며, 일단 깨닫고 나면 어째서 곧바로 알아보지 못했는지 의아해질 수도 있다. 얼마간의 시간을 보낸 뒤에도 여전히 오리무중이라면 도표 35를 봐도 좋다.

도표 34 이 그림은 무엇일까?

왼쪽 그림은 땅의 냄새를 맡고 다니는 달마티안 강아지를 보여준다. 오른쪽 그림은 소의 모습이다. 일단 보고 나면 확실해지고, 절대로 못 알아볼 수 없게 된다. 앞으로 몇 년 또는 몇십 년 후에 다시 보더라도 쉽게 이해할 수 있을 것이다.

사물이 갑자기 '튀어나올' 때 우리는 갑작스러운 통찰을 느끼게 되지만, 어디서 나온 것인지는 설명할 길이 없다. 사전 경고도 없이 질서는 혼란으로부터 생겨난다. 우리는 갑작스레 통찰을 얻기 전까지는 '흥분한다'거나 '오싹해진다'는 감각을 얻지 못하지만, 목적 없이 허우적거리다가 운이 좋으면 뒤이어 갑작스러운 깨달음이라는 '청천벽력' 같은 느낌을 얻는다. 문제는 정답에 점점 가까워지는 단계들을 순서대로 거치면서 해결되지 않는다. 사실은 그 반대다. 생각의 순환이 마구 뒤섞이면서 아무런 발전의 징후도 없이 가능한 여러 구성을 탐색하다가 갑작스레 해결책을 발견하는 것이다.

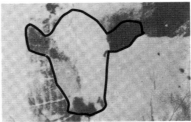

도표 35 밝혀진 모습들

　이제 당신이 이 그림들을 몇 초나 몇 분 동안 계속 살펴보게 두는 대신 내가 일주일에 한 번 잠깐만(아마도 한 번에 몇 초쯤) 그림들을 보여줬다고 상상해 보자. 결국 이러는 와중에 어느 날 달마티안 강아지가 눈앞에 떠오를 수 있다. 또 다른 날에는 슬프고 그윽한 눈의 소와 맞닥뜨릴 것이다. 이러한 갑작스러운 통찰의 순간은 설명을 요구하는 것처럼 느껴질 수 있다. 당신은 "전에는 이 그림이 전혀 말이 되지 않았는데 왜 이제야 이해가 되는 거야?"라고 물을 수도 있다.

　자연스러운 대답이 다음처럼 마음속에 떠오를 수 있다. "나는 깨닫지 못한 새 이 그림들을 무의식적으로 연구했을 게 분명해. 그리고 부지불식간에 수수께끼를 완전히 해결하거나 어느 정도 푼 거지. 그러다가 다시 보게 되니 그 답이 의식 속으로 '뚫고 나온' 거구나." 그러나 이는 상당히 틀린 내용이다. 우리가 끊임없이 그림에 대해 심사숙고하고 있었을 때도 답이 똑같이 갑자기 '튀어나오는' 일이 생기며, 이때는 배후에서 무의식적으로 생각할 기회가 없었을 것이기 때문이다. 갑작스러운 통찰의 현상은 무의식적 생각이 아니라 문제가 지닌 특성, 즉 유용하고 확실한 단서 없이 의미 있는 해석을 찾으려는 데서 비롯된다.

이러한 '시각적 통찰'의 갑작스러운 번득임은 무의식적 생각의 결과라고 쉽게 여겨질 수 있지만, 우리가 수학과 과학, 음악에서 번득이는 통찰의 무의식적 기원에 대해서는 회의적으로 생각하게 만든다. 심지어 천재들의 자기성찰마저도 액면 그대로 받아들여지지 않는다.

우리가 보아왔듯 뇌는 협력적인 컴퓨터이며, 거대한 뉴런의 연결망은 '생각의 순환은 한 번에 한 단계만 나아간다'는 단 하나의 문제에 대해 합심해서 해결책을 맞춰나간다. 그리고 뉴런 연결망은 고도로 상호 연결되어 있으므로, 서로 다른 뇌 연결망에 대해 각기 다른 문제들을 부여할 기회가 많지 않아 보인다(물론 아래와 같은 일부 제한적인 예외들을 살펴볼 것이다). 이제 챕터 8에서 대략 설명했던 올포트와 샤퍼의 이중 과제 수행의 입증에 대조되는 이야기를 하려고 한다. 이들의 연구는 사람들이 중첩되지 않는 뉴런 연결망과 연계되어 있다고 추측되는 별개의 정신적 계산을 할 때 두 가지 일을 한 번에 할 수 있다고 제안한다. 그러한 특별한 뇌 연결망은 가끔 매우 숙련되고 반복적인 업무와 관련해서 개발되기도 한다. 그러나 수학이든, 음악이든, 다른 무엇이든 어려운 문제를 해결하는 일은 전용 뇌 연결망이 있는 일상적이고 특화된 문제와는 대척점에 있다. 즉 그와는 정반대로 어려운 문제를 생각하는 일은 뇌의 대부분을 끌어들이기 때문이다. 따라서 우리가 일상을 살아가면서 심오한 무의식적 생각을 배후에서 한다는 생각은 참으로 기발한 것이다. 일상적이고 매우 실제적인 활동들은 둘째 치고, 생각의 순환은 오직 한 번에 한 세트의 정보에만 집중하고 이해할 수 있다.

푸앵카레와 힌데미트의 주장이 옳을 수는 없다. 이들이 다른 일들에 대해 적극적으로 생각하며 하루를 보낸다면, 둘의 뇌는 며칠 또는 몇 주 동안 묵묵히 까다로운 수학 문제를 풀거나 복잡한 음악 작품을 작곡해서 갑작스러운 섬광과 함께 내놓을 수 없을 것이다. 그러나 무의식적인 생각이라는 직관적인 매력에 이끌린 심리학자들은 무의식적인 뇌 노동을 보여주는 근거를 찾아 힘을 쏟아왔다. 이러한 연구에서 심리학자들은 보통 사람들에게 해결해야 할 복잡한 문제들(예로, 철자 수수께끼)을 주고, 상당히 짧은 시간 후에 피실험자들에게 문제를 계속 풀도록 하든가, 휴식을 취하라든가, 비슷하거나 다른 정신노동을 하라든가, 심지어는 밤잠을 잔 뒤에 다시 문제를 풀라고 지시했다. '무의식적 작업' 관점에 따르면 휴식 뒤에 다시 문제를 풀기 시작한다면 그냥 계속 문제를 풀었던 사람들과 비교했을 때 수행의 갑작스러운 개선으로 이어져야만 한다. 이러한 영역에 관한 연구는 수도 없이 많고 다양하지만,[4] 나는 그 결론은 쉽게 요약된다고 생각한다. 우선, 모든 휴식의 효과는 미미하거나 아예 없다. 무의식적인 작업이 이뤄졌더라도 이는 한 세기에 걸쳐 희망적인 시도에도 불구하고 거의 찾아내기 어려울 정도로 딱히 효과적이지 않다. 두 번째로, 여러 연구자는 휴식의 미미한 효과, 즉 실제로 푸앵카레와 힌데미트의 직관에는 좀 더 자연스러운 설명이 가능하며, 여기에는 무의식적 생각은 전혀 상관이 없다고 주장한다.

이러한 생각의 가장 간단한 형태는 누군가가 왜 애초에 어려운 문제에 붙들리는지 생각하는 데서 나온다. 그러한 문제들에서 특별한 점은 당신이 일상적인 단계를 밟아서는 해결할 수 없으며(세로로 쓰인 숫자를 더하는 일은 수고스럽지만 일상적인 단계를 밟는다) 진행을 하기 전에 '제대로 된 방식'으로 문제를 바라봐야 한다. 예를 들어, 철자 수수께끼를 할 때 당신은 몇 개의 핵심 낱말에 집중해야 한다. 수학의 심화 문제를 풀거나 음악을 작곡할 때는 선택할 수 있는 대상이 더 넓고 다양할 것이다. 따라서 이상적으로는 올바른 접근법은 문제의 가능한 '각도들'의 범위를 자유로이 탐색해서 올바른 답을 마주치는 것이다. 그러나 쉽지 않은 일이다. 한동안 똑같은 문제를 들여다보기 시작하면, 우리는 스스로 발목이 잡혔다든가 같은 곳을 뱅뱅 돌고 있다는 느낌을 얻기 때문이다. 사실, 뇌의 협력적인 계산 방법은 이러한 문제를 피하기 어렵게 만든다.

이러한 정신적인 막다른 골목은 뇌가 만족스러운 분석과 해석을 찾는 데 실패했을 때 벌어진다. 막다른 골목에서 벗어나려는 의식적인 시도는 물론 가끔 성공하기도 한다. 우리는 일부 정보는 버리고, 그 대신에 약간 다른 정보에 집중하기 때문이다. 아리송한 수수께끼 단서의 다른 부분에 초점을 맞추고, 우리에게 도움이 되리라고 생각하는 지식의 다른 부분을 들춰낼 것이다("아, 이건 원과 각도가 나오는 기하 문제처럼 보이네. 내가 학교에서 원의 정리에 대해서 배웠던가? 그게 무슨 내용이었지?"). 그런데도 문제에 대한 공들인 공격은 너무나 자주 실패한다. 사실 우리는 끝도 없이 똑같은 정신적인 막다른 골목을 따라 걸어간다. 내가 '아티초크'라는 단어를 떠올리려고 애쓸 때 흔히 내면의 대화가 다음과 같이 흘러가는 것과 마찬가지다. "아니, 아보카도가 아니야! 아스파라거스도 아니라고! 가지도 아닌데! 엽란도 아니고! 하, 정말 바보 같군. 도와줘!"

휴식이 우리에게 안겨주는 것이 바로 정신적인 막다른 골목을 돌파해 나가는 힘이다. 상대적으로 또렷한 마음으로 상쾌하게 시작하는 것이다. 맑은 마음 상태에서는 부분적인 답과 제안들, 점차 좌절하면서 고군분투하는 끝에 실패할 게 분명한 그런 것들로 가득 찬 마음 상태에서보다 성공할 가능성이 훨씬 크다. 그리고 순전히 우연으로 우리를 도와줄 단서를 찾을 수도 있다. 다만 문제를 잠시 제쳐두는 행위의 가장 중요한 측면은 우리가 다시 문제로 돌아왔을 때 잘못된 과거 시도의 방해를 받지 않고 볼 수 있다는 점이다. 새로운 관점이 과거와 비교해 딱히 성공적이지 않을 때도 있지만, 때때로 정답이 갑자기 나타날 수도 있다.

그러나 우리가 직관적으로는 그렇지 않으리라 생각하는데도, 숨겨진 사고가 의식적 인식 밑에서 문제를 곰곰이 궁리하면서 생각의 순환에는 전혀 끼어들지 않는다는 것이다. 무의식적 문제 해결과 무의식적 생각이란 것은 모두 있을 수 없는 이야기에 불과하다.

수학 문제를 해결하는 특별한 방식에 대한 푸앵카레의 설명은 왜 그가 통찰의 화려한 번쩍임에 쉽게 영향을 받는지 보여준다. 문제를 푸는 그의 일반적인 전략은 펜과 종이 없이 머릿속에서 풀이법의 개요를 짜고, 그 뒤에야 어느 정도 수고스럽게 자신의 직관을 수학의 상징적인 언어로 풀어내어 확인하고 증명하는 것이다. 그러나 푸앵카레에게 중요한 것은 수학 문제가 지각 문제로 바뀐다는 점이다. 그리고 올바른 지각적 직관을 갖췄다면 수학자들이 받아들일 만한 '증명'을 끌어내는 과정은 고되지만 상당히 통상적인 과정일 것이었다. 지각적인 문제는 우리가 그저 올바른 정보를 추적하고 올바른 방식으로 그 정보 속에서 유형을 '볼' 수 있다면 생각의 순환 한 번으로 해결되는 문제일 뿐이다. 도표 35에 나오는 달마티안 강아지와 소 얼굴과 마찬가지다.

이러한 관점에서 푸앵카레의 수학적 묘안은 우리가 달마티안과 소 그림을 다시 찾아보다가 어떤 이유로 마침내 혼란 속에서 질서가 신비하게 떠올랐을 때 경험한 '통찰'과 정확히 똑같은 유형이다. 결정적으로 두 경우 모두 무의식적 생각이 몇 시간 혹은 며칠 동안 만들어낸 산물을 갑작스레 드러낸 것이 아니다. 그 대신, 해결책은 우리가 그 문제를 다시 심사숙고할 때 단 한 번 생각의 순환에서 발견된 것이다. 과거의 잘못된 해결책에서 자유롭게 벗어난다면 운 좋게도 뇌는 올바른 해결책을 떠올려줄 것이다.

이러한 관점은 과학적 통찰에 관한 가장 유명한 이야기로 잘 설명된다. 19세기 위대한 화학자 아우구스투스 케쿨레August Kekulé가 벤젠의 구조를 발견한 일화다. 케쿨레는 뱀 한 마리가 자기 꼬리를 삼키기 시작하는 백일몽을 꾸는 동안 묘안을 떠올렸다. 벤젠 자체가 순환적인 구조를 가지고 있을 수도 있다는 생각이 문득 떠오른 것이다(이는 그저 우리의 유연한 마음이 쉽게 끌어내는 은유적 비약이었다). 그리고 얼마 지나지 않아 그는 벤젠고리의 화학구조에 대한 세부적인 분석을 밝혀냈다.

물론 우리는 단순히 적절한 지각적 해석이 마음속에 떠올라 아주 다루기 힘들어 보이던 문제를 거의 즉석에서 풀어내도록 도와주는지 궁금해할 수 있다. 아마도 무의식이 몇 날 며칠을 해결책의 세부 내용까지 맹렬하게 연구해서[5] 마침내 '의식적 마음'과 소통하기로 마음먹고는 단순히 답만 이야기한 것이 아니라 수수께끼 같은 이미지가 떠오르게 한 것일까? 이 이야기는 매력적이기는 하나 아주 타당하지는 않다. 어떻게 그저 적절한 지각적 이미지가 마음속에 와닿아서 과학적인 통찰의 시작으로 이어지는지에 관해서는 그다지 놀라울 것이 없다. 마음속에 문득 등장하는 거의 모든 지각적 이미지는 뛰어난 통찰을 촉발하는 적절한 이미지가 아니기 때문이다. 운이 좋게도 적합한 이미지와 이미지의 대립이 어떤 중요한 발견을 끌어내는, 이례적이고 드문 경우는 다음 세대 수학자와 과학자에게 전해지는 이야기로 변모하기 마련이다.

이와 유사하게 음악의 전체 작품이 온전한 모습으로 창작자에게 찾아온다는 힌데미트의 주장은 그대로 받아들여져서는 안 된다. 번개의 섬광으로 밤의 전경의 모든 요소를 파악한 그의 강력한 이미지 자체가 그렇게 말해주고 있다. 어쨌든 우리는 세세하고 선명한 시각적 세계를 본다는 감각은 그 자체로 착각임을 알게 되지 않았던가. 우리는 우리가 필요에 의해 만들어낼 수 있는 정보가 이미 기존에 형성되어 손 뻗으면 닿을 곳에 (예를 들어, 눈을 한 번 깜빡이면 또는 주의를 돌리면) 놓여 있다는 착각을 한다. 그리고 분명 음악 작곡에서도 그와 같은 이야기는 진실이 된다. 힌데미트가 확실하게 의미하는 바는, 번뜩이는 영감이 찾아온 뒤 작품을 만들어내는 (그리고 음악적 표기법으로 써 내려가는) 일이 매끄럽게 진행된다는 것이다. 실제로 음악은 필연적이고 예정된 것처럼 느껴지는 방식으로 작곡가에게서 흘러나온다. 힌데미트는 다음처럼 설명했다.

> 마지막 부분의 620번째 소절에 나오는 F 샤프가 맨 처음에 반짝 떠오른 그대로 결정됐을 거란 의미가 아니다. 앞날을 내다보는 사람이 이 최초의 영감을 얻고 나서 전체 작품의 어느 특정한 부분에 주의를 집중해야 한다면, 그는 절대로 전체를 떠올리지 못할 것이다. 그러나 이러한 전체의 개념이 마치 번개처럼 그의 마음을 때린다면, 이 F 샤프와 다른 수천 개의 음표와 다른 표현 수단은 그가 미처 깨닫기도 전에 제자리를 찾을 것이다.[6]

따라서 번쩍이는 통찰은 내면의 '무의식적 작곡가'가 내면의 뇌의 암호를 써 내려간 작품 전체를 느끼는 것이 아니다. 그 대신, 수학과 과학에서 그러하듯 작곡하는 데에 영감의 번쩍임은 우리가 탐색해 나가야 할 새롭고 희망찬 방향을 드러내는 것 이상을 보여준다. 즉 어쩌면 창조적인 투쟁이 될 수도 있는 창작의 기나긴 여정을 시작하는 **출발점**인 것이다. 물론 결국에 이 투쟁이 성공적인 것으로 판명된다면, 즉 교향곡이 완성되고 수학적 증명이 밝혀졌다면 차후의 모든 작업은 필연적인 결과가 되어버리고 그저 계시의 첫 순간부터 산출해 낸 것이라고 상상하기 쉽다. 그러나 이는 그저 하나 마나 한 이야기다. 모든 서구의 철학적 전통이 단순히 플라톤과 아리스토텔레스의 세부적인 내용을 '산출'해 낸 것이라고 생각하는 것만큼 정확하지 않으며, 반세기 이상 이어져 온 록 음악이 단순히 최초로 강세를 준 백비트 리듬이나 음을 증폭하기 위해 기타에 전기 픽업을 부착해 보자는 영감에서 나온 필연적인 결과라고 생각하는 것만큼 사실이 아니다.

한 번에 한 과제씩

당신이 복잡한 도시의 거리를 운전하는 중에, 라디오에서 흘러나오는 음악 소리를 들으며 친구와 수다를 떤다고 상상해 보자. 이 모습은 당신에게 멀티태스킹의 기적처럼 보일 수 있겠다. 분명, 당신은 길을 인식하며 핸들을 돌리고 필요할 때 브레이크를 밟으며, 적극적으로 대화에 참여하는가 하면, 음악 소리도 잘 의식하고 있다. 그리고 당신은 길과 대화와 음악을 동시에 이해하면서 세 가지 활동을 성공적으로 잘하는 듯 보인다.

그러나 위대한 착각을 잊지 말자. 당신은 스스로 앞에 있는 자동차와 빠르게 스쳐 지나가는 건물과 길 위의 표시와 나무와 하늘을 인식하고 있다고 '느끼고' 있겠지만 파트 1에서 살펴봤듯, 당신은 절대로 **그렇지 않다**. 물론 당신에게 던져지는 아무 질문에나 대답하기 위해 시각적 장면 전체를 눈으로 훑을 수 있는 만큼, 주의를 대화에서 라디오로, 또는 주변 환경으로 재빨리 돌릴 수 있고 각각의 존재가 항상 그곳에 있다는 인상을 받는다. 그러나 앞에서 대형 트럭 한 대가 예상치 못하게 출발하고, 당신이 브레이크를 밟거나 경적을 빵빵 울리거나 방향을 틀게 될 때, 대화의 흐름은 불쑥 중단될 것이다. 사실 운전자와 동승자 모두 벌벌 떨면서 자기들이 무슨 이야기를 하고 있었는지조차 잊어버리는 사태에 빠질 수 있다.

이는 우리가 멀티태스킹을 전혀 못 한다는 의미일까? 그 대신 우리는 그저 한 과제에서 다른 과제로 넘어 다닐 뿐일까? 멀티태스킹은 근거 없는 믿음에 지나지 않을까?

챕터 3에서 등장했던 할 패슐러는 조너선 레비Jonathan Levy와 어윈 보어Erwin Boer와 함께, 운전하는 동안 멀티태스킹을 하는 경우 부딪히게 되는 극심한 한계에 대해 아주 흥미로운 통찰을 내놓았다.[7] 이들은 사람들에게 간단한 모의 운전을 해보도록 요청했다. 비디오게임에 가까운 운전이었다. 피실험자들의 주요 목표는 적당히 바람이 부는 도로를 따라 앞에 가는 차를 따라가는 것으로, (일반적인 운전과 같게) 손으로는 핸들을 잡고 오른발로는 액셀과 브레이크 페달을 밟도록 했다. 그러나 이와 더불어 피실험자들은 '탐지' 과제를 수행해야만 했는데,[8] 때때로 감지하기 쉬운 지각적 사건이 벌어질 것이었다. 피실험자들은 경적이 한 번 울리는지 두 번 울리는지, 또는 앞차 뒤 창문의 색깔이 한 번 바뀌는지 두 번 바뀌는지 (청각과 시각 자극) 등을 찾아내야 했다. 이와 같은 일들이 벌어지면 운전자는 그 일이 한 번 일어났는지 두 번 일어났는지 보고해야만 했는데, 이 보고는 단추를 누르거나 소리 내어 '하나' 또는 '둘'이라고 말하는 두 가지 형식으로 이뤄졌다(수동 응답과 음성 응답). 물론 피실험자들은 앞차를 따라가면서 필요할 때는 브레이크를 밟는 등 안전하게 '운전'을 계속하면서 응답해야 했다.

혹자는 숙련된 운전자들이 그런 단순한 추가 과제를 수행하면서 거의 영향을 받지 않는다고 예상할 수도 있다. 어쨌든 직관적으로 우리는 가끔 자동주행 장치에 따라 운전하고 있다고 느끼고, 반응할 때면 거의 반사신경에 의해 그런 것이며 사전 의식적인 신중함 없이 그렇게 했다고 느낀다.

이것이 사실이라면야 걱정이 없겠으나, 진실은 정반대다. 특히나 사람이 '신호(색상 변화와 경적 소리)'를 감지하고 그에 반응할 때 이와 동시에 앞차가 속도를 낮추기 시작한다면, 제동에는 좋지 않은 영향을 미친다. 실제로 반응해야 할 신호가 있는 경우에 그렇지 않은 경우와 비교해서 브레이크를 밟는 데 걸리는 평균 시간은 6분의 1초가량 늘어났다. 물론 우리가 현실에서 브레이크를 밟는다면 그 정도의 초과 시간은 너무나 길다고 할 수 있다(예를 들어, 시속 96킬로미터로 주행하던 자동차는 제동을 걸고 나서 대략 4.5미터를 더 주행한다).

두 번째 과제의 다른 변주(수동 대 음성, 청각 대 시각)는 서로 다른 효과를 낳는다고 추론하는 것도 타당해 보인다. 분명 큰 소리로 대답하는 일은 손으로 단추를 누르는 것보다 필사적으로 재빨리 브레이크를 밟는 일을 덜 방해할 것이다. 어쩌면 별개의 팔과 다리를 지시하는 신호(발을 움직일 것인가, 손을 움직일 것인가)는 헷갈릴 수 있겠지만, 다리와 말하는 기관, 즉 입술과 혀와 후두 사이의 신호는 분명 헷갈리지 않을 것이다. 그리고 브레이크를 밟는 과제는 앞에 있는 차가 속도를 언제 늦추는지 보기 위한 시각적 분석을 포함한다는 합리적인 이유에서, 두 번의 경적을 보고하는 사람은 두 번의 색깔 변화를 보고하는 사람보다 브레이크를 밟을 때 덜 간섭을 받을 것이다. 사실 이 모든 다양한 조합은 같은 정도로 제동 시간을 늦췄다.

게다가 단순한 추가 과제의 부정적인 효과는 제거하기가 매우 어렵다. 예를 들어, 이후의 연구에서 레비와 패슐러는 사람들이 가능한 한 빠르고 안전하게 제동을 거는 일에 집중해야 하며, 운전하는 도중에는 그 어떤 추가적인 과제도 무시하라고 명확히 지시를 받은 경우 무슨 일이 벌어지는지 확인했다.[9] 가끔 사람들은 정말로 추가 과제를 무시했지만 여전히 브레이크를 밟는 행동은 두드러지게 느렸다.

이로 인해 당신은 운전하면서 대화를 나누는 것이 걱정스러워질 것이다. 물론 귀에 핸드폰을 대고 운전하는 것은 좋지 않은 생각이다. 무엇보다도 당신은 한 손으로만 핸들을 잡고 있을 테니까. 그러나 실험들은 '핸즈프리' 장비를 이용한 통화 역시 그만큼 위험함을 지속적으로 보여준다. 대화의 흐름과 운전의 흐름은 사람들이 생각하는 것보다 훨씬 더 심각하게 서로를 간섭했다. 우리는 운전하면서 주변의 모든 것을 '보고', 동승자와 떨던 수다와는 완전히 독립적으로 필요하면 브레이크를 밟거나 방향을 틀을 수 있다고 상상하지만, 이러한 직관은 전적으로 잘못되었다. 우리는 우리를 지나쳐 가는 길의 1분 분량 정도만 '볼' 수 있고(조종사들이 활주로를 가로질러 가는 다른 비행기를 깨닫지 못한 채 그냥 착륙하려 했던 것을 떠올려보자. 그리고 눈에 띄지 않던 우산 쓴 여인도) 우리의 제한된 집중의 창이 가장 필요한 곳(다음 교차로를 찾아내고 막 차도로 내려선 보행자를 추적하는 등)으로 향하도록 하기 위해서는 적극적인 경계가 필요하다. 그리고 더 어려운 점은 우리의 운전 행위(와 반응)는 패슐러와 동료들의 연구가 보여주듯 다른 행동들과 지독하게 얽힐 수 있다는 것이다.

동승자와의 대화는 전화 통화와 같은 위험을 지닌다. 그럼에도 다행인 점은 동승자와 운전자가 도로 사정이 위험해질 때는 대화 속도를 늦추거나 멈추는 경향이 있다는 것이다. 이 부분에서 통화는 특별한 위험을 지닌다. 통화하는 상대방은 운전자의 주의가 필요한 어떤 위협적인 일이 일어나는지 알 수 없고 운전자는 가능하다면 대화의 흐름을 유지해야 한다는 사회적 의무를 느끼기 때문이다. 따라서 운전자는 지나치게 대화에 몰두하면서 자신이 사고의 위험을 상당히 높이고 있음을 깨닫지 못한다.

한 번에 한 기억

그렇지만 우리가 한 번에 한 가지 일 이상에 적극적으로 주의를 기울이는 것이 불가능할지라도, 뇌는 무의식적으로 마음속 기록보관소를 뒤져 훗날의 사용을 위해 이를테면 필요한 기록들을 찾아내는 것이 가능할까? 이 말이 맞는다면, 푸앵카레의 무의식은 아마도 평생 연구를 하며 쌓아온 더 고차원적인 수학에서 잠재적으로 관련 있는 부분들을 훑어봤을 수도 있다. 그렇게 해서 푸앵카레가 문제로 돌아왔을 때 해법을 내놓기 위한 중대한 단서들이 이미 준비되어 있고, 그 결과로 번뜩이는 통찰력이 나왔을 것이다. 이러한 관점에 따르면 뇌는 무의식적으로 문제를 해결할 수 없겠지만, 관련된 기억의 무의식적 활성화는 해결책을 찾기 위한 기반을 마련해 줄 것이다.

따라서 우리는 무의식적인 기억의 검색에 대한 증거를 찾을 수 있을까? 동료인 워릭대학교의 엘리자베스 메일러Elizabeth Maylor와 그렉 존스Greg Jones와 함께 나는 몇 년 전 무의식적 기억의 검색이 의식적 마음을 도와주는지 여부에 대한 실험을 수행했다.[10]

심오한 수학적 추론에 초점을 맞추는 대신 우리는 가장 단순한 과제에 집중했다. 즉 기억에서 익숙한 단어들을 회상해 내는 것이다. 예를 들어, 당신에게 가능한 한 많은 음식의 종류를 말하라고 요청한다고 생각해 보자. 마음대로 떠올릴 수 있는 음식에 관한 단어들이 어마어마하게 많음에도, 당신은 놀랍게도 빠른 속도로 단어를 말하는 속도가 느려지는 것을 거의 확실히 깨달을 것이다. 과일 이름에 허둥대다가, 구운 음식을 마구 내놓다가, 양념이 불쑥 튀어나왔다가 놀라서 잠시 멈추고는 점점 더 침묵할 것이다. 그 대신 내가 당신에게 알고 있는 모든 나라 이름을 대보라고 요청했다고 상상해 보자. UN에서 인정하는 나라가 200개 이상이며 대부분 나라가 익숙할 것임에도, 다시 한번 예상보다도 더 빨리 끙끙대는 자신을 깨달을 것이다.

그러나 내가 당신에게 가능한 한 많은 음식 이름 또는 나라 이름을 대라고 부탁하면 어떨까? 이 과제를 수행할 수 있는 유일한 방식은 한동안 음식에 집중했다가, 그 이후 음식 이름 대기가 어려워지면 나라 이름으로 넘어갔다가, 더 이상 나라가 떠오르지 않으면 다시 음식으로 돌아오고 하는 것이다. 이 방식은 아마도 우리의 기억은 정리가 되어 있어서 음식은 다른 음식으로, 나라는 다른 나라로 연결되어 있다는 것을 가리키는데 그 자체로 흥미롭다. 밝혀진 바와 같이 이러한 교차 전략은 우리가 현재 생성하고 있지 않은 카테고리에서 얼마나 많이 검색을 계속하는지 알 수 있는 방법을 알려준다.

생각의 순환 관점에 따르면, 우리 마음속 기록보관소를 무의식적으로 돌아다니는 경우는 완전히 배제되어야 한다. 따라서 우리가 음식에 대한 기억을 샅샅이 찾고 있다면, 이와 동시에 나라 이름을 찾을 수는 없으며, 그 반대의 경우도 마찬가지다. 동시에 찾는 것이 가능하다면 우리는 음식 **또는** 나라 이름을 꺼내 들 때 각각 따로 처리할 때보다 그다지 큰 차이가 없더라도 더 빠르게 할 수 있어야 한다.

그 대신에 우리의 의식적 마음을 음식 이름을 떠올리는 데 집중하는 동안 무의식적인 정신 검색 과정이 배후에서 작동해 나라 이름을 줄줄이 꺼낼 수 있다고 가정해 보자. 그렇다면 우리가 나라 이름 대기로 전환했을 때 빠르게 그 이름들을 '다운로드'할 수 있어야만 한다. 무의식적 정신 검색 과정이 이미 그 나라들을 발견했기 때문에 우리는 새롭게 다시 찾아볼 필요가 없다. 실제로 음식 이름과 나라 이름을 동시적으로 찾아낸다면(의식적으로 한 번에 단 하나의 검색 결과만 보고할 수 있더라도), 우리가 양 카테고리에서 답을 만들어내는 속도는, 각 카테고리에서만 답을 만들어내는 속도보다 상당히 빨라야 한다.

광범위한 실험 전체를 아울러 그 결과는 분명하다. 우리가 당장 y에 관해 생각할 때 x를 찾아낼 수 있다는 증거는 절대 없다는 것이다. 또는 x에 관해 생각하고 있었다면 y를 찾아낼 수 없는 것도 그렇다. 한 카테고리를 검색하다가 다른 카테고리로 전환하자마자 그 첫 번째 카테고리에 대한 모든 검색 과정은 다짜고짜 중단된다. 무의식적인 과정이 뒤에서 계속된다면 엄청나게 유리하겠으나, 그런 과정이 벌어진다는 증거는 전혀 없다. 그러한 능력이 일상생활에서 얼마나 유용할지를 생각해 본다면 특히나 충격적인 사실이다. 우리는 어떻게 해서든 계속 끼워 넣어야 할 어마어마한 양의 업무를 마주하는데, 현재의 대화를 따라가거나 신문을 읽거나 다음에, 내일, 평생 무슨 일을 할지 계획을 세워야 하는가 하면, 까다롭고 철학적인 질문들을 곰곰이 고민해야 하기 때문이다. 한 업무에 집중하는 동안 우리의 무의식적 마음이 관련 정보를 새롭게 밝혀내서 다른 업무들을 처리해 준다면 얼마나 편할까! 의식적 마음이 A라는 문제에 집중할 때 B, C, D 등등의 문제를 배후에서 '조사'하는 일은 완전히 멈춰 있는 것으로 보인다.

이따금 생각이 '마음속에 불쑥 떠오르는' 일이 벌어진다. 우리가 기억하려고 애썼던 이름, 하는 것을 잊어버린 일, 가끔은 우리가 씨름했던 까다로운 문제에 대한 통찰일 때도 있다. 그러나 이런 일은 무의식적인 배후 사고의 산물이 아니다. 이는 우리가 잠시 과거 문제에 대한 생각으로 휘 넘어갔을 때 생긴다. 처음에 우리를 꽉 막히게 했던 쓸모없는 정신적 올가미에서 이제는 자유로워졌기에, 예전에 우리를 피해 가던 해결책이나 어떤 경우에 어렴풋이 의심해 오던 그 해결책이 놓인 지점을 보게 된 것이다.

해결책을 '알아채는 것'과 해결책을 '찾는 것' 간의 구분은 상당히 까다로우며, 무의식적인 정신 과정의 증거를 상당히 과대평가하는 결과로 흘러가기도 한다. 뱀이 자기 꼬리를 삼키기 시작한다는 케쿨레의 백일몽을 다시 생각해 보자. 그가 순간적으로 받은 통찰은 분명 벤젠의 구조가 고리 또는 원이라는 **낌새**였을 것이다. 그리고 분명 그는 정확한 답에 도달하기 전까지 끝도 없는 잘못된 길을 따라갔을 것이다. 실제로 케쿨레는 벤젠고리의 상세한 구조를 신중하게 잘라 맞춰보고 제대로 작동하는지 확인하고 나서야 자신이 **정답**을 확보했음을 알았다. 따라서 '번뜩이는 통찰'이란 '번뜩이는 낌새'라고 이름 붙이는 게 더 나을 수도 있겠다. 순간에 알아챈 낌새가 정당한 것으로 밝혀지는 경우에, 한 사람의 뇌가 어떻게든 완전한 답을 만들어냈고 이를 처음부터 의식적 마음에 '제안'하기 전에 세세한 부분까지 검토했으리라고 착각하기란 너무나 쉽다. 그리고 그것이 사실이었다면, 이러한 연속적인 사건은 당연하게도 무의식적 생각을 많이 요구했을 것이다. 하지만 현실에서 검토와 분석은 순간적으로 정신적 섬광이 번쩍인 이전이 아니라 이후에 이뤄진다.

생각해 보면 이는 위대한 착각의 또 다른 변주이자 이를 뒷받침하는 속임수일 뿐이다. 우리에게 필요할 때마다 접근할 수 있다는 이유로 지각적인 세계 전체가 우리 마음에 있다고 느끼듯, 어떤 문제에 대해 우리가 쉽게 해결책을 파악한다고 해서 모든 해결책이 (영감을 받는 순간) 이미 마음속에 장착된다고 상상하기 쉽다. '번뜩이는 낌새'가 우리 문제를 해결하는 핵심인 것이 밝혀졌다면 그 이후의 확인 과정은 쉽게 이어질 것이다. 우리가 던지는 각 질문은 순조롭게 답을 찾아낼 것이고, 지적인 퍼즐의 모든 조각은 제자리로 꼭 맞아떨어질 것이다.

CHAPTER 10
의식의 경계

우리가 한 번에 하나씩만 의식하고 있다면, 그리고 뇌가 전기화학적 파동의 흐름으로 소통하는 1천억 개의 뉴런의 연결망이라면, 우리는 필연적으로 뇌가 하는 거의 모든 일을 의식하지 않아야 한다. 지금껏 살펴본 바에 따르면 우리는 그저 세계를 이해하려는, 아니 세계의 작은 일부를 이해하려고 뇌가 시도한 **결과**만을 의식할 뿐이다. 그러나 이러한 결과는 매우 복잡한 협력적 계산, 즉 뉴런 1천억 개의 상당한 부분을 포함하고, 감각과 기억에서 생겨난 엄청난 양의 정보에 의존하는 계산에서 생겨난다.

그렇다면 의식이란 휴대용 계산기나 검색엔진, 또는 '지능형' 컴퓨터 데이터베이스를 '판독'하는 것과 유사하다. 우리가 덧셈이나 검색어, 또는 질문 등을 입력할 때 '판독'은 우리에게 답을 주지만 그 답이 어디에서 왔는지 설명과 타당한 이유는 절대 주지 않는다. 우리는 계산기 깊숙한 곳에 숨어 있는 이진법과 검색엔진이 탐색하는 웹의 광활함, 또는 영리한 추론과 지능형 데이터베이스에 내재된 거대한 '지식 베이스' 등에 대한 알고리즘을 어렴풋하게나마 알지 못한다. 우리는 이미지와 단어, 기억에 집중할 때 본질적으로 이렇게 묻는다. "저기서 무엇을 알 수 있지?" 의식적인 판독이 마음속에 떠오르니, 이것이 바로 우리가 보거나 생각하는 것에 대한 해석이다. 그러한 판독의 이면에는 현재의 감각적 입력과 과거의 기억 흔적에 반응하는, 뉴런의 복잡한 연결망 전체에서 발화되는 전기적 신호의 벌벽이 존재한다. 이것이 무의식의 진짜 특성이며, 우리의 더디고 의식적인 경험을 만들어내고 지지하는 신경 활동의 엄청나게 복잡한 패턴이다.

결정적으로, 각 생각의 순환 내에서 일어나는 신경 처리는 우리가 **의식할 수 있었던** 그런 종류의 과정이 아니다. 어쨌든 엄청나게 복잡한 협력적 신경 활동의 패턴이며, 과거의 경험에 대한 폭넓은 기억을 참고해서 현재의 감각적 입력으로부터 가능한 의미를 찾는 것이다. 그러나 현재의 감각적 입력에서 **특정한 해석**만 인식할 뿐이다. 우리는 휴대용 계산기가 내장된 컴퓨터 칩의 설계와 작동을 '판독'할 정도로만 우리의 정신적 과정을 알아차릴 수 있고, 마찬가지로 간의 생물학적 작용을 자각할 만큼만 우리가 이해하는 협력적인 신경 활동의 흐름을 자각할 수 있을 뿐이다.

우리는 이러한 협력적인 계산의 산출물인 의미와 패턴과 해석을 의식하고, 또 의식할 수 있을 뿐이다. 의식은 감각 세계에 대한 우리의 해석을 알아차리는 것에 한정된다. 그리고 이러한 해석은 각 생각의 순환에서 나온 **결과**이지, 내면의 작용이 아니다.

지각의 의식

　의식적 경험은 감각적 투입과 해석이 만들어낸 과정에 직접 접근할 수 있는 수단을 제공하는 것이 아니라 뇌의 **해석**을 서술하는 것이라는 결론을 강화하기 위해서, 일본의 비전과학자 마사노리 이데사와Masanori Idesawa 가 만들어낸 도표 36 왼편의 그림을 한번 살펴보자. 매끄럽고 하얀 당구공이 검은색 원뿔형 가시를 뿜어내는 모습의 생생함이 놀라우리만큼 아름답다. 하얀색 구의 표면은 밝고, 매끄럽고, 반짝이는데 하얀 종이로 된 배경 위로 약간 떠 있는 모습이 언뜻 보기에 약간 더 밝은 흰색으로 보인다. 구의 가장자리와 하얀 배경을 좀 더 자세히 살펴보자. 그러면 구와 배경 사이에 경계선을 표시해 주는, 식별할 수 있는 곡선 모양의 가장자리를 감지할 수 있을 것이다. 검은 가시 중 일부는 어쩐지 불길하게 우리를 향하고, 또 어떤 가시들은 우리에게서 떨어진 곳을 가리킨다. 그러나 이

도표 36　이데사와의 가시 돋친 구(왼편), 그리고 동일한 검은색 도형이 마구잡이로 흩어진 모습

전체 구조는 순수한 해석, 그러니까 당신 상상의 산물일 뿐이다. 이 도표는 그저 하얀색 배경에 그려진 검은색 납작한 기하학적 도형 몇 개에 지나지 않는다. 그리고 오른편 그림에서 보듯, 이 검은 도형을 임의로 뒤집어 수평으로 쌓아놓는다면 순수 이차원 도형으로 보인다. 그러나 우리가 '보는 것'은 2차원으로 그려진 평면 조각이 아닌 뾰족뾰족한 가시가 돋친 구다. 우리의 의식적 경험은 뇌가 존재한다고 생각하는 것이 무엇인지에 따라 결정된다. 다시 말해 생각의 순환에 대한 입력물이 아닌 산출물이 이를 결정한다는 의미다.

그렇다면 우리의 뇌 연결망이 가시 돋친 하얀색 구에 관한 의식적 경험을 만들어내기 위해 수행하는 근본적인 계산은 무엇일까? 물론 내적 성찰은 여기에 도움이 되지 않지만, 우리는 흩어져 있는 이차원 도형으로부터 이데사와의 삼차원 가시 공을 만들어내는 우리 뇌의 능력을 모방할 컴퓨터 프로그램을 어떻게 짤 것인지 고민해 본다면, 그 계산의 특성과 복잡성에 관해 감을 잡을 수 있을 것이다.

이렇게 하기 위해서는 어떤 원칙이 필요할까? 우선, 컴퓨터 프로그램은 삼차원 형태를 어떻게 이차원으로 나타내는지 계산할 필요가 있다. 예를 들어, 어떻게 우리를 겨누는 검은색 가시를 살짝 바깥으로 튀어나온 가장 짧은 변을 가진 '삼각형'으로 보여줄 것인지 등의 문제다. 그리고 먼 쪽을 향한 가시들을 보는 우리의 시선을 하얀색 구가 가로막을 것임을 계산해야 하므로, 예를 들어 일부는 더 작고, 잘려 나가고, 구의 선을 따라 짧은 변이 살짝 안쪽으로 휜 삼각형이 될 것이다. 이 프로그램은 어쨌든 우리 쪽을 향한 뾰족한 가시는 시선에 직각을 이루는 가시보다 더 짧고 뭉뚝하다는 사실을 담고 있어야 하며, 우리 이미지 속의 이차원 위치를 관찰함으로써 검은 가시와 하얀 구 사이의 접합 부분의 삼차원 위치와 방향을 계산해야 한다. 게다가 프로그램은 이 서로 다른 삼차원 위치들을 함께 조립하면서 이들이 모두 하나의 구부러진 표면, 다시 말해 (보이지 않는) 하얀 구의 표면과 일치하는 것을 실현해야 한다. 즉 여기에 관련된 계산들은 바로 기하학적 추론의 아주 정교하고 미묘하며 복잡한 그물망과 같다.[1]

추론의 그물망에 가장 잘 맞는 해석을 끌어내려고 할 때, 이상적인 접근법은 모든 한계를 동시에 살펴보고 가능한 한 모든 제약에 들어맞도록 해석을 계속 '움직이는' 것이다. 뇌가 몇 가지 제약에만 초점을 맞추고 만족시킨 다음에 나머지 제약들을 살펴보는 한, 막다른 골목으로 향할 실질적인 위험이 있게 된다. 향후의 제약들은 우리의 불확실한 해석에 전혀 맞지 않기 때문에 방치될 수밖에 없다. 다수의 단서와 제약을 동시에 조화하는 과제는 뇌의 협력적인 계산 방식이 발휘되는 대상이다. 그러나 이러한 계산들은 상상 속 컴퓨터 비전 프로그램이 수행해야 하는 것이다. 뇌는 이데사와의 가시 돋친 구를 만들어내기 위해 이러한 계산을 수행했으리라고 추측할 수 있다.

사실 뇌는 많은 제약을 동시에 만족시키는 방식으로 문제를 해결하는 것에 가장 적합한 것으로 드러났다. 어느 신빙성 있는 설명에 따르면 감각적 입력의 다양한 측면(과 요소들에 대한 가능한 해석)이 서로 다른 뇌세포에 연계되어 있으며 감각적 조각과 해석 사이의 제한은 그 뇌세포 간의 연결망에 의해 포착된다고 한다. 나중에 뉴런은 전기신호를 주고받으면서 감각적 데이터에 대한 '최선의' 해석을 찾아내려고 협력한다(또는 적어도 뇌는 자신이 찾아낼 수 있는 최선의 해석에 안착한다).[2] 처리 과정의 세부 내용은 복잡하고 오직 부분적으로만 이해할 수 있지만, 연결망처럼 생긴 뇌의 구조는 감각에서 얻은 여러 단서를 통일성 있는 사물로 엮어내는 데 필요한 협력적인 계산을 하도록 완벽하게 설계되었다.

따라서 뇌가 수행해야 할 계산은 분명 상당히 복잡해진다. 뇌가 이러한 복잡한 계산을 모두 피해 가기 위해 영리한 단축키를 찾아냈을 것이라고 상상하고 싶은 충동을 느낄 수도 있지만, 인공지능과 머신비전, 지각심리학에서 현재의 전반적인 의견은 그러한 단축키는 존재하지 않는 것으로 보인다. 얼굴과 장면, 심지어 손 글씨도 알아볼 수 있는 컴퓨터 시각 장치는 보통 방금 설명한 '추론의 그물망'적인 접근법을 사용한다.[3] 그 어떤 계산도 필요하지 않으며 우리는 그냥 그곳에 있는 것을 '본다'고 생각하고 싶은 더 큰 충동이 들 수도 있다.[4] 이러한 지각의 뚜렷한 즉시성으로 인해, 일부 심리학자들은 지각이 엄청나게 복잡하고 미묘한 숨겨진 추론에서 생겨난 것이 아니라 그다지 명확하지는 않더라도 **직접적**인 것이라고 주장하게 되었다.

그러나 우리의 의식적 경험과 '진짜 세계' 사이의 직접적인 접촉이라는 생각은 옳을 수 없다. 우리는 하얗고 뾰족뾰족한 구 같은 게 없을 때조차 하얗고 뾰족뾰족한 구를 보기 때문이다. 여기에는 그저 선과 모양이 존재할 뿐이며, 원과 구는 해석이다. 즉 우리 망막에 비친 이차원적 패턴을 이해하기 위한 지각적 추측이라는 의미다.

여기에서 핵심은 꽤 널리 적용될 수 있겠다. 우리의 뇌가 감각적 조각(예를 들면 납작하고 검은 도형의 패턴)들로부터 '퍼즐'을 맞출 때 그 각기 다른 조각들을 함께 이어 붙이는 풀은 바로 **추론**이다. 이러한 경우 뾰족한 가시와 보이지 않는 표면이 어떻게 우리의 이차원적인 감각적 투입을 만들어내기 위해 상호작용하는지에 대한 기하학적 추론이 된다. 그리고 추론망이 해결책을 찾아냈을 때 퍼즐은 맞춰지고 일관성 있는 해석이 의식적 경험에서 생겨날 것이다. 여기에서 가시 돋친 구는 우아하게 전체적인 레이아웃과 크기, 그리고 검은색 기하학적 도형의 모양을 설명해 준다.

그렇다면 지각은 놀랍도록 풍성하고 미묘한 추론의 과정이다. 뇌는 조심스레 이 세상이 어떤 곳인지에 대한 최선의 이야기들을 짜 맞추면서 감각기관의 동요를 설명한다. 실제로, 감각적 입력과 언어, 또는 기억을 해석하려는 시도는 보통 어떤 '이야기'가 데이터를 가장 매력적으로 엮어내는지를 알아내기 위해 굉장히 교묘한 추론을 수반한다. 이러한 관점에는 기나긴 역사가 있다. 독일의 의사이자 물리학자, 그리고 철학자인 헤르만 폰 헬름홀츠Hermann von Helmholtz는 1867년까지 거슬러 올라가 아직 심리학이 별개의 학문 분야로 인정받기도 전부터 이를 논해왔다.[5] 헬름홀츠는 세계에 대한 우리의 경험이 단순히 눈으로 흘러들어 오는 빛이나 귀에 흐르는 음파의 복제본이 아님을 깨달았다. 그리고 지각은 일련의 단서들의 의미를 이해할 필요가 있으며, 각각의 단서들은 따로따로 고려했을 때 별 의미가 없다는 것을 알게 되었다. 이러한 헬름홀츠의 생각은 거의 한 세기가량 앞서 있었는데, 시각의 추론적 특성은 사람들이 컴퓨터 시각 모델을 개발하기 시작한 이후에야 심리학과 신경과학, 인공지능 등에서 지배적인 사고가 되었다.

게다가 지각은 단순히 추론이 아니며, 당연하게도 **무의식적인** 추론이다. 우리의 지각적 처리 과정이 거치는 미묘한 추론의 패턴은, 이데사와의 보이지 않는 구를 '구성'하든(도표 36) 갑자기 달마티안 강아지나 소를 '보든'(도표 34), 또는 쿨레쇼프 효과를 시연했던 러시아의 무성영화 배우 이반 모주힌의 감정 표현을 '읽든' 간에 예외 없이 이해하기 어렵다. 우리는 지각 체계가 거치는 그 어떤 추론을 추측할 수는 있으나 언제나 그렇듯 '안쪽에서부터' 서술할 수는 없다. 우리가 아는 전부는 해석이 지각적 추론의 결과일 뿐, 뇌가 결론에 도달하기 위해 사용한 단서나 연속적인 추론이 아니라는 점이다.

그러나 의식적 인식과 관련해서, 지각은 다른 유형의 생각과 그다지 다르지 않다. 작곡을 하든, 환자를 진찰하든, 휴가를 고르든, 몽상하든, 소설에 정신없이 빠지든, 수학적 증명을 만들어내든, 철자 수수께끼를 풀든 상관없다. 각 경우에 생각의 순환은 우리가 한 단계 한 단계 앞으로 나아가며 의미를 만들어낼 수 있게 해주지만 우리는 그저 각 단계의 결과만 의식할 뿐이다. 또는 소설에 깊이 빠졌을 때, 어떻게 그 이야기가 우리의 경험의 흐름을 주도하게 되는지 생각해 보자. 우리는 뇌가 인쇄된 글자의 연속을 이미지와 감정으로 바꿔내는 신비한 과정을 전혀 인식하지 못하지 않는가. 또는 좀 더 평범하게는 'ncososcueisn'이라는 당황스러운 철자 수수께끼를 푸느라 끙끙댈 때면, 여러 번의 실패 끝에 마침내 '혹시 consciousness(의식)인가?'라고 궁금해하는 자신을 깨달을 수도 있다. 우리는 마음속에 떠오르는 여러 다양한 단어 후보를 알고 있지만, 이러한 가능성들이 어디에서 나왔는지는 알지 못한다. 정신적 처리 과정은 언제나 무의식적이며 의식은 답을 알려줄 뿐, 그 답의 기원을 알려주는 것은 아니기 때문이다.

우리는 언제나 뇌의 해석이 내놓는 결과만을 의식할 뿐이다. 뇌가 이해한 '날것의' 정보도, 중간 추론도 의식하지 않는다. 따라서 지각에 **특별히** 무의식적인 부분이 있는 것은 아니다. 생각의 다른 측면에도 그러하듯 지각에서는 결과만을 의식할 수 있을 뿐, 그 결과를 얻어내던 과정은 의식할 수 없는 것이다.

의식의 흐름을 다시 생각하다

의식의 흐름을 경험한다는 그 직관은 생각의 순환이라는 관점에 의하면 그 자체가 착각이다. 오히려 우리의 의식적 경험은 불규칙한 길이로 된 단계들의 연속으로, 생각의 순환은 계속해서 새로운 재료에 집중하고 이를 이해하려 한다.

그렇다면 우리는 한 생각과 그다음에 오는 생각 사이의 단절을 어느 정도 감지해야 하지 않을까? 자주 벌어지는 일이지만, 여기서도 안구의 움직임은 결정적인 단서가 된다. 지각적인 장면을 훑어보거나 글자를 읽으면서 눈은 보통 1초에 세 번에서 다섯 번 정도 건너뛴다. 일반적인 안구 운동에서 눈은 약 20밀리초에서 200밀리초 사이 동안 움직이는데, 이는 눈이 어느 각도로 '건너뛰기'를 했는지에 따라 달라진다. 이 동안 우리는 요컨대 완전히 눈이 보이지 않는 상태에 가까워진다. 그리고 매번 우리의 눈이 새로운 지점에 닿아서 응시할 때 망막과 뇌까지 이어져 비치는 것은, 우리가 앞서 보았던 것들과는 갑자기 단절된 새로운 스냅숏이다. 따라서 시각적 입력은 계속적인 흐름이 아니라 장면이나 페이지에 대한 뚜렷이 구분되는 '스냅'의 연속이라 할 수 있다. 그리고 눈이 목표물에 안착했을 때 새로운 생각의 순환이 시작되면서 스냅숏의 요소들을 추적하고 이해하게 된다(사물을 식별하고 표정을 읽고 단어를 분간할 수 있다).

의식적 경험이라는 관점에서 우리가 눈이 정보를 수집하는 매우 단절적인 과정을 완전히 자각하지 못한다는 사실은 꽤 놀랍다. 잠시 당신 주변을 둘러보고, 주위 세상을 탐색하는 동안 얼마나 자주 눈을 움직이는지 확인해 보자. 방 한쪽에서 다른 쪽으로 극적으로 관심을 옮겨 갈 때, 당신은 눈이 움직이리라고 합리적으로 추론한다. 그럼에도 대부분 시간 동안에는 우리의 눈이 어떤 한 이미지를 가로질러 갈 때 조심스레 건너뛰는지, 아니면 거침없이 헤매는지 등 눈이 도대체 움직이고 있는지 여부를 말하기는 쉽지 않다(당신의 눈은 지나가는 자동차 등과 같이 움직이는 사물을 좇을 때를 제외하고는 절대로 원활하게 움직이지 않는다. 이러한 특정한 '원활추종' 안구 운동의 경우를 제외하고 당신의 눈은 언제나 불연속적으로 띄엄띄엄 본다). 실제로 어느 시점에서든 누군가가 정확히 어디를 보고 있는지 이야기하는 것조차 의외로 어렵다. 전체 시야가 그 풍요로운 모습 자체로 동시에 존재한다는 위대한 착각의 힘과 마찬가지다.

특히 (시선 추적 장치와 함께) 외부에서 보았을 때 시각 정보를 수집하는 과정은 확실히 불연속적이다. 우리는 장면의 한 부분을 따라다니며 거기에 의미를 부여한다. 그 후 또 다른 부분으로 눈을 돌려 거기에 의미를 부여한다. 이 과정은 생각의 순환에 따라 계속된다. 그러나 내부에서 보았을 때 생각의 흐름은 완전히 매끄럽게 이어지는 것처럼 느껴진다. 따라서 우리는 생각의 단계별, 주기별 특성을 드러내는 내적 성찰을 믿을 수가 없다. 안구의 움직임 중에 불연속성을 바로 알 수 있는 곳인 시야에서조차 우리는 그러한 특성을 전혀 깨닫지 못하며, 한 생각과 그다음 생각 간의 틈은 언제나 그렇듯 매끄럽게 감춰진다.

그렇다면 생각은 실제로는 '울퉁불퉁'한데도 매끄럽게 느껴지는 것일까? 그에 대한 설명은 더 나아가 위대한 착각에 대한 설명과 같다. 뇌의 목표는 우리에게 주변 세상에 대해 알려주는 것이지, 자신의 메커니즘이 작동하는 모습을 보여주려는 게 아니다. 눈이 한 곳에서 다른 곳으로 건너뛰며 계속해서 스쳐 지나가는 스냅숏을 의식적으로 자각하고 있다면, 우리는 눈이 어떻게 움직이는지를 심하게 인식할 것이다. 그러면서도 세상 자체가 슬라이드 쇼나 하나로 구성된 장면에서 변화하는 이미지 모음 같다는 사실을 전혀 알아차릴 수 없을 것이다.

물론 중요한 것은 우리의 눈에 보이는 극도로 변화무쌍한 광경이 아니라 오직 안정된 세계다. 어떻게 행동할지 판단하기 위해 우리는 분명

이 세상이 어떤 상태인지 알 필요가 있으며, 우리의 뇌는 이 안정적인 세계를 모으고 엮는 복잡한 과정에는 관심이 없다. 우리는 불완전한 암호로 쓰인 메시지를 읽으려는 군인과 같다. 전투에서 다음번 움직임을 결정하기 위해 알아야 할 모든 것은 메시지의 내용이다. 어떤 과정을 거쳐 암호가 망가졌는지, 어떤 뛰어난 전문가들로 구성된 팀과 컴퓨터가 그렇게 만들었는지는 전혀 눈에 보이지도 않고 상관도 없다.

요컨대, 보고 듣는 일이 연속적으로 진행된다는 느낌은 뇌가 우리에게 시각과 청각 세계가 연속적이라고 알려주기 때문에 생겨나며, 주관적 경험은 마음의 작용이 아닌 주변 세계를 반영하기 때문에도 그렇다. 당연하게도 더 일반적으로는 생각의 순환을 감지하기 어려우며 생각의 순환이 지닌 불규칙적인 박동에 따라 '장단을 맞추는 일'이 불가능하다는 결론에 이른다. 의식적 인식은 우리에게 (물론 자기 자신의 몸도 포함해) 세계의 상태에 대해 이야기해 주지만, 그렇게 지각할 수 있었던 과정에 대해서는 알려주지 않는다. 여전히 우리 내면의 서술자는 우리가 '이야기'에 초점을 맞추고 가능하다면 너무 주제넘게 굴지 않는 상태로 남아 있길 바라기 때문이다.

내면의 자아를 의식한다고?

생각의 순환 관점에 따르면 우리의 의식적 경험은 감각적 정보의 의미 있는 구성이다. 이 말이 옳다면, 한 사람의 자아를 의식한다고 말하는 것은 앞뒤가 맞지 않는 헛소리다. 어쨌든 '자아들'은 감각 세계의 일부가 아니기 때문이다. 그리고 의식의 '더 고차원적인' 형태(자의식이 강한 상태를 의식하는 것, 또는 자의식이 강한 상태를 의식하고 있음을 의식하는 것)는 모두 일부 철학자와 심리학자의 지지를 한 몸에 받고 있음에도 과장된 헛소리다.

우리는 마음을 타고 흐르는 그러한 생각들을 표현하는 말의 소리를 의식할 수 있고, 또는 타이핑하면서 화면과 종이에 박히는 단어를 의식할 수 있다. 그러나 그 말 자체만 의식할 뿐, 말 뒤에 존재하는 생각들을 의식하는 것은 아니다. 하물며 말 뒤의 '정신'을 의식하는 것은 더더욱 아니다. 위대한 18세기 스코틀랜드 철학자 데이비드 흄David Hume은 이렇게 꼬집었다. "나로서는, 내가 나 자신이라고 부르는 것에 가장 충실하게 관여할 때면 언제나 열기나 추위, 빛이나 어둠, 사랑이나 믿음, 고통이나 기쁨같이 어떤 특정한 지각을 우연히 발견하게 된다. 나는 언제든 지각 없이 나 자신을 붙잡을 수 없을 것이며, 지각 외에는 아무것도 관찰하지 못할 것이다."[6]

숫자 7에 대한 당신의 의식적 인식에 대해 생각해 보자. 이 숫자는 분명 우리의 감각으로는 담아낼 수 없는 수학적 관념이다. 아마도 당신은 숫자에 대한 어슴푸레한 심상이나, 일곱 개의 점으로 된 무늬가 배열된 모습을 상상하든지, 또는 당신 자신이 '칠'이라고 말하는 것을 들을 수도 있다. 숫자의 다양한 특성이 마음속에 다가올 것이며, 당신은 혼잣말로 "그건 내 행운의 숫자야"라든지 "홀수로군" 또는 "소수에 속하네"라고 할 수도 있다. 그러나 여기에서 우리가 의식하는 것은 수 자체가 아니라 그

수에 간접적으로 관련된 감각적 인상으로, 이를테면 우리가 숫자에 관해 **말**로 표현하는 소리라는 감각적 인상 등이다. 더 곰곰이 생각할수록 숫자 자체를 의식한다는 생각 자체는 점차 더 기묘하게 느껴진다. 분명 우리가 의식하는 것은 사실 자체가 아니라 감각적 인상일 것이며, 무엇보다도 잘 축약된 언어의 조각조각이 우리 마음속을 훑고 지나갈 것이다. '칠'을 의식하는 것은 정말로 가짜나 중고물품 같은 것이다. 그럼에도 우리는 '칠'에 대해 많은 것을 알고 있다. 우리는 칠까지 셀 수 있고, 이 방에 사람이 일곱 명보다 많은지 적은지 판단할 수 있으며, 구구단 7단을 외울 수도 있다.

소위 더 높은 수준의 의식에서도 마찬가지라고 주장하고 싶다. 나는 내면에서 이렇게 말하는 마음의 소리를 들을 수 있다. "나는 내가 의식하고 있는 걸 알아." 그리고 그 점에 대해 나는 내가 의식하고 있음을 의식해야만 하고, 아마도 마음속을 떠다니는 어떤 희미한 시각 이미지를 가지고 있을 수도 있다. 그러나 그 의식이란 이러한 감각적 인상이며, 내가 의식하는 이미지와 언어 조각으로 의미 있게 구성한 것에 지나지 않는다.

우리는 의식이 신념이나 지식, 또는 유사한 개념들과 전혀 직접적으로 연결되지 않는다는 결론을 내릴 수 있다. 나는 파리가 프랑스의 수도인 것은 알지만, 이 사실이나 그 외의 사실들은 의식하지 못한다. 내가 상상 속에서 단조로운 억양으로 '파리는 프랑스의 수도야'라고 말하는 것을 의식하는, 비슷하지만 결코 같지 않은 상황만 제외하고선 말이다. 그러나 이는 사실이 아닌 말을 의식하는 것이기 때문에, 내 의식적 경험은 같은 사실을 다른 언어로 형상화한다면 달라질 것이다. 또는 레스트레이드 경감이 셜록 홈스를 질투한다고 했을 때 그 사실을 의식한다는 것이 무슨 의미일까 생각해 보자. 나는 이 단어들을 정확하게 발음하는 내면의 소리를 의식할 수 있지만, 한 사람이 다른 사람을 질투한다는 추측은 말할 것도 없거니와 어떤 의미에서든 실제 인물들을 의식할 가능성은 없다. 왜냐하면 이들은 실제 인물이 아닌 허구 속 인물이기 때문이다. 마찬가지로 그럴듯해 보이는 사과 홀로그램을 지각하는 의식적 경험은 진짜 사과를 마주했을 때의 의식적 경험과 완전히 똑같을 수도 있다. 감각적 입력과 그 감각적 입력을 사과라고 해석해 내는 뇌의 구성은 두 사과의 경우 모두 동일하기 때문이다. 그러나 의식적 경험 속에는 내가 결코 실재하지 않는 사과의 홀로그램 이미지가 아니라 실제 사과와 정말로 접촉했다고 신호를 보내주는 것이 아무것도 없다. 이러한 의미에서 의식은 반드시 피상적이며, 감각적 경험을 구성해 주는 해석에 의해 정의 내려진다.

따라서 아주 흥미롭지 못한 감각을 제외하고 우리는 정말로 숫자와 사과, 사람들, 그 외에 무엇이든 의식하지 않고 있으며 (내면의 소리를 포함한) 감각적 경험에 대한 우리의 해석을 의식할 뿐, 그 이상은 아니다.[7]

이러한 관점에서 예전부터 각 단계를 켜켜이 쌓아왔다는 '의식의 단계' 탑은 무너져 내린다. 이는 뇌가 우리에게 쓰는 또 하나의 속임수이며, 우리는 흔히 예상하던 것보다 마음이 '더 평평하다'는 또 다른 감각을 느낀다. 의식적 경험은 어떤 감각적 경험이 지각에서 오든, 상상이나 기억에서 생겨나든 간에 그 경험의 겉면들로 구성된다. 우리는 수학의 심오한 개념이나 마음의 '내적 작용' 또는 정말로 의식 자체에 대한 주관적 경험을 하지 않는다. 우리는 이러한 것들에 대해 쓰고 말할 수 있고, 간단한 그림으로 표현할 수 있지만 이러한 말과 기호와 그림의 지각적인 특성만 의식할 뿐이다. 이들 자체가 지녔을 흐릿하고 추상적인 영역을 의식하는 것이 아니라는 것이다. 다시 말해, 우리는 (자신의 마음에서 생겨난 이미지, 고통이나 배고픔같이 몸 내부에서 느껴지는 감각들, 그리고 결정적으로는 내면의 소리 등) 폭넓게 해석되는 감각 정보를 의식적으로 경험하지만, 그 이상은 아무것도 없다.

의식의 경계를 다시 생각하며

해수면이 빙산을 반으로 가르듯 생각을 둘로 나눌 수 있다고 상상하고 싶을 때가 있다. 눈으로 볼 수 있는 의식의 꼭대기와, 물속에 가라앉은 무의식적이고 거대하며 위험한 덩어리로 나뉜다는 것이다. 프로이트와 후대 정신분석학자들은 무의식을 허약하고 자기기만적인 의식적 마음 뒤에 숨은 힘이라고 보았다. 심리학자와 심리치료사, 정신과의사는 가끔 우리의 행동을 통제하기 위해 싸우는 두 가지 (혹은 그 이상의) 다른 정신 체계가 있을 수 있다고 의심하기도 했다. 빠르고 반사적이며 자동적인 하나 또는 여러 무의식적 정신 체계가 있는가 하면, 의식적이고 사색적이며 느린 체계가 있다는 것이다.[8] 신경학자들은 뇌 속에 여러 개의 의사 결정 체계가 존재하며, 적어도 그 가운데 하나는 의식적으로 작동하고, 또 다른 하나는 우리가 어떻게 생각하고 행동해야 하는지에 관해 상반된

권고를 하기도 한다고 주장해 왔다.[9]

그러나 수면 아래에 숨은 어두운 덩어리와 함께 빙산이라는 상상은 중요하지만 완전히 결점투성이를 감추고 있다. 빙산에서 수면의 위아래에 존재하는 물질은 정확히 같다. 파도 아래 깊숙이 숨어 있든, 햇빛에 비쳐 반짝이든 간에 얼음은 얼음이다. 그리고 이러한 이유로 숨겨진 것을 보이게 만들거나 눈에 보이던 부분을 숨겨지게 만드는 일은 그저 자연스러울 뿐이다. 물 위로 끌어 올리거나 저 깊은 곳으로 가라앉혀도 여전히 똑같은 얼음이기 때문이다. 이 은유는 완전히 똑같은 생각이 의식적으로 될 수도 있고 무의식적이 될 수도 있으며 두 상태를 넘나들 수도 있음을 시사한다. 그런 이유로 예전까지 무의식적이었던 생각은 의식의 빛 아래로 꺼내질 수 있다(가벼운 자아 성찰에 의해서든, 치밀한 자기 탐구에 의해서든, 또는 몇 년에 걸친 정신분석에 의해서든 상관없다). 그리고 한때 의식적이었던 생각은 무의식으로 가라앉을 수도 있다. 빙산의 은유를 계속 가져가기 위해서는 똑같은 이야기가 개인적인 생각뿐만 아니라 전체적인 우리의 생각의 과정에도 적용되어야 한다. 우리의 의식적인 생각의 흐름은 그림자 같은 무의식의 생각, 고통, 그리고 상징적인 해석과 아주 유사하다. 이 무의식적인 정신활동은 의식적 생각과 똑같으며 유일한 차이점은 의식적 인식의 차원 아래로 깊이 감춰져 있다는 사실뿐이다.

빙산의 은유는 더 이상 오해의 소지가 없다. 이미 우리는 우리가 언제나 감각적 정보의 해석 결과를 의식하고 있으며 이러한 해석이 만들어지는 과정에 대해서는 절대로 의식하지 않는다는 결론을 내렸음을 떠올려보자. 의식과 무의식 간의 분열은 생각의 다양한 유형 사이사이를 구분 짓는 것이 아니다. 그 대신 이는 개별적인 생각 내에서 그 자체를 가르는 것이다. 즉 우리 생각의 의식적 결과와 그것을 만들어낸 무의식적 과정 사이를 가른다는 의미다.

이 세상에 의식적인 생각과 무의식적인 생각이라는 것은 없다. 그리고 의식으로 들어오고 나가는 생각 같은 것도 없다. 단 한 가지 유형의 생각 만이 존재할 뿐이며 그러한 생각에는 각각 두 가지 측면이 있다. 의식적 인 판독과 그 판독을 만들어내는 무의식적 과정이다. 그리고 우리는 간의 생물학적 작용에 대해 의식적으로 접근할 수 없는 것과 마찬가지로 이러 한 뇌의 과정에도 의식적으로 접근할 수 없다.

무의식적이지 않은 무의식적인 마음

무의식적 생각은 유혹적이고도 강력한 미신이다. 그러나 무의식적 생 각이 존재할 가능성 자체가 뇌의 기본적인 작동 원리와 충돌한다. 즉 1천 억 개 뉴런을 아우르는 협력적 계산은 오직 순간적 문제에만 연결된다.

프로이트보다 앞선 시대에는 그러한 결론이 자연스러워 보였을 수도 있다. 그리고 무의식적 생각이라는 개념은, 생각이라는 개념이 의식적 경험과 묶여 있기 때문에 상당히 역설적으로 보였을 것이다. 그런데도 프로이트 이후 우리는 '무의식'이라는 개념에 익숙해져서 그 개념에 과한 애착을 느낄 정도였다. 따라서 생각과 행동의 예상치 못했던, 모순적이 고 통찰력 넘치거나 자멸적인 측면은 모두 우리의 허약하고 의식적 자아를 방해하는 신비한 어둠의 힘 때문이라고 탓할 수 있었다. 현재 우리가 하고 있는 논의가 옳다면, 의식의 정식적 과정의 아래에서 작동하는 또 다른 마음이나 체계, 또는 사고방식은 존재할 수 없다. 뇌는 (적어도 주어진 뉴런 연결망은) 한 번에 한 가지 일만 할 수 있기 때문이다.

지금껏 보았듯, 이러한 생각의 순환의 작동은 결코 우리에게 투명하지 않다. 우리가 의식하는 것은 산출물, 즉 감각적 정보의 의미 있는 구성이 전부다. 의식적 경험의 흐름은 '의미'의 연속이지만 그러한 의미를 만들어내는 과정(과 그러한 작업의 기반이 되는 감각적 데이터와 기억)은 우리가 절대로 직접 접근할 수 없게 되어 있다. 그리고 이는 놀라운 일이 아니다. 우리는 우리의 폐와 위가 어떻게 일하는지 직접 들여다볼 수 없다. 그러니 뇌라고 뭐가 다르겠는가? 따라서 생각과 행동을 통제하기 위해 경쟁하는 두 가지 사고 체계가 있다고 생각하기보다는, 그저 감각적 산출물에 의미를 부여하면서 주기별로 고군분투하는 **단 하나의 체계**만 있다고 봐야 한다. 의미 있는 해석은 의식할 수 있고, 패턴과 사물, 색깔, 목소리, 말, 글자, 기타 등등의 세계를 만들어낸다. 이러한 해석을 끌어내는 뇌의 처리 과정을 의식하려는 것은 생리적 과정을 의식하려는 것과 다를 바 없다.[10] 소설가들은 우리 머릿속에서 돌아가는 수다와 상상력을 착취해 내지만, 버지니아 울프의 《등대로》와 제임스 조이스의 《율리시스》에 등장하는 의식의 흐름은 가장 깊숙한 곳에 있는 마음의 움직임이 아니라는 것에 주목해 보자. 실은 정반대에 가깝다. 서술 기법은 기껏해야 부분적인 결과와 작용, 중간 단계처럼 성공한 생각의 순환의 산물을 연속해서 보여줄 뿐이다. 그러나 이러한 부분적인 단계는 가끔 유용한 단서들을 준다. 실제로 노벨상 수상에 빛나는 심리학자이자 컴퓨터과학자, 경제학자, 사회과학자인 허버트 사이먼Herbert Simon은 사람들이 추론하거나 문제를 해결하는 동안 획득한, '소리 내어 생각하기'의 데이터를 분석해 보는 것의 가치를 엄청나게 강조한다.[11]

그러나 이러한 데이터는 그저 단서에 지나지 않는다. 생각의 순환이 아이디어나 십자말풀이 정답, 체스 말의 움직임 등을 창작해 내는 과정은 완전히 의식의 범주 바깥에 남아 있기 때문이다. 그리고 그처럼 왜 어떤 아이디어는 마음속에서 '솟아나는' 반면에 그렇지 않은 아이디어도 있는지에 관한 질문들 역시 마찬가지다. 결국 우리는 지각적 경험의 결과만 볼 수 있는 것이다. 즉 사물과 색깔과 움직임을 보고는 있지만, 우리가 이 세상을 그렇게 보기 위해서 뇌가 거치는 계산에 대해서는 아무런 통찰도 하지 않는다는 의미다.

그렇다면 우리는 적어도 순간순간 우리의 '의식의 흐름'을 가로지르는 존재에 대해서 뭔가 이야기할 수 있는 것처럼 보인다. 우리는 어느 정도 제한된 수준에서, 다시 말해 생각의 순환의 작동이 아니라 그 연속적인 산출물에 관해서는 자기성찰을 할 수 있다. 그러나 그러한 의식적인 상태를 보고하는 것조차 위험한 일이다. 철학자 존 스튜어트 밀John Stuart Mill은 다음과 같은 유명한 말을 남겼다. "스스로에게 당신이 행복한지 물어보라. 그러면 그렇게 느끼기를 그만두게 될 것이다."[12] 또한 자기성찰에 대해서도 그와 유사한 위험성이 도사린다. "스스로에게 무엇을 생각하는지 물어보라. 그러면 그에 관해 생각하기를 멈추게 될 것이다."

가시 돋친 구부터 인생의 의미까지

뇌는 우리가 현재 관심을 기울이는 감각적 정보를 정리하고 이해하기 위해 끊임없이 허우적댄다. 우리는 도표 36을 보고 검은색과 흰색 모양의 배열을 설명하기 위해 '가시 돋친 구'를 만들어내어 의미를 찾아낸다. 그리고 의미를 찾으려는 바로 그 똑같은 동기는 당연하게도 대화의 일부, 글의 문단들, 전체 희곡이나 소설에 적용된다. 물론 영화나 교향곡 전체를 이해하려는 시도는 여러 순차적인 단계를 밟으면서 극적이거나 음악적인 사건이 일어나는 대로 그 흐름을 따라가다가 상호 관계와 중요성을 고려하며 진행될 것이다.

우리가 이러한 사색에 접어들어 탐색하고 비판적으로 분석할 때 무슨 일이 일어나는지 고민해 보는 일은 흥미롭다. 예를 들어, 한 영화를 떠올렸을 때 우리는 플롯을 이해하고 실제적이거나 분명한 결점들을 지적하려 들고("그녀가 그때 열쇠를 가지고 있었다면, 왜 애초에 그걸 풀지 못한 거야?"), 또한 등장인물의 생각과 동기를 파악하려고 한다("로미오와 줄리엣은 그냥 사랑의 열병에 걸린 것뿐이야. 서로를 거의 알지도 못하잖아!"). 영화 속 배경과 연기를 다른 영화와 책과 연결 지을 수도("저 장면은 영화 〈카사블랑카〉에서 그냥 튀어나온 거 같은데"), 아니면 현실과 연결 지을 수도 있다("저건 경찰의 절차를 완전히 위반한 거잖아!" 또는 "1950년대의 스페인을 멋지게 재현했어").

우리는 특정한 분석과 비판 자체가 타당한지 논쟁하면서 한 걸음 물러설 수도 있으며("그건 완전히 비현실적이야", "경찰 훈련 영화가 아니라 탐정 소설이 되어야 한다고"), 분석과 재분석, 평가와 재평가를 위한 수다를 무한 정으로 계속할 수 있다. 어쨌든 인도의 대서사시 《마하바라다》나 호메로스, 단테, 셰익스피어의 작품들은 과거에도 오늘만큼이나 수많은 비판적 분석의 대상이었을 것이다. 그리고 가장 넓은 의미에서 그러한 논의는 문학과 미술 작품이 **의미하는 바**에 관련된다. 이들의 내부 구조, 다른 문학 또는 미술 작품과의 관계, 역사와 사회에 대한 의미, 그리고 21세기를 살아가는 우리에게 주는 의미까지.

우리가 문학 작품과 미술 작품에 의미를 부여하는 방식이, 일상에서 사건과 이야기와 관계를 이해하는 방식과 많은 공통점을 지닌다고 생각한다. 인생을 살아가면서 우리는 계속해서 우리에게 생겨나는 일들을 이해하려고 끊임없이 노력한다. 우리의 인생을 다른 인생과 미술과 문학과 영화에 등장하는 인생에 비교하며 가끔은 한 발짝 물러서서 삶의 다양한 조각이 어떻게 함께 들어맞는지(아니면 맞지 않는지)를 이해하려고 애쓴다. 그리고 다른 사람의 삶과 우리의 관계, 우리가 속한 집단, 관여하고 있는 프로젝트 등에 대해서도 똑같이 노력한다. 미술과 문학과 마찬가지로, 우리는 자신의 인생뿐만 아니라 인생에 대한 우리의 분석과 평가에 대해서도 끊임없이 논의하고 재고할 수 있다.

그러한 평가는 **의미**에 관한 것이다. 우리 인생을 이해하기 위해서는 무엇이 최선인가, 그리고 미래에 인생을 더욱 의미 있게 만들기 위해서는 무엇이 최선인가. 이러한 광범위한 시각에서 의미를 찾기 위해서는 서로 잘 맞아떨어지고, 패턴을 찾고 일관성을 모색하는 것이 중요하다. 따라서 생각의 순환은 그저 '당장에' 작동하면서 우리를 공격하는 감각 경험의 흐름에 해석을 부여할 필요는 없다. 우리는 단순히 삶을 살아가는 것이 아니라, 무슨 일이 일어나고 왜 일어나는지에 대해 견해를 밝히려고 빈번히 한 걸음 물러나 생각해 보기도 하고, 딱히 정해진 경계도 없이 자신이 내놓은 비판의 타당성을 궁금해하기도 한다. 그러나 이러한 매 순간에 생각의 순환에 단 하나의 업무만 있다. 즉 감각적 정보(결정적으로 언어적 정보를 포함한다)를 추적해 따라가면서 가능한 한 많은 정보를 정리하고 해석하는 것이다.

해석의 과정은 국지적이고 단편적이며, 우리는 전체 문학 작품과 교향곡 전곡, 또는 전체적인 인간관계의 의미를 떠올리기 위해 '줌아웃'을 할 수는 없다. 물론 줌아웃할 수 있다고 상상하는 것은 위대한 착각의 또 다른 변주에 말려드는 것이다. 현실에서는 우리의 마음이 하나의 경험이나 비평, 또는 논쟁에서 또 다른 것들로 급히 나아갈 때 우리가 복잡한 전체를 그 완전한 상태로 동시에 포함한다고 상상하는 것 역시 위대한 착각이다. 물론 아무런 제한도 없이 미술과 문학, 인생을 논할 수 있으며, 생각의 순환은 예전에 지나간 이러한 단편들에 의미를 부여하려고 애쓴다.

무에서 '의미'를 창조해 내는 우리의 능력은 훌륭하게도 게임과 운동에서 사례를 찾아볼 수 있다. 한쪽에 있는 직사각형 틀을 향해 공을 차고 또 다른 직사각형 틀로부터는 멀어지려는 것은 어떻게 '의미 있는' 행동이 될 수 있는가? 또는 특별히 설계된 막대기로 작고 하얀 공을 가능한 한 적은 횟수만큼 쳐서 땅에 있는 작은 구멍 안으로 넣는 일은 어떤가? 또는 톡톡 튀는 노란 공을 줄로 만든 라켓으로 쳐서 가로 그물 위로 왔다 갔다 날려버리는 것은 어떤가? 그러나 축구, 골프, 테니스와 그 외 여러 게임과 운동은 아마도 수백만 명의 사람들이 자기 시간을 투자하는 가장 의미 있는 방식 가운데 하나일 것이다. 여기에 관련된 행동과 도전은 더 고차원의 목표를 달성하지는 못하지만, 상황이 좋을 때(한 번의 숏이 다음 숏으로 이어진다), 엉망진창으로 게임과 운동을 했을 때(움직일 때마다 다음 움직임을 방해한다) 등 이러한 것들이 조화를 이룬다.

그런데도 일관성 있는 의미만으로는 충분치 않다고 생각하고 싶은 충동이 든다. 즉 우리의 삶은 어떤 궁극적인 목표, 즉 일상적인 이해를 넘어서고 어쩌면 우리 가장 깊은 곳에 자리한 목표에 의해 이끌려 갈 수 있다. 아니면 우리는 그러한 탁월한 의미는 존재하지 않으며 인간의 인생은 그저 생명이 존재하지 않는 광활한 우주 한구석에서 일어난 짧고 목적 없는 생화학적 움직임일 뿐이라고 결론 내릴 수도 있다. 나는 이렇게 생각하고 싶은 충동, 그리고 희망과 절망으로 이어지는 경향은 둘 다 오해를 기반으로 삼고 있다고 생각한다.

의미의 탐색은 각 생각의 순환의 목표가 된다. 그리고 의미에서는 생각과 행동, 이야기와 예술품, 게임과 운동을 정리하고 배열하고 패턴을 만들고 이해하는 것이 중요하다. 요컨대 의미를 찾는 일은 일관성을 찾는 것에 관한 것이며, 그 일관성은 한 번에 하나씩 만들어진다. 의미를 찾는 일은 절대로 끝나지 않지만, 지속적으로 도전과 논쟁을 받아들인다.

그래야만 한다. 소설과 시와 그림은 아무리 심오하더라도 개별적인 인간의 삶만큼 풍요롭고, 복잡하고, 도전적이며, 끝도 없이 재평가와 재해석에 열려 있을 수는 없다.

CHAPTER 11

원칙이 아닌 선례

체스의 이상한 사례

1922년 세계를 제패한 체스 챔피언인 쿠바의 호세 라울 카파블랑카José Raúl Capablanca는 오하이오주 클리블랜드에서 103명의 경쟁자와 동시에 대결했다. 일곱 시간 후 그는 102개의 경기에서 승리를 거두었고 한 번은 무승부가 되었다. 그러나 계산할 시간도 거의 없다시피 한 이 상황에서 어떻게 이런 승리가 가능했을까?

카파블랑카가 번개처럼 빨리 움직이는 뇌로 번개처럼 빠르게 체스를 두었으리라고 상상하는 것은 너무나 자연스럽다. 그는 분명 상대편보다 빠르게 움직이고 역공하면서 여러 갈래로 경기를 펼쳤을 것이다. 이것이 정말로 카파블랑카의 비결이라면, 그가 그냥 백 번의 무승부를 이루기 위해서라도 백 명의 경쟁자보다 100배는 빠르게 계산해야 함을 시사한다(결국 카파블랑카는 다음 차례의 움직임을 생각해 낼 시간이 상대편의 백분의 일밖에 안 되기 때문이다). 그뿐만 아니라 상대편과는 달리 체스판과 체스판 사이에서 움직이기 위해 어마어마한 시간을 보내야 했을 것이다(반면에 상대편들은 단 하나의 게임에 계속 집중할 수 있었을 것이다). 총 일곱 시간 동안 그는 평균적으로 1분에 10번 움직였다. 이러한 속도는 다음 차례 체스판으로 옆 걸음질을 하고, 빠르게 훑어본 뒤, 말을 움직이고, 다시 다음 게임으로 옮겨 가는 동안 일정하게 유지되었다. 그리고 카파블랑카의 장점이 번개같이 빠른 계산이라면, 이는 상대편의 계산 속도에 맞추는 정도가 아니라 그 속도를 어지간히 능가해야 한다는 의미였다. 어쨌든 상대편은 철저히 뭉개졌다. 요컨대 카파블랑카의 비결이 번개처럼 빠른 계산이라 할 때 분명 그 누구보다 수백 배는 빠르게 계산한다고 추측할 수 있었다. 이를테면 인간 슈퍼컴퓨터였다.

이제 이 이야기는 컴퓨터 체스를 위해 꽤 훌륭한 모델이 될 것이다. 물론 컴퓨터 프로그램의 체스 실력은 프로그램이 얼마나 영리하게 설계되었는지에 달렸다. 그러나 지난 몇십 년간 컴퓨터 체스 수준이 극적으로 상승한 결정적 요인은 컴퓨터 처리의 원속도가 똑같이 극적으로 빨라졌다는 것이다. 현재의 컴퓨터 체스 프로그램은 정말로 빛의 속도로 계산을 하고, 초당 수백만 가지의 체스판 위치를 판단할 수 있다. 따라서 초스피드의 컴퓨터 체스 프로그램이 500배 또는 1000배 이상 빠르게 계산할 수 있다면, 더 느리게 계산하는 백 가지 이상의 체스 프로그램을 동시에 이길 수 있게 된다. 초스피드 컴퓨터는 그저 자신이 만들 수 있는 움직임과 상대편이 만들어내는 반격의 움직임을 더 깊이 들여다볼 수 있는 것이다.

그러나 카파블랑카는 번개처럼 빠른 계산 기계의 뇌를 가지고 있지 않았고, 그런 뇌가 필요하지도 않았다. 체스판을 흘깃 보는 것만으로 지난번의 경기와 지난번의 좋은 (그리고 나쁜) 움직임을 떠올릴 수 있었기 때문이다. 여기에서 단서 하나는, 실험을 통해 체스의 대가가 과거 실제 체스 경기에서 체스 말의 위치를 기억해 내는 경이로운 능력을 갖췄다는 것을 보여줬다는 점이다. 최고의 체스 선수는 5초 안에 체스 위치의 구조를 '읽을' 수 있는데, 그는 말의 익숙한 패턴에 주목하면서(예를 들어, 킹과 룩은 폰 뒷줄에 놓는다, 앞으로 전진한 중앙의 폰들은 나이트가 보호해 준다 등) 어떤 말이 위협을 받는지 판단하고, 어떤 위치가 무엇을 **의미**하는지 찾아보는 것이다. 그리고 이것만으로도 높은 수준의 다음 움직임을 결정할 때뿐만 아니라 그 위치를 기억하는 데 충분하다. 실제로 체스의 대가는 몇 분, 심지어 몇 시간 후에도 정확한 위치를 회상해 낼 것이다. 비전문적인 체스꾼들에게 이 놀라운 재주는 대가들이 어마어마한 기억력으로 환상적인 계산 능력을 보완하고 있음을 시사한다. 그러나 이 재주는 우리가 엄청나게 긴 글자들의 나열을 암기하는 능력보다 딱히 놀라울 것도 없다. 우리는 그저 이 문장에서처럼 글자들이 의미 있게 배열되어 있기 때문에 암기할 수 있는 것이다. 영어나 심지어 로마자에 익숙지 않은 누군가에게는 이러한 능력도 믿기 어렵다고 느껴지는데, 바로 그들은 이 문장에 아무런 의미도 부여할 수 없기 때문이다(당신 역시 처음 보는 먼 나라의 언어로 쓰인 여러 줄의 문자들을 기억할 수 있는지 한번 떠올려보자). 또는 기나긴 음악 부호의 연속을 그대로 재현해 낼 능숙한 음악가의 능력을 떠올려보자. 이 부호들은 의미 있는 선율로 바꿀 수 있기 때문에 암기가 가능한 것이다(대부분 사람에게 오선지 위의 음표가 만들어내는 패턴은 까다롭고 알아듣기 힘들 뿐이다). 각 경우에 기억은 이해의 부산물이 된다. 우리가 해석할 수 없는 것은 기억할 수도 없다.

그렇다면 체스의 대가는 비범한 정신적 능력 때문이 아니라, 기나긴 경험을 통해 특별히 능숙하게 체스판 배치의 의미를 찾아내는 법을 알아냈기 때문에 특별한 것으로 보인다. 그리고 이들은 과거의 체스판 배치라는 기억 흔적에 현재의 체스판 배치를 연결할 수 있기에 이렇게 할 수 있는 것이다. 이러한 기억 흔적을 습득하기 위해서는 수천 시간의 체스 연습이 필요하다.

두 가지 추가적인 관찰이 이러한 설명을 강화해 준다. 첫 번째는 대가들이 저지르는 실수의 특성과 관련한다. 이들은 거의 틀림없이 게임의 진척을 위해 중요한 말을 기억해 내지만, 주변부 말들이 아무런 적극적인 역할을 하지 않는 부분에서는 정확한 위치가 확실하게 입력되지 않는다. 반면에 체스를 하지 않는 사람들은 온갖 실수를 저지르고, 당연하게도 체스판은 그저 말들이 뒤죽박죽 섞여 있는 난장판일 뿐, 위협과 반격과 방어가 미묘하게 맞물려 있는 곳이 아니게 된다.

두 번째는 체스의 대가들이 임의적인 체스판 배치를 기억할 때 평범한 우리보다 그다지 나을 것도 없다는 점이다. 이들의 우월한 기억력은 제멋대로 된 배치를 마주했을 때 바로 사라져 버린다. 이들은 과거의 체스 경험이 지닌 위대한 레퍼토리와 관련해서 이러한 체스판에 아무런 의미 있는 해석도 부여할 수 없기 때문이다.[1] 마찬가지로, 영어 독자는 글자의 임의적인 배열을 파악하느라 진땀을 빼고, 음악 전문가는 음표의 임의적인 배열이 들어선 수풀을 기억해 낼 특별한 능력을 갖추고 있지 않다.

현재의 체스판 배치를 과거 배치의 광대한 자료들과 연결해서 이해하는 능력은 올바른 방향으로의 움직임을 선택해야 하는 문제를 굉장히 단순화한다(영어와 친숙한 사람이 영어 문장을 계속 이어 말하는 일을 상대적으로 수월하게 하고, 음악 전문가가 단순한 선율로 된 그럴듯한 다음 마디를 쓸 수 있는 것과 마찬가지다). 물론 체스에서는 게임을 좀 더 멀리 내다보려 할 때면 여러 가능한 연속적인 움직임이 폭발적으로 나타나지만, 그러한 움직임 대부분은 매우 믿기도 어렵고 무시해 버려도 좋다.

체스의 대가들은 상대편보다 더 빨리 계산하고 몇 수 더 빨리 움직임을 읽는 그런 인상적인 수준의 능력에 도달하지는 못했다. 대신 아마추어 체스 선수보다 아주 약간 앞서서 볼 뿐이다. 그러나 이들은 과거 경험에 대한 기억 흔적이 있고 체스 배치에 대한 의미 있는 분석이 모인 덕에 오직 최고의 움직임에만 초점을 맞추고 나머지는 무시할 수 있게 된다.

카파블랑카에게는 풍부한 경험 외에 체스 '이론'도 없음을 주목해 보자. 그는 여러 유명한 체스 책을 썼는데, 그 가운데 한 권은 자신만만하게 이름 붙인 《체스의 원리 Chess Fundamentals》로 이 책에서는 열정 넘치는 선수들을 이끌어줄 '원리'들을 나열하고 있다.[2] 그러나 현실적으로 이러한 원리들은 유용한 주먹구구식 원리를 삽화로 표현한 유익한 사례들의 연속이다. 뉴턴의 법칙에 맞먹는 체스의 원리 따윈 없으니까.

체스 두는 법을 배우는 일은 각 체스판에 의미를 부여하는 일이며, 각 체스판은 과거의 체스판에 부여된 의미를 통해 봤을 때 더욱 쉽게 이해된다. 아마도 그 어떤 영역에서나 전문 지식은 아무리 놀랍다 하더라도 우월한 정신적인 계산 능력이 아닌 더 풍요롭고 심오한 경험에 기반을 둘 가능성이 높다. 카파블랑카는 예전의 체스 배치에 의미를 부여한 방대한 **선례들**을 가지고 있기 때문에 새로운 체스를 둘 수 있고, 이러한 선례들을 그 누구보다 창의적이고 효율적으로 활용할 수 있었을 것이다. 그리고 이러한 것이 기술과 학습, 기억과 지식이 항상 효과적으로 쓰이는 방식일 것이다. 우리는 과거의 순간적인 생각 꼭대기 위에 켜켜이 순간적인 생각을 쌓으면서, 정신적 표면 전체에 걸친 넉넉한 연결망을 따라가는 것이다.

지각과 기억의 공명에 관해

각 새로운 체스 말의 위치에 대한 해석은 과거의 체스판 배치에 관한 엄청나게 많은 해석에 달려 있다. 그리고 같은 방식으로, 매일의 일상에 대한 해석은 과거의 일상적인 장면에 관해 저장해 두었던 해석들에 달려 있다. 실제로 지각은 우리의 감각적 투입을 과거 경험에 대한 기억과 연결 지으면서 작동하며, 가끔은 가장 유연하고 창조적인 방식으로 움직인다. 우리는 새로운 감각적 인상이 생겨날 때마다 해석하는 것이 아니라, 과거의 감각적 인상의 기억 흔적으로부터 해석한다. 도표 37에 나오는 꽤 유쾌한 '발견된 얼굴들'을 한번 생각해 보자. 표면적인 모양으로 봐서

도표 37 발견된 얼굴들

는 이 물건들, 여러 가지로 다양한 가죽 가방, 치즈 강판, 나뭇조각과 세면대의 구석 부분은 인간의 형상과는 거리가 아주 멀어 보인다. 그러나 우리가 이 모습들을 볼 때, 단순히 얼굴들이 아니라 개성과 표현을 지닌 얼굴들이 거의 즉각 눈에 들어온다. 심지어는 각 사물이 무생물인 점을 감안했을 때 특히 적절치 않게 연민마저 느낀다.

이렇게 생각의 순환은 감각적 입력을 정리하고 구성하되, 이를 위해 입력 자체가 아닌 과거 입력의 기억 흔적과의 '공명'에 의존한다(도표 38). 예를 들어, 우리가 과거에 마주쳤던 얼굴들 같은 것이다. 뇌는 한 번에 하나의 단어, 얼굴, 패턴을 해석하지만 해석을 위해서는 현재의 자극과 엄청난 양의 과거 자극의 해석을 기억해 내서 그 둘 사이에 존재하는 연결점을 동시에 찾아낸다. 현재의 자극과 과거의 자극 간의 '공명'은 표면적인 유사성으로 정의 내려지는 것이 아니다. 그렇지 않다면 뇌는 오직 과거에 본 은색 금속 상자 같은 물건의 관점에서만 치즈 강판을 해석할 수 있을 뿐, 얼굴로는 보지 않을 것이다. 그러나 뇌는 '전혀 얼굴 같지 않은'

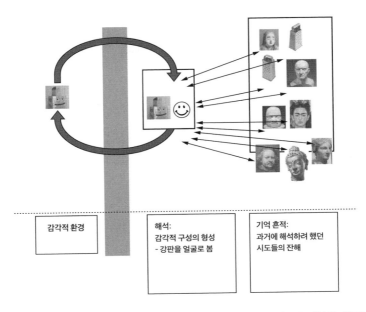

감각적 환경

해석:
감각적 구성의 형성
- 강판을 얼굴로 봄

기억 흔적:
과거에 해석하려 했던
시도들의 잔해

도표 38 지각과 기억의 공명. **왼쪽 상자**: 우리의 감각은 매우 애매한 정보를 제공한다(도표 37에 나오는 얼굴처럼 생긴 치즈 강판을 보자). **중간 상자**: 우리는 강판을 어딘지 바보같이 씩 웃는 얼굴로 해석한다(이러한 해석은 스마일 표시로 묘사되었다). 그러나 강판 또는 얼굴로 이미지를 해석하는 것은 당연히 강판과 얼굴에 대한 과거 경험의 변형에 의존한다. 해석은 과거의 기억 흔적의 변형을 포함한다.

물건에서 '눈과 입'의 패턴을 신속하게 찾아낸다. 도표 37의 '발견된 얼굴'들은 뇌가 어떻게 추상적이고 유연하게 현재의 입력에 의미를 부여하기 위해 과거의 (얼굴에 대한) 기억 흔적을 발견해 내는지에 대한 실제 사례일 뿐이다.

그러나 지각과 기억 간의 공명은 '동시에' 생겨나야 한다. 우리의 뉴런을 떠올려보면, 현재의 지각적 입력과 기억 흔적의 막대한 레퍼토리 중 각자의 짝을 한 번에 하나씩 맞추는 일은 실행이 불가능할 정도로 느릴 것이다. 그리고 새로운 자극을 해석할 때 뇌는 어떤 기억을 찾아야 할지도 잘 모를 수 있다. 실제로 기억 흔적의 전체량에 쉽게 잘 의지해 버리는 것처럼 보인다. 해석이 이뤄지기 전에 뇌는 어떤 기억이 관련이 있을 것인지 알 수 없으며, 따라서 기억 모두를 검색해 봐야 한다.[3]

이러한 관점에서 각 지각적 해석이 과거 해석의 기억에 기반하고 있음을 주목하자. 우리는 **절대** '신선한 눈으로' 이 세상을 볼 수 없다. 각 새로운 해석은 과거 해석의 결합물이자 변형이다. 당신이 단어를 읽고, 얼굴과 체스판을 '읽는다'고 했을 때 무슨 일이 벌어지나 생각해 보자. 그러한 지각적 해석은 우리의 언어와 문자 체계에 대한 오랜 과거 경험, 다른 사람들과 상호작용해 온 긴 역사, 그리고 체스 게임을 했던(해본 적 있다면) 과거 경험의 특성 등에 의존한다. 언제나 그렇듯 우리는 생각의 **산출물**, 즉 현재의 해석 결과만을 인지할 뿐이다. 그 산출물을 내놓는 다른 모든 정신적 처리 과정은 절대로 의식할 수 없다. 따라서 우리는 기억이 활성화된다거나, 현재의 자극을 해석하기 위해 어떻게 변화하고 결합하는지는 인지하지 못한다. 우리는 모국어에 귀를 기울일 때, 언어음과 단어와 멈춤이 마치 말 그대로 음성 신호의 관찰 가능한 측면인 양 '듣는다'. 그러나 완전히 낯선 언어에 귀를 기울일 때면 우리는 이해할 수 없고 분류되지 않으며 완전히 혼란 그 자체인 소리의 흐름과 마주한다. 여기에서 차이는 우리의 언어에서 새로운 소리의 흐름을 과거에 해석했던 광범위한 언어음과 맞춰본다는 데 있다. 과거의 언어 입력에 대한 과거의 해석으로부터 비롯된 많은 기억 흔적에서 새로운 음성 입력을 해석할 수 있다. 그리고 갓 생겨난 음성 입력은 점점 확장되어 가는 역사를 기반으로 새롭게 해석된다. 다른 기술을 배우는 것과 같이 우리는 몇 달, 몇 년 동안 언어의 암호를 하나하나씩 해석해 나간다. 또한 다른 기술을 배우는 것과 같이 현재의 능력만 인지할 뿐, 그 능력이 의존하는 수없이 많은 기억 흔적은 깨닫지 못한다.[4]

기억 흔적은 무엇일까? 여기에는 어떤 정보가 담겼을까? 가장 자연스러운 대답은 기억 흔적이란 그저 과거의 지각적 입력에 대한 과거의 해석의 잔해에 지나지 않는다는 것이다. 우리가 아는 바로는, 이러한 잔해는 나중에 재구성되거나 걸러지거나 수정되거나 깔끔하게 정리되지 않는다. 그리고 각 기억 흔적을 일관성 있는 기록보관소에 보관하고 색인을 다는 내면의 사서 같은 것은 존재하지 않는다. 지각 처리에 대한 각 개별적인 사건의 잔해는 언제나 그렇듯 생겨난 자리에 그대로 머문다. 뇌는 다음 차례의, 또 그다음 차례의 생각의 순환 때문에 곧장 바빠지기 때문이다.

따라서 뇌는 경험으로부터 심오하고 추상적인 원리를 뽑아내려 하는 이론가가 아니다. 대신에 가능한 한 현재에 과거의 결합물과 변형을 연관지어서 현재를 처리하려는 데 초점을 맞춘다. 이러한 관점에 따르면 기억 흔적은 과거 처리 과정의 파편으로, 기억에 저장된 것은 날것 그대로의 감각적 입력이 아니라 과거의 해석이라는 것이다. 따라서 예를 들어 우리가 어떤 상황에서 치즈 강판을 얼굴로 본다면, 그러한 해석은 기억 속에 저장된다. 우리가 다음번에 비슷한 치즈 강판과 마주친다면 그 강판 역시 웃는 얼굴로 볼 가능성이 높다. 우리는 해석을 기억하기 때문이다.

정반대로, 해석되지 않은 감각적 세계의 측면은 잊힐 것이다. 지나치게 읽기 어려운 손 글씨나 이해하지 못한 언어의 단편들, 또는 먼 곳에 있어서 눈여겨보지 못했던 나무들의 윤곽 등은 이러한 관점에서 기억 속에 저장되어 미래의 분석에 쓰인다거나 훗날의 지각을 형성해 주는 것이 아니다. 그저 영원히 잊힌다.

따라서 지각과 기억은 복잡하게 얽혀 있다. 친구와 말 그리고 멜로디를 알아차리는 일은 단순히 지각적 입력의 다양한 측면과 함께 연결된 것이 아니라, 얼굴과 말과 멜로디의 저장 기억의 파편들과 이어져 있는 것이다. 예를 들어, 아는 얼굴이 보통은 막연하게 친숙하게만 느껴지는 것이 아니라, 우리는 그 사람에 관한 정보에도 접근할 수 있다. 어느 단어에 대응되는 글자의 나열은 일반적으로 그 의미와 소리, 그 외에 많은 것과 연결된다. 그리고 노래를 알아듣는 것은 그에 관련된 가사와 가수, 처음 그 노래를 들은 시기 등을 떠오르게 만든다. 따라서 우리 감각을 타고 들어오는 정보의 해석은 기억된 정보의 거대한 몸체에 의존한다. 그러나 이러한 정보는 물론 과거의 감각적 정보에 대한 과거의 해석을 기억하는 것에 지나지 않는다. 오늘의 기억은 어제의 지각적 해석이다.

따라서 성공적인 지각이란 우리에게 필요할 때 현재의 감각적 입력을

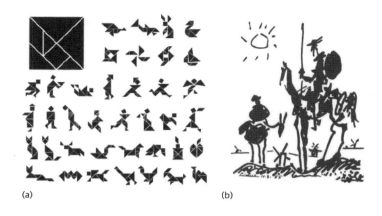

(a)   (b)

도표 39 　기억과 지각의 상호작용. (a) 칠교는 정사각형을 분할해서 만든 일곱 가지 단순한 기하
　　　　학적 모양이다(왼쪽 위). 그러나 사람과 동물과 사물 등을 거의 무한에 가깝게 다양하게
　　　　따라 만들 수 있다. (b) 피카소의 유명한 돈키호테 스케치. 산초 판자와 먼 곳에 있는 풍
　　　　차 배경은 깜짝 놀랄 만큼 대충 그려졌지만, 이 문학 속 등장인물들과 타오르는 태양, 그
　　　　리고 황량한 스페인의 풍경을 떠올리기에는 충분하다.

이해할 '적절한' 기억 흔적을 거의 즉각적으로 떠올리고 효율적으로 이용

할 수 있는 것이다. 평생 축적된 그러한 흔적들의 순전한 수로만 보면 놀

라울 정도다. 그리고 적절한 기억이 상당히 우회적으로 지각적 단편에

연결되어 있음을 깨닫는다면 더욱 놀라운 일이다. 외견상 가죽 가방과

치즈 강판, 나뭇조각, 세면대의 이미지는 얼굴의 기억을 촉발할 수 있으

며(도표 37), 종이 위에 납으로 몇 번 자국을 내는 것은 인간의 형상이나

풍경을 떠올리게 만든다(도표 39 (b)). 그리고 똑같은 기하학적 모양을 재

배열하는 것만으로 로켓, 무릎 꿇은 사람, 토끼와 다른 많은 이미지를 상

기시킨다(도표 39 (a)). 그리고 이와 같은 생각의 유연성은 당연히도 우리의 언어와 생각 구석구석에 스민 은유를 통해 일어난다. 즉 한 가지에 대한 기억은 매끄럽고 자연스럽게 다른 것에 대한 기억으로 연결된다. 따라서 우리는 우리의 고용주를 지휘자, 장군, 로봇 또는 상어로 다양하게 '볼' 수 있다.

지각적 정보나 기억 정보가 어떻게 분석되는지 볼 수 있는 유용한 방식은 주어진 정보(기억과 지각에서 나온 단서)가 패턴이 제공하는 부분들이며 패턴의 틈새를 '채워주는 것'이 뇌의 업무라고 생각하는 것이다. 그러나 이는 어떤 지식을 한 영역에서 전혀 관련 없는 주제로 옮겨버리는 뇌의 뛰어난 유연성을 과소평가하는 것이다. 예를 들어 가죽 가방에 관한 시각 정보의 일부를 받아들일 때 뇌는 실제로 다른 다양한 세부 내용을 채워나간다(오므라진 가죽 가방이 오직 위쪽으로만 열린다거나, 특정한 시기나 나라에서 왔다거나, 특정한 가치를 가진다고 추측할 것이다). 그러나 동시에 뇌는 그 가방을 우리를 위협하려는, 약간은 웃기게 성내는 얼굴처럼 해석할 수 있다. 뇌는 깜짝 놀랄 정도로 왕성한 상상력의 일상적인 움직임으로 작동한다.

우리가 시각적 세계의 내용물(가죽 가방, 치즈 강판, 실제 사람의 얼굴)이 아니라 우리 자신의 기억을 참고하려고 할 때도 똑같은 이야기가 적용된다. 우리는 일반적인 지식과 자서전, 좋아하는 것과 싫어하는 것, 도덕적이고 종교적인 확신, 기타 등등에 대해 즉각적이고 동시적으로 접근할 수 있다고 느낀다. 그러나 실제로 우리는 한 번에 한 세트의 기억 흔적에만 의미를 부여할 수 있다. 그리고 이러한 기억 흔적을 추적해 나가면서, 지각에 의미를 부여하던 것과 같은 유연성과 집요함을 가지고 거기에 의미를 부여한다. 기억 자체는 생각이 아니며, 신념과 선택이나 선호도 아니다. 그리고 우리는 단순히 우리가 무엇을 생각하고, 무엇을 좋아하고, 우리가 어떤 사람인지 알기 위해 그 내용을 '판독'할 수는 없다. 그 대신에 기억은 단지 우리가 생각의 순환에 따라 재사용하고, 재구성하며, 변형할 수 있는 과거 생각의 파편들로 이뤄져 있을 뿐이다.

전통으로서의 사람

무엇이 나를 만드는가? 무엇이 당신을 만드는가? 여느 때와 마찬가지로 우리는 자기 자신의 정신적 깊이의 어둠 속을 가만히 들여다보고 싶은 유혹에 시달리면서 성격적 특성을 찾아 나설 것이다. 용감함, 금욕, 불안감, 친절함, 또는 잔혹함 같은 것들을 말이다. 저 깊고 낮은 곳에서의 우리는 정말로 어떠한 존재인가? 자기 자신의 특성을 확신하기란 쉽지 않아 보인다. 우리 각자는 물론 순간적인 생각과 감정의 혼합체로, 한순간에는 용감했다가 다른 순간에는 소심해진다. 가끔은 태연하지만, 다른 순간에는 불안해한다. 그러나 우리의 혼란과 모순은 소란한 겉모습에서 나오며 우리를 여기저기로 밀고 다니는 순간적인 변덕이라는 생각은 그럴듯하고 매력적으로 들린다. 저 깊은 내면에, 어쩌면 우리가 깊이를 재기에는 지나치게 깊은 그곳에 내면의 자아가 있고, 그곳은 우리의 진짜 성격의 악덕과 미덕으로 가득 차 있을 것이다. 그러나 우리가 지금껏 보았듯, 정신적 깊이는 착각이다. 도덕적이든, 부패했든, 내면의 근원 같은 것은 존재하지 않는다.

그러나 마음이 현재에 대처하기 위해 과거의 생각과 행동을 계속해서 재창조해 나가는 선례의 기관이라면, 우리 각자는 단순히 한 묶음의 성격적 특성이 아니라 뚜렷이 다른 과거 경험을 지닌 곳이 될 것이다. 우리는 마치 폴립과 폴립이 쌓여서 한없이 다양한 형태를 이루는 산호와 같다. 지금 우리를 독특하게 만들어주는 것은 개인적이고 특별한 역사다. 우리 각자에게는 생각과 행동의 선례를 따르는 특별한 길이 있다. 요컨대 우리는 인생의 끝없는 다양성 때문에 지금 이 순간 특별한 것이다. 우리에게는 생각과 행동으로 층층이 이뤄진 역사가 있으니까.

따라서 우리는 문자 그대로 '습관의 동물'에 지나지 않을까? 전혀 그렇지 않다. 다음 장이자 마지막 장에서 살펴보겠지만, 우리를 맹목적인 반복에서 자유롭게 만들어주는 것은 크든 작든 상상적인 비약을 하게 만드는 우리의 놀라운 능력이다. 우리는 일상에서 경험하는 인간의 얼굴을 핸드백과 싱크대에서 '발견된 얼굴'에 투영한다. 또한 과거 선례들의 미묘하고 신중한 적용이란 단순히 체스를 둔 순수한 시간을 의미하는 것이 아니라, 분명 대가들의 일상적인 시합으로부터 호세 라울 카파블랑카와 바비 피셔, 또는 망누스 칼센 같은 위대한 챔피언들의 탁월함을 구분 지어준다. 한편, 즉석에서 춤을 추고, 노래를 만들고, 그림을 그리고, 이야기를 지어내거나 상상의 세계를 창조해 내는 우리의 능력을 생각해 보자. 이는 그저 아무런 준비 없이 처음부터 만들어낸 것이 아니라, 우리가 아는 세상의 요소들을 재해석하고 재구성한 것이다.

우리 각자는 과거가 인도하고 만들어낸 전통이다. 음악과 미술, 문학과 언어, 또는 법의 전통처럼 우리는 개선과 수정, 재해석과 대규모의 재창조가 가능하다. 우리의 정신적 현재는 정신적 과거로부터 세워졌지만, 상상력은 우리가 오래전에 세워놓은 감방 안에 갇혀 있을 필요가 없다. 우리는 계속해서 우리 자신을 세우고 또다시 세운다. 마음의 길을 새로 내는 일은 언제나 느리고 어렵지만, 우리가 목적의식을 가지고 현재를 바꿔나갈 때 우리의 미래를 다시 만들어낼 수 있다는 희망이 있다.

원리가 아닌 선례로

각 생각의 순환은 돌 때마다 흔적을 남기고, 각 흔적은 주기마다 미래의 순번을 만들어낸다. 생각은 마치 도랑, 시냇물, 계곡에 난 물길을 따라가며 고지대에서 바다로 향하는 길을 찾아내는 물방울과 같다. 그리고 지나는 길에 물방울 하나하나는 그 물길을 조금 더 깊게 파낸다. 그렇게 풍경은 부분적으로 과거에 물이 흘렀던 역사가 되고 미래에는 물이 어떻게 흐를지에 대한 안내자가 된다. 이와 같은 방식으로, 우리의 정신적 삶은 예전의 생각들이 깎아낸 수로를 따라 흐르고, 현재의 생각과 행동의 흔적은 우리가 미래에 어떻게 생각하고 행동할지를 만들어준다.

물방울은 접근할 수 있는 가장 가파른 수로를 따라 비탈 아래로 향하는 길을 만들어내지만, 수없이 많은 물방울이 흘러가며 풍경을 만들어낸다는 사실에는 아랑곳하지 않으며, 자신의 가늠할 수도 없이 작은 침식력이 그다음 물방울이 흘러가는 길을, 그리고 그다음 물방울이 흘러가는 길을 아주 조금이라도 바꿔놓을 수 있다는 것에 아랑곳하지 않는다. 이와 비슷하게, 각 생각의 순환은 미래 생각의 순환을 매끄럽게 해주거나 방해할 수 있는 기억 흔적을 새겨놓는다. 각각의 순간적인 해석은 세상을 이해하려는 과거의 시도들에 의지하고 적용한다. 따라서 각 생각의 순환은 오랜 시간에 걸쳐 우리의 생각들이 가장 쉽게 흘러갈 정신적인 경로를 만들어낸다고 볼 수도 있다. 그리고 사실, 각 생각의 순환은 가능한 한 현재의 감각적 정보에 대한 우리의 해석이 과거의 감각적 정보에 대한 해석과 일관성을 가지게 하려고 애쓴다.

평생 생각의 흐름은 복잡한 형식을 만들어내고, 또 그 형식에 맞춰 다듬어진다. 그러한 형식이 바로 마음의 습관이자 정신적 레퍼토리다. 이러한 과거의 생각 형식과 기억의 흔적은 우리의 놀라운 정신적 능력을 뒷받침해 주며, 우리가 어떻게 행동할지 형태를 잡아주는 한편, 우리 각자를 독특하게 만들어준다. 따라서 어떤 의미에서는 우리는 결국 어떤 내면의 정신적 풍경을 소유하고 있다. 그러나 이는 외부 세계의 내적인 복제본이 아니며, 신념과 동기와 희망과 두려움으로 이뤄진 것도 아니다. 그 대신 이는 과거의 생각 주기가 주었던 영향력의 기록이다.

뇌는 원리가 아닌 선례에 의해 작동한다. 매번 새로운 생각의 순환은 과거 관련된 생각들의 자투리를 재작업하고 변형해서 우리가 현재 주목하는 정보를 이해한다. 그리고 각 생각의 순환의 결과는 그 자체로 미래의 생각을 위한 원재료가 된다.

따라서 물리적, 사회적 세계에 대한 지식의 기반을 이루는 원리를 발견하려는 초기 인공지능은 실패했고, 언어의 문법적 원리를 밝혀내려는 언어학도 실패했다. 진실과 선과 마음의 특성이 지닌 진정한 의미의 근간을 이루는 원리를 정확히 표현하려던 철학도 실패했다. 그리고 이 모든 것에는 공통된 원인이 있다. 인간 지성을 뒷받침하려는 선례 체계는 모순적이고, 고도로 유연하며, 제한이 없다. 특히나 유사한 선례가 없는 경우와 관련해서는 더욱 그렇다. 그러나 이 제한 없는 개방성이야말로 우리가 온전히 이해하기에는 여전히 지나치게 복잡한 이 세상을 다룰 때 필요한 것 그 자체다.[5]

CHAPTER 12

지성의 비결

1950년대에 캐나다의 심리학자 크레이그 무니Craig Mooney는 눈길을 끌 만한 흑백 이미지의 집합을 만들어냈다(도표 40). 이 얼굴들은 아동기의 얼

도표 40 크레이그 무니의 흑백의 얼굴들. 이 수많은 이미지를 처음 봤을 때 상당히 당황스러울 수 있다. 그러나 좀 더 자세히 들여다본다면 우리는 그냥 얼굴들이 아니라 충만하고, 원숙하며, 심리적으로 풍요로운 개별적인 사람들을 엿볼 수 있다.

굴 인식 발달 테스트로서 상당히 협소한 목표로 만들어진 것이다.[1] 그러나 뇌가 어떻게 이 얼굴들을 이해하는지 생각해 본다면, 우리가 이 책을 통해 탐구해 오던 핵심 테마 중 일부를 압축하는 기회가 생겨나고, 또한 인간 지성의 '비밀'을 파헤치는 출발점이 되어줄 것이다.

맨 처음에 상당히 당황스러울 수 있지만 1, 2분 정도 이 흑백의 무늬를 들여다보고 나면 그 경험은 좀 더 흥미로워진다. 어쩌면 기적적으로, 초기의 어설픈 무늬들이 이해 가기 시작할 수 있을 것이다. 적어도 내 눈에는 각 얼굴이 특정한 기분에 사로잡힌 특별한 사람이라는 생생한 감각이 생겨난다. 구체적인 표정과 성별, 나이, 개성, 그리고 역사적인 시기까지 담겼을 수도 있다. 흑백의 조각들이 단순하게 배열된 이 작품 중 일부는 적어도 사진 이미지만큼이나 인생과 파토스(예술 작품에서의 감정적 요소 – 옮긴이), 그리고 '인간 드라마'라는 감각까지 담고 있는 것으로 보이며, 한편으로는 상당히 아름답기까지 하다.

어떤 얼굴들은 거의 바로 눈에 띈다. 또 어떤 것들은 여전히 불가사의하게 남아 있다가, 어느 순간 그 이해할 수 없던 흑과 곡선과 점들이 신기하게도 한 인간의 초상으로 바뀌어버린다. 당신은 아마도 모든 무늬를 얼굴로 볼 수는 없을 것이다. 나 역시 몇 년에 걸쳐 셀 수 없을 만큼 많이 들여다보았음에도 여전히 이해할 수 없는 이미지들이 남아 있다. 그러나 당신이 이 중 몇 가지 그림밖에 식별하지 못하더라도, 지금까지 발명된 컴퓨터 시각 기술보다는 훨씬 더 앞서 있는 것이다.

생각해 보면 이러한 믿기 어려울 정도로 단순화되고 양식화된 무늬들로부터 얼굴을 찾는 일은 놀라운 재주다. 이 이상한 목판화 같은 무늬들은 우리가 주변에서 볼 수 있는 총천연색의 삼차원적인 움직이는 사람들과는 완전히 다르다. 우리가 뇌를 통해 알아차릴 거라 기대하는 눈과 코와 입은 어디에 있는가? 이러한 특성들은 완전히 존재하지 않는 것처럼 보인다. 적어도 우리가 얼굴 전체를 드러내는 암호를 풀 때까지는 그렇다. 이미지를 구성하는 요소라고는 그저 무질서한 혹과 곡선과 점으로, 한 인간의 얼굴이 어둠을 뚫고 우리에게 다가오는 그 즐거운 순간까지 그렇다. 일단 '통찰'이 생겨나면 그 이미지에 대한 우리의 해석은 영원히, 또는 거의 영원에 가깝게 기억 속에 저장된다. 난장판은 얼굴이 되고, 이제는 영원히 얼굴로 남아 있게 된다.[2]

더욱 복잡하게 만들고 싶다면, 이번에는 책을 거꾸로 돌려보자. 당신이 처음에 알아봤던 몇몇 얼굴은 여전히 알아볼 수 있을 것이지만, 많은 얼굴은 다시 추상적인 무늬와 다를 바 없는 상태로 돌아올 것이다. 그래도 잠시 시간을 갖자. 다시 제대로 책을 세웠을 때의 얼굴을 살펴보자. 서서히, 더욱더 많은 이미지가 일관성을 되찾을 것이다.

얼굴들을 똑바로 세워서 볼 때와 거꾸로 세워서 볼 때 끌어올 수 있는 흥미로운 결론이 몇 가지 있다. 이미지를 거꾸로 볼 때 우리는 이 얼굴들이 얼마나 무질서한지 느낄 수 있다. 사실상 따로 떼어놓고도 알아볼 수 있는 눈과 코, 입, 귀가 존재하지 않는 것이다. 얼굴들을 똑바로 세워놓았을 때 이 그림들 가운데 일부는, 가끔은 뚜렷하고 가끔은 그저 희미하게 식별된다. 그리고 우리는 전체를 파악할 때만 부분을 볼 수 있는데, 이렇게 우리가 무니의 얼굴을 알아보는 전체론적인 방식(즉 전체 형태를 지각할 때와 각 부분을 지각할 때의 독립성)은 뇌의 일반적인 작용을 보여준다. 우리는 휘갈겨 쓴 손 글씨를 읽을 때 글 전체를 이해하는 것과 동시에 글씨를 알아본다. 누군가가 전달하려는 메시지를 해석하면서 동시에 언어음과 단어의 분절점 등을 분간한다(그리고 낯선 언어로 된 말은 약간 뭉개진 소리에 가깝다는 것을 기억하자). 그리고 우리는 체스의 규칙에 따라 이 세상의 물리적 측면을 해석하면서, 하얀 사각형에서 인접한 검은 사각형으로 미끄러져 옮겨 가는 작은 나무 물체에 대해 "폰이 앞으로 나아가면서 상대편의 나이트를 위협하거나 세 칸만 더 가면 체크메이트를 할 수도 있다"라고 해석한다. 게다가 챕터 5에서 보았듯, 레프 쿨레쇼프는 같은 표정이 미묘하게 슬픔이나 배고픔, 또는 욕정을 전달하는 것으로 해석되는 것을 시연해 보였다. 그리고 샥터와 싱어는 우리가 자신의 신체 상태(아드레날린의 폭주, 마구 고동치는 심장 등)를 분노나 의기양양함으로 해석하는 방식은 우리가 개입해 있는 사회적 상호작용(예를 들어, 우리가 상호작용하는 이 사람이 귀찮은가 아니면 즐거운가)에 대한 해석에 달렸다고 보았다.

또한 얼굴 전체를 보는 우리의 감각은 이목구비를 하나하나 구분하기 어려울 때조차도 놀라울 정도로 선명하다는 사실에 주목하자. 나와 마찬가지로 당신도 범인을 식별하기 위해 용의자들을 줄 세워놓았을 때 그 사람들을 골라낼 수 있으리라 생각한다. 간신히 받아들일 수 있는 흑백의 이미지에서 삼차원의 진짜 사람으로 비약하는 일은 물론 굉장한 일이다. 우리가 그런 훌륭한 지각적 비약을 할 수 있다는 사실은 지각 체계의 상당한 유연성과 혹자는 창의성이라고도 부를 특성을 상기시켜 준다.

인간의 뇌는 경이로울 정도로 얼굴에 익숙해져 있어서, 무늬의 얼굴들이 증명하듯 가장 설득력 없는 근거를 가지고도 감지하고 재구성할 수 있다. 그리고 실제로 우리는 그 근거들이 여전히 희미한 상황에서 얼굴들을 볼 수 있다. 도표 37에서 봤던 '발견된 얼굴들'을 떠올려보자. 가장 왼쪽에서 으르렁거리는 가죽 가방은 내 눈에 화가 난 동시에 시건방져 보이고, 치즈 강판은 젊고 즐거움을 갈망하면서도 약간은 불안해 보인다. 나뭇조각은 느긋하지만 약간은 술 취한 얼굴이고, 맨 오른쪽의 수도꼭지와 세면대는 혼자만의 생각에 잠겨서 불안으로 가득 찬 듯하다. 그러나 도표 37에 줄지어 선 얼굴들에서 가장 주목해야 할 부분은 우리가 이러한 얼굴들을 모두 볼 수 있다는 것이다. 각 이미지는 우리가 마주쳐왔던 진짜 사람(이나 실제 동물)의 얼굴과는 엄청나게 거리가 멀다. 동시에 이들은 얼굴처럼 보일 뿐만 아니라, 감정 표현과 심지어는 어느 정도의 개성까지 전달한다. 이러한 일상적인 사물을 원형적인 인간의 얼굴이라는 형식으로 비틀고 잡아당기는 데 필요한 상상력의 도약은 아주 위대하다. 뇌는 그러한 도약을 너무나 빠르고 자연스럽게 해내어서, 우리는 그에 대해 조금이라도 생각해 본다면 이를 전혀 특별할 것도 없다고 생각한다.

이러한 상상적인 비약은 인간 지성의 아주 핵심에 자리하고 있다고 나는 믿는다. 현재의 경험을 다루기 위해 과거의 선례를 선택하고 재결합하고 수정하는 능력은 우리가 거의 이해하기 어려울 정도로 제한이 없는 이 세계에 대처할 수 있도록 도와준다. 생각의 순환은 단순히 과거의 선례를 참고하는 것이 아니다. 우리는 상상력을 통해 과거의 원료를 활용해서 현재를 만들어나간다.

은유의 편재성

뇌의 거침없는 독창성은 아마도 우리 생각 속 은유의 편재성과 중심성으로 가장 잘 드러날 것이다. 치즈 강판을 바보같이 씩 웃는 얼굴로 본다거나 세면대를 소심한 얼굴로 보는 것 외에도, 우리는 영영 어떤 한 가지를 철저히 다른 관점에서 보고 있을 수 있다. 우리는 서로를 감정이 북받친다든가(또는 그저 가득 찼다든가), 화를 낸다든가 우울하다든가, 아니면 우쭐한다고 묘사한다. 또는 억압되거나 들떠 있다든가 아니면 활기넘친다고도 한다. 우리는 뒤죽박죽 엉망진창이었다가 바로 정돈될 수도 있다. 생각이 우리 내면을 가득 채울 수도 있고, 우리가 아이디어로 가득 찰 수도 있으며, 우리 마음이 공허하거나 텅 비었거나 아무것도 없을 수도 있다. 우리는 마음이 가벼울 수도 있고, 생각이 어두울 수도 있다. 우리의 아이디어는 예리할 수도 있고 꿰뚫어 보는 통찰력이 있을 수도 있고, 기민하거나 재기발랄하거나 반짝이거나 활기차거나 눈부시거나 뛰어나거나 계몽적이거나 아니면 그저 따분하고 무딜 수도 있다. 그리고 우리의 말은 폐부를 찌르고, 가시 돋치거나 신랄하고, 아니면 부드럽고 매끄럽고 낭랑하거나 심지어 느끼할 수도 있다. 혹은 우리의 신체적 상태를 생각해 보자. 건강한 몸이거나, 그렇지 않을 수도 있고, 에너지가 넘치거나 지칠 대로 지쳤을 수도 있다. 그리고 당연하게도 뭔가를 다른 모습으로 **본다**는 생각은 그 자체로 은유이며, 생각의 대용품으로서 시지각을 사용한다. 우리의 언어는 전체적으로 은유에 속속들이 빠져 있다.

은유는 또한 전체적으로 우리의 생각들에 스며들어 있다. 우리가 파트 1에서 논의했던 정신적 깊이의 착각에 대해 생각해 보자. 일단 생각들이 어떻게 정신적 '표면' 아래에 '숨겨져' 있는지 보기 시작하자, 그 생각들을 '드러내고' 표면으로 '끌어올리는' 것이 그저 자연스러워 보인다. 또한 어떤 사람은 생각을 깊이 하고, 어떤 사람은 생각을 얕게 한다는 것도 마찬가지다. 그리고 마음이 평면이라는 생각은 비록 우리의 평범한 레퍼토리에 대한 유용한 해독제이길 바랄지언정, 당연히 또 하나의 은유일 뿐이다. 그리고 말할 것도 없이, **해독제**와 **레퍼토리** 역시 은유다.[3]

얼굴과 마찬가지로 은유 역시 우리가 주목하지 않을 때도 도처에 존재한다. 그리고 사실 은유 없이 우리가 어떻게 말하거나 생각할 수 있는지 상상하기는 쉽지 않다. 만약 의심스럽다면, 이 책에 나오는 몇 문장에서 은유를 거둬내거나, 벗겨내거나, 제거하거나, 잘라내거나, 도려내거나, 빠뜨리거나, 부재시키거나, 탈락시키거나, 혹은 무슨 표현이든 적절하고 완전히 문자 그대로 쓸 수 있는 게 있다면 다시 써보자.

일부 은유는 언어에서 화석화되고, 원래의 의미와는 멀어지게 되며 가끔은 그 유래가 완전히 잊힌 채로 계속 사용되기도 한다. 생각건대 자전거를 '타다'는 일단 말을 탄다는 것의 은유적인 확장인데, 이제 말보다 자전거가 훨씬 많은 세상에서 그러한 연결은 사라지고 말았다. 사실 우리의 전체 언어는 (바로 이 문장을 포함해서) 죽거나 반쯤 죽은 은유들의 무덤이다.

'발견된 얼굴들'과 은유는 공통점이 아주 많다. 발견된 얼굴들처럼 은유는 앞서 언급됐던 세 가지 특성을 구체화한다. 우선, 은유는 뻔하지 않은 수평적 사고로(물론, 이 역시 또 다른 은유다), 두 개의 전혀 관련 없는 영역을 함께 잇는다(치즈 강판 대 얼굴). 두 번째로 은유는 그 특성상 과거의 경험을 현재의 경험으로 **변형**할 것을 요구한다. 예를 들어, 프로젝트에서 아직 해결되지 않은 문제를 푸는 것과 끈이나 밧줄의 매듭을 짓는 것을 생각해 보자. 우리는 곰 인형에 대한 경험이나 지식이 있어야만 상어를 곰 인형 같은 의지할 수 있는 친구로 볼 수 있으며, 상어에 대해 조금이라도 경험이 있거나 적어도 기존의 지식이 있어야만 사람을 상어로 볼 수 있다. 그리고 세 번째로, 은유는 정보를 전달하는 만큼 **잘못 인도**하기도 쉽다. 치즈 강판이 진짜로 간절히 즐거워지고 싶어 한다거나 나뭇조각이 살짝 술에 취할 수 없는 것처럼, 우리의 창의적인 은유적 비약은 걷잡을 수 없이 표적에서 벗어나 버릴 수도 있다. 예를 들어, 18세기의 성직자이자 신학자인 윌리엄 페일리가 했던 유명한 말처럼 대자연의 복잡한 메커니즘이 시계의 작동과 같다고 할 때 자연에는 설계자가 존재하고, 그것도 시계를 만드는 사람보다 훨씬 더 능숙하고 똑똑해야 한다는 결론으로 도달하기 쉽다. 물론 진화생물학은 완전히 다른 이야기를 하겠지만.

아이디어 전투는 가끔 어떠한 은유가 적합한지를 두고 일어난다. 빛은 입자인가, 파동인가? 인간은 '출세한' 원숭이인가, 아니면 타락한 신인가? 자연은 조화로운 사회인가, 인정사정없는 전쟁터인가? 이러한 은유들은 생각의 가장자리에 존재하는 것이 아니라 바로 그 본질이다. 끝없는 의미의 탐색은 과거에 비춰 현재의 경험에서 패턴을 찾으려는 투쟁이며 그렇기에 우리는 한 가지 존재의 측면에서 다른 한 존재를 볼 수 있다. 세면대를 얼굴로, 마음을 그릇이나 바다나 내면의 세계로 보는 것이다. 은유 역시 또 다른 존재를 이해하는 것을 바탕으로 세상의 한 측면에 의미를 부여하기 위해 사용되는 것이다. 우리에게는 (물웅덩이든, 바다든) 물결과 관련해서 일상적인 경험을 많이 한다. 그리고 이러한 경험은 소리나 빛, 심지어는 중력이 (간섭, 굴절, 분산 등의 작용을 하는) 일종의 파도라고 하는 것이 무슨 뜻인지 이해하게 도와준다. 혹은 우리는 열과 전기의 흐름을 이해하기 위해 물의 흐름에 대한 직관을 빌려오기도 한다.

제스처 게임을 떠올려보자. 책, 노래, 또는 영화 제목을 누군가가 당신의 귀에 속삭여준다. 그러면 당신은 다른 사람에게 즉흥적인 제스처와 움직임을 연속적으로 사용해서 그 정체가 무엇인지 전달해야 한다. 한번은 《배스커빌 가의 개》를 보여주려고 굶주린 개로 변신할 수 있다. 다음 순간에 《시민 케인》을 전달하려고 봉오리에 가까운 장미꽃을 가리키고, 거기서 실패하면 상상 속의 지팡이를 짚고 비틀거리기도 하면서 절실하게 시도할 수도 있다. 제스처 게임의 위대함이란 우리가 무엇이든 연기할 수 있다는 점이다. 어떤 사람은 개의 움직임과 분노의 이 갈기까지 충분히 재현해 낼 수 있다. 또한 손을 이용한 무언극으로는 줄기와 가시와 꽃과 심지어는 장미 봉오리까지 암시할 수 있으며, 막대기가 없는

데도 마치 지팡이를 짚기라도 한 듯 걸을 수 있다. 그리고 우리는 준비하거나 리허설을 하지 않아도 이 모든 것을 자연스럽게 알아서 할 수 있다.

이 부족한 움직임을 해독하려는 사람들은 발견된 얼굴들을 보는 것과 어느 정도 유사한 도전에 직면한다. 이들은 목표가 되는 것으로부터 얼마나 동떨어졌는지와는 상관없이 의사 전달자의 태도와 행동의 어떤 측면을 찾아내야만 한다(물론 사람들은 전달자에 대해 알고 있는 사실과 공통적인 문화적 지식 등으로부터 추가적인 단서를 얻을 것이다). 의사 전달자는 "사냥개를 찾아라", "장미를 찾아라", 또는 "막대기를 찾아라" 등의 감각적 입력과 유사한 뭔가를 이들을 위해 만들어내며, 즉각적으로도 그런 창작을 한다.

우리는 혁신적인 **과거 경험의 변화**를 만들어내고 해독할 수 있다. 책부터 사냥개, 잔혹하고 격렬한 공격에 말려든 사냥개까지(우리는 평화롭게 잠이 들었거나 그릇에 담긴 물을 마시는 사냥개를 그리려는 게 아니다) 모두 그렇다. 그리고 나면 상상했던 사냥개의 신체 움직임을 우리의 무언극 연기로 연결 지을 수 있게 된다. 이 모든 것을 위해서는 풍부한 지식의 독창적인 변신이 필요하다. 그러한 지식들은 책과 그 중심 주제, 그리고 사냥개의 공격이라는 모티브를 대략 이해하는 데서 나오며, 이를 어떻게 인간의 몸에 연결하는지도 필요하다(예를 들어 팔은 앞다리가 되고 손가락은 발톱이 된다). 제스처 게임의 참가자들은 답을 맞히려고 애를 쓰지만 그러한 부호화와 판독은 모두 너무나 불완전하다. 그 유명한 사냥개가 마구 휘두르는 발톱과 으르렁대는 이빨을 묘사하려던 무언극은 너무 쉽게 영화

〈쥬라기 공원〉으로 읽힐 수도 있기 때문이다.

상상과 지성

가죽 가방과 분명한 의미가 담긴 흑백의 무늬로부터 얼굴을 만들어내고, 온당하든 터무니없든 간에 은유를 활용하고 이야기를 지어내며, 노래와 미술을 창작하고 인지하는 엉뚱한 상상력은 매력적이지만 비현실적으로 보일 수 있다. 그러한 정신적 비약은 주로 예술 분야에서 나타나는데, 결국 회화와 조각의 세계는 인간의 얼굴과 다른 많은 것을 놀랍도록 대충이고 불완전하며 왜곡되게 표현한 것으로 가득할 뿐이다. 그리고 문학은 한 인물이나 다른 인물이나 이야기를 나타내는 은유로 꽉 차 있으며, 글과 무대 또는 TV와 영화관 화면의 움직임을 전체 세상의 외관으로 바꾸기 위해서 우리의 뇌에 의존한다.

왜 인간은 그토록 호화로운 상상력을 발전시켜 왔는가? 생존과 번식은 분명 무생물의 얼굴을 들여다보거나, 기분을 공간적 입지로 보거나(기분이 올라가거나 내려옴), 성격을 빛의 근원으로 보거나, 이야기의 계속적인 흐름을 만들어내는 것에 의존하지 않는다. 그 이야기가 우리 주변의 세계를 설명하기에 믿을 만한지, 아니면 완전히 공상적인지는 상관없다. 실제로 자연선택에 의한 진화론이라는 철통같은 논리는, 이를테면 특공대 스타일의 생존 기술에 끈질기게 초점을 맞추는 것을 좋아하는 그런 성향을 왜 없애버리지 않았을까? 그리고 어떻게 낭만과 사랑이라는 무한한 상상력의 풍경이 번식을 위한 성교에 일차원적인 초점을 맞추도록 만들어진 생물종에서 생겨났을까?

진화는 차치하고 현대 생활에서의 요구에 대해 생각해 보자면, 아무리 즐겁고 풍요롭다고 하더라도 변덕스러운 공상은 우리 주변의 세상을 이해하고 의사결정을 하고 행동을 계획하는 일, 서로에게 정확한 지시와 의견을 전달하는 일처럼 마음의 핵심적이고 실질적인 업무보다는 부차적인 것이 되어야 한다고 의구심을 품는 사람도 있을 수 있다. 대다수가 그러하듯, 복잡한 관료적 처리 과정의 연결망 한가운데에서 몇 년간 정규 수업과 근무 경험을 거쳐왔다면 그러한 의혹은 더욱 강화되었을 것이다. 생각의 본질은 변덕스럽고 거친 관련성보다는 원칙과 통제에 있지 않을까? 상상을 그저 정신적인 '싸구려 장신구'로 보고 싶은 충동이 들 수도 있다. 즉 눈에는 잘 띄지만 완전히 불필요한 존재라는 것이다.

그러나 우리는 그 반대의 경우가 사실임을 보아왔다. 상상적 비약은 이 세상을 인식하고 서로를 이해하기 위해서 반드시 필요하다. 그러한 비약은 우리가 과거의 경험으로 늘 제한이 없고 계속 놀라운 이 세계를 비춰 볼 수 있게 한다. 그 어떤 생각의 훈련(컴퓨터 프로그래밍을 배우고, 오케스트라에서 연주하고, 수학적 정리를 증명하고)도 상상력이 우리를 데려가는 방향을 제한해 버리며, 이러한 한계 내에서 일하는 능력은 고통스럽고 부자연스럽게 얻게 된다. 실제로 그러한 훈련이 바로 가끔은 제멋대로 구는 우리의 상상력을 길들이고 구속하기 때문에 어려울 수밖에 없다. 자연스러운 사고 '형태'는 대체적으로 유연하지만, 우리는 훈련과 통제가 의식과 신중한 주의를 요구하기 때문에 생각의 본질로 생각할 뿐이다. 우리의 상상적인 유연성이 지닌 순수한 편재성은 스스로의 모습을 감춘다.

생각해 보면, 상상력의 도약은 지성에서 가장 중요한 '논리적인' 문제들을 해결할 때조차 분명하다. 다음에 나오는 친숙한 아이큐 퍼즐을 몇 분 동안 고민해 보자.

(1) 공간 : 자ruler = 시간 : ___

A. 메트로놈

B. 크로노미터

C. 시계

D. 스톱워치

(2) 소리 : 반향 = 빛 : ___

A. 그림자

B. 상reflection

C. 굴절

D. 거울

(3) 복사 : 복제 = 분배 : ___

A. 분할

B. 부문

C. 분류

D. 양분

이러한 아이큐 테스트는 정신적 탄력성을 보는 것이지만 꼼꼼함을 보기 위한 것도 맞다. 예를 들어 (1)번 문제를 생각해 보면, 우리는 시간과 공간 사이에서 차이를 정하는 것이 필요하다. 자는 공간에서 두 점 사이의 거리를 잰다. 그렇다면 시간에서 두 점 사이를 재는 것은 무엇인가? 바로 스톱워치다(시계를 고른 당신. 훌륭한 선택이지만 시계는 시간을 재는 것이지, 시간 사이의 차이를 재는 것이 아니다). 그러나 이러한 함수를 찾아내는 일은 쉽지 않다. 그래서 D가 '옳은' 답이다.

(2)번 문제를 보자. 소리가 표면에 부딪혀 도로 튀어나온다고 생각할 때(예를 들어, 협곡의 벽이나 동굴의 천장 등), 우리는 원래 소리의 복제본, 바로 **메아리**를 듣게 된다. 사물로부터 나온 빛이 표면에 부딪혀 도로 튀어나온다고 생각할 때(예를 들어, 거울이나 잔잔한 호수의 수면), 우리는 가끔 그 사물의 복제본을 본다. 바로 **상**이다. 이러한 생각의 과정은 B가 정답임을 보여준다.

마지막으로 (3)번 문제에서 우리가 유전자나 컴퓨터 파일, 또는 악보의 사본을 (아마도 여럿) 만들 때 우리는 그것을 **복사**한다. 우리는 사본을 정확히 만들 때 원본을 **복제**해 정확히 두 가지 버전의 유전자나 파일, 또는 악보로 만든다. 우리는 한 숫자를 나눌 때 이를 같은 크기의 여러 조각으로 나눈다. 숫자를 나눠서 두 개의 같은 크기로 정확히 만들려면 이를

양분한다. 이러한 생각의 과정은 D가 정답임을 보여준다.

　이러한 퍼즐을 푸는 일이 스도쿠를 풀거나 큰 숫자를 제곱하는 것과는 아주 다르다는 점에 주목하자. 제한을 두지 않는 아이큐 테스트에서 상상력은 의미 있는 문제를 만들 때도 필요하다. 어쨌든 무엇이 공간과 자 사이의 관계인가? 자는 공간을 차지하는가? 자는 공간을 측정하는가? 공간을 지배하는 자는 없다(영단어 ruler는 '자'라는 의미와 '지배자'라는 의미를 둘 다 가진다 - 옮긴이). 다시 말해, 아무도 지배하지 않는다. 지배하는 자는 보통 살아가는 공간이 많지 않은가? 이러한 상당히 바보 같은 가능성들은 당신의 마음속을 스치지조차 않았으리라고 생각한다. 우선 한 가지 단서로 **공간**과 **시간** 사이의 관계를 찾아야 한다. 짐작건대 공간과 시간은 상당히 추상적으로 고려되어야 한다. 그리고 우리가 자에 대해 공간을 측정하는 도구로 생각하더라도 시간을 측정하는 여러 가능한 선택지들이 있다(크로노미터, 시계, 스톱워치). 따라서 이는 우리에게 유일한 답을 주지 못한다. 조금 더 생각해 보면 자와 스톱워치 모두 (공간 또는 시간의) 간격을 측정한다는 결론에 도달하게 되는데, 반면에 시계는 그저 절대적인 값만 줄 뿐이다. 적어도 이러한 해석은 **시간**과 짝을 이루는 **스톱워치**라는 유일한 답을 골라준다. 물론 유일한 답을 고를 수 있는 수도 없이 많은 방법이 존재하지만, 몇 가지 방법이 다른 것들보다 좀 더 자연스럽게 보이기는 한다.

　예를 들어, 우리가 이렇게 추론한다고 가정해 보자. 자는 공간을 같은 간격으로 나누는 데 사용될 수 있다. 그리고 메트로놈은 시간을 같은 간격으로 나누는 데 사용될 수 있다. 그에 따라서 우리는 A를 고르게 된다. 이는 약간 확대해석처럼 보이는데(곧 알게 되겠지만, 이 역시 또 다른 은유다), 자는 공간을 같은 간격으로 나누는 것보다는 다른 많은 일을 할 수 있기 때문이다(특히 자는 크기를 측정하는데, 메트로놈에는 유사한 부분이 없다).

또는 조금 설득력은 떨어지지만, 공간space의 첫 글자와 자ruler의 첫 글자가 알파벳 순서에서 연속되는 글자임에 주목해 볼 수 있다. 즉 r은 s 앞에 나오는 글자다. 이제 t로 시작할 차례니까, 아마도 관련된 단어는 알파벳에서 t 앞에 나오는 글자, 즉 s로 시작할 수도 있다. 그리고 사실상 s로 시작하는, 다시 말해 스톱워치stopwatch라는 유일한 선택지가 존재한다. 따라서 우리는 같은 '정답'을 얻게 되지만, 상당히 취약하고 억지스러운 추론을 사용한 것이다. 결국 단어들이 모두 시간과 공간, 그리고 측정에 관한 것이라는 사실은 순전히 우연의 일치가 되어버렸기 때문이다.

따라서 해답이 정확히 정해진 스도쿠와 산술적 계산과는 달리, 이러한 아이큐 테스트 문제는 실제로 놀라울 정도로 제한이 없다. 이는 우리가 광활한 단어들 사이의 은유적인 연결들로 만들어진 광활한 공간에서 탐탐색하는 능력을 포착하는 한편, 왜곡되고 일그러진 연결보다는 자연스럽고 합리적인 함수를 찾아내는 능력을 판단한다.

그러나 이러한 유추 문제에서는 정확히 무엇을 정답으로 **포함**하는가? 올바른 기준이 무엇인지는 완전히 명확하지 않지만, 분명 최선의 답은 합의에 이른 답과 같을 것이다. 답을 짚어낼 때 아마도 우리 대부분이 생각하는 답이 아니라, 우리 대부분이 최선이라고 생각하는 답이 된다.[4]

이는 물건들을 얼굴로 해석할 때의 문제와도 크게 다르지 않다. 이 애매모호한 이미지들은 단번에 온갖 종류의 해석을 내놓을 수 있다. 도표 37의 가죽 가방은 우리에게 성내는 얼굴처럼 보이지만, 부엉이와 쓰레기통, 물고기 입, 또는 딱정벌레를 떠올리게 만들 수도 있다. 그러나 모든 해석은 같지 않다. 다시 한번 말하지만, 여기에는 분명한 합의가 있다. 실제로 우리가 '발견된 얼굴들'을 얼굴로 볼 때, 이를 다른 뭔가로 보기는 어렵다. 복잡하고 제한 없는 문제에서 풍성한 해석을 구성해 내는 우리의 상상력은 그저 수많은 아이큐 테스트가 측정하는 것 자체처럼 보인다. 따라서 지성의 비결은 '차가운 논리'보다는 상상력 넘치는 해석에 있을 것이다.

그러나 지성은 우리가 잘 훈련된 방식으로 우리의 상상력을 이용하길 바란다. 지성은 마음에 와닿는 첫 번째 해석이나 은유를 그저 불쑥 내뱉는 것 이상을 요구하는 것이다. 기체에 대해 삼차원에서 계속해서 서로 부딪히는 아주 작고 마찰 없는 당구공들이 만든 구름이라고 생각하는 것이 매우 생산적이라는 것이 밝혀졌다. 실제로 이는 물리학에서 표준모형이기도 하다. 이러한 통찰은 수조 개의 분자로 이뤄진 미세한 특성이 어떻게 압력과 온도와 부피 등의 미세한 관찰로 이어지는지 이해하는 데 결정적인 것으로 드러났다. 예를 들어, 잠시 이차원에 머물면서 우리는 당구대가 극적으로 확장되는 모습을 상상해 보자. 당구공들은 예전과 마찬가지로 경주하듯 굴러가고 서로 부딪히지만 이제는 훨씬 더 밀집도가 낮아졌을 것이다. 따라서 훨씬 더 적은 공들이 언제든 당구대 가장

자리에 쿵 하고 부딪힌다. 그리고 당구대 가장자리로의 충돌이 감소하면서 압력을 낮추는 데도 부합한다. 또는 우리에게 두 대의 인접한 당구대가 있다고 가정해 보자. 한 당구대에는 더 듬성듬성한 공들이 엄청난 속도로 질주하고 있고, 다른 당구대에서는 더 빽빽한 공들이 평균적으로 훨씬 더 느리게 움직이고 있다. 우리가 두 당구대 사이의 칸막이를 제거한다면 공들의 밀집도와 평균 속도는 점차 균형을 이룰 것이다. 공이 움직이는 속도는 기체의 당구대 모형에서 온도에 해당하며 따라서 이는 처음에 분리되었던 두 '기체'가 합쳐지면서 온도가 점차 균등해진다는 의미가 된다. 그리고 밀집도(즉, 당구공의 일반적인 무리)와 압력(당구대 가장자리에 계속 부딪히는 것)은 마찬가지로 평형을 이룰 것이다.

　기체의 당구대 모델은 놀라울 정도로 유용한 것으로 드러났고, 이제는 유명한 기체 행동의 모든 측면을 담아내는 기반이 된다. 이 모델은 당구공이 아니라 뉴턴의 운동의 법칙(우리가 발사체와 행성에 적용하는 바로 그 법칙)에 따라 쌩하니 움직이는 아주 작은 기체 분자의 미세한 행동과 기체가 작용하는 방식 간의 관계를 만들어낸다. 기체의 당구공 모델 같은 유추를 개발하고 활용하는 일은 막대한 신중함과 섬세함을 요구한다. 목표는 단순히 화려한 은유를 만들어내는 것이 아니라 철저하고 수학적으로 정확한 모델을 만들어내는 것이며, 이 모델이 어디에서 적용되고 실패하는지를 보기 위해 실험을 통해 시험해 볼 수 있는 것이다. 이렇듯 신중하게 개발된 유추는 과학의 여러 분야에서 기초가 된다.

　그러나 이렇게 하기 위해서 완전히 다른 생각의 유형으로 바뀌어야 하는 것은 아니라고 제안하고 싶다. 일부는 우리 상상력의 산물이 진지하게 평가받을 수 있는 냉정한 논리를 상상했을 것이다. 그 대신에 우리는 대안적인 해석을 찾고, 그 해석이 타당한지 확인하기 위해 문제에서 정보의 다양한 측면을 '따라감'으로써 연속적인 생각들을 안내해 나갈 필요가 있다. 우리의 유추로부터 기대치 않았던 예측을 파악하고, 이 예측들을 수학으로 어떻게 그려낼지를 결정하며, 우리가 진행해야 할 핵심적인 실험을 수립하는 일은 모두 단순히 일에 착수하는 것 외에도 독창성과 영감이 필요하다. 과학 영역에서조차 우리의 멋지도록 유연한 상상력이 지성과 유추 모두를 이끌어가고 적당히 조정하며 지시해 나간다.

컴퓨터의 향후 전망

우리의 눈부신 정신적 탄력성, 즉 풍부한 상상력으로 복잡하고 한계가 없는 정보를 다양한 패턴으로 해석해 나가는 능력이 인간 지성의 비결이라면(지금껏 보았듯, 실패의 원인이기도 하다), 이는 (우리가 처음부터 검토해 온) 인공지능의 가능성에서 무엇을 의미하는가?

그 영향력은 아주 지대할 것이라고 예상한다. 지금껏 보았듯이, 인간의 '추론'과 지식을 추출해서 컴퓨터 데이터베이스로 성문화하려던 초기 시도는 철저히 실패했다. 우리의 생각과 행동이 그에 맞춰 흘러갈 것이라던, 희망 섞인 숨겨진 내면의 원칙은 착각이었던 것으로 드러났다. 그 대신에 우리가 살펴봤듯 인간 지성은 선례를 바탕으로 하며, 그러한 선례를 확장하고, 함께 모으고, 재설계해서 활짝 열린 새로운 세계를 처리하는 능력이다. 지성의 비결은 새로운 것에 대처하기 위해 오래된 것을 재설계하는 놀라운 유연성과 영리함이다. 그러나 어떻게 이런 것이 가능한지 그 비밀은 아직 밝혀지지 않았다.

지난 반세기 동안 컴퓨터 조작 지능의 극적인 발전은 인간의 상상력이 지닌 탄력성을 복제해서 이룩할 수 있었던 것이 아니다. 예를 들어, 인간의 상상력은 우리가 제스처 게임에서 중년의 남성이 주먹으로 가슴을 치다가 허공을 찌르는 것이 영화 〈킹콩〉을 묘사한 것이라든지, 아니면 흑백 무늬 작품에서 풍부한 감정과 인간성을 읽어낼 수 있다든지, 또는 위압적일 정도로 끊임없이 변화하는 많은 은유를 통해 세상을 본다든지 하는 모습이 가능하게 해준다. 컴퓨터 조작 지능은 그 대신에 완전히 다른 경로를 따라가고 있다. 체스와 산수처럼 자유로운 해석을 전혀 요구하지 않는 문제에 초점을 맞추면서도, 전광석화의 속도로 수행하는 계산의 방대한 순서를 축소했다. 게다가 음성인식과 기계번역, 일반적인 지식 테스트 같은 과제에 매우 유용한 것으로 드러났고, 미처 상상하지 못했을 만큼 많은 과거의 문제에 대한 해결책을 빨아들여서 우리와 그다지 다를 바 없이 새로운 문제를 해결한다.[5]

그러나 인간 지성에서 그리고 좀 더 넓게는 생물학적 지능에서 믿기 어려울 정도로 놀라운 점은 그 눈부신 유연성에 있다. 우리의 뇌가 윌리엄 터너의 페인트 자국과 드뷔시의 〈라 메르La Mer〉를 사납거나 고요한 바다 풍경으로 묘사할 수 있다는 사실은 특별할 것도 없다. 또한 우리가 만화 주인공과 그림자 인형, 또는 발레 무용수의 움직임을 인간 드라마를 연기해 낸 것으로 해석할 수 있다는 것도 마찬가지다. 우리가 장력을 지닌 재료의 특성에서 마음 상태까지 즉각 정신적인 비약을 한다는 것(스트레스를 받음, 긴장함, 과하게 또는 덜 늘어남, 너무 얇게 펴짐, 팽팽함, 절박함, 끊어질 것 같음, 한계점에 다다름, 뻣뻣함) 역시 특별하지 않다. 우리의 뇌가 물과 소리, 빛, 복사, 진동이 만들어내는 잔물결과 밧줄의 꿈틀거림, 심지어는 중력 자체도 같은 기초 원리가 지배하는 다른 종류의 파동이라는 관계를 파악하는 것 역시 평범한 일이다.

우리의 정신적 탄력성은 인간 지성을 그토록 특별하고 독특하게 만드는 비결 가운데 하나다.[6] 우리가 이 세상에 부여하는 창조적이고 가끔은 걷잡을 수 없이 은유적인 해석은 기계로 복제할 수 있는 그 무엇과도 전혀 다른 존재다.

나와 같이 인공지능의 가능성에 매료된 사람들이 느끼는 도의상의 문제는, 우리가 정신적 탄력성보다는 '무차별 대입 공격brute force'에 의해 해결되는 정신활동이 추가적으로 자동화되리라고 기대해도 괜찮은지다. 이는 250만 년 전 어느 날 탄자니아의 올두바이 협곡에서 석기 도구를 만들어낸 데에서 시작된 추세의 일부로, 산업혁명 시대에는 극적일 정도로 가속도가 붙었다. 사람과 기술은 사람이 혼자일 때보다 훨씬 더 많은 것을 성취할 수 있다. 인간의 창의력을 전적으로 요구하는 것처럼 보였던 과제들이 표준화와 기계화의 과정을 통해 가끔은 훨씬 더 효율적으로 해결된다는 사실은 우리에게 계속 감탄을 안겨준다. 손으로 짠 직물의 신축성과 유려한 솜씨는 다양한 경우에 베틀이 달성한 정확성으로 대체되었고, 그러다가 증기로 움직인 다음에는 1천 800개에 가까운 천공카드로 통제되는 자카드식 직조기가 등장했으며, 오늘날 컴퓨터 동력 직조기의 발군의 생산성으로 옮겨 갔다. 단계가 바뀔 때마다 환경은 좀 더 정밀해지고 표준화되었으며, 더 많은 업무가 기계로 넘어갔다.

마찬가지로 디지털화와 빅데이터는 우리보다 컴퓨터가 훨씬 훌륭하게 해내는, 더욱 매끄럽고 훨씬 정밀하게 정의된 세계를 만들어가고 있다. 그러나 인간 지성의 비결은 제대로 구조화되지 않고 절대 예상치 못한, 매우 가변적인 입력물에서 패턴을 찾아내는 능력에 있다. 우리는 가죽 가방에서 성내는 얼굴을 보고, 흑백의 조각 작품에서 뚜렷하고 감정이 가득 실린 인간을 분간해 낼 수 있다. 이 모든 것은 현대의 인공지능이 도달하는 범위를 훨씬 넘어선 것들이다.

우리는 과거의 경험을 충당하고 변형해서 자유분방하게 이 세계에 의미를 부여한다. 그리고 이는 우리의 냉철한 성찰이 어렵게 구성해 내는 인간 생각의 핵심이다. 우리는 작용하는 마음을 들여다볼 때 가장 자연스러운 작동 상태로 가장 잘 인도될 수 있다. 이는 우리를 이끌어가는 해석의 탐구가 무엇인지를 드러내준다. 의미를 찾으려는 우리의 노력은 대체될 수 없으며, 다만 한 걸음 한 걸음씩 의식적인 신중함을 따라 전달되게 된다.

기계의 약진이 두려운 이들에게 이 이야기는 약간의 안도감을 안겨줄 수 있을 것이다. 상상과 은유가 우리 지성의 비결이라면, 그 비결은 아마도 몇 세기 동안, 어쩌면 영원히 인간의 뇌 속에 안전하게 보관될 것이다.

우리 자신을
재창조한다는 것

우리는 모두 자신의 뇌가 저지르는 속임수의 희생자들이다. 우리 뇌는 순간적으로 색깔과 사물, 기억, 신념, 선호를 만들어내고, 이야기를 지어내며, 합당한 이유를 술술 뱉어내는 멋진 즉흥 기관이다. 사실 우리의 의식적 생각이란 단지 반짝이는 표면에 지나지 않지만, 뇌는 이러한 생각이 순간적으로 만들어진 것이 아니라 이미 존재하는 색깔과 사물과 기억과 신념, 선호로 이뤄진 깊은 내면의 바다에서 끌어올린 것이라고 우리를 속이는 매력적인 이야기꾼이다. 마음속에 숨겨진 미리 형성된 신념과 욕망, 선호, 태도, 심지어 기억 같은 것은 존재하지 않는다. 마음은 평면이다. 그 표면이 그곳에 존재하는 전부다.

따라서 우리의 뇌는 거침없고 매혹적인 즉흥 시인으로, 순간순간 마음을 만들어낸다. 그러나 춤이든, 음악이든, 이야기든 즉흥적으로 만들어내는 다른 모든 것과 마찬가지로, 갓 태어난 생각은 아무것도 아닌 곳에서 생겨난 것이 아니다. 갓 생겨난 즉흥적인 생각은 과거의 즉흥적인 생각의 파편에서부터 지어진다. 그렇기에 우리 각자는 유일무이한 역사이며, 새로운 지각과 생각, 감정과 이야기를 만들어내기 위해 역사를 재배치하는, 훌륭하게 창조적인 기계와 함께하고 있다. 그 역사를 이루는 층들은 다른 사람에게는 어색하거나 불편할지 몰라도 우리에게는 자연스러운 생각의 패턴을 만들어준다. 그러나 우리는 과거에 의존한다고 하더라도 계속 우리 자신을 재창조하고 있다. 그리고 그러한 재창조를 이끌어나가면서 우리가 누구인지, 어떤 사람이 될지를 빚어낼 수 있다.

따라서 우리는 정신세계로부터 숨겨진 냉혹한 힘에 의해 움직여지는 것이 아니다. 그 대신에 우리의 생각과 행동은 과거의 생각과 행동이 변신한 것이고, 우리는 가끔 우리가 어떤 선례를 고려하고 어떻게 변형할 것인지 결정하는 데 상당한 자유를 누리고 결정적인 재량권을 가진다. 오늘날의 생각과 행동이 내일의 선례인 것처럼, 우리는 말 그대로 순간순간 자기 자신을 재구성하고 재창조한다.

이는 익숙한 이야기는 아닐 것이다. 직관적인 이야기도 아니고, 우리 마음이 어떻게 움직이는지에 대해 우리가 안다고 생각했던 모든 것에 대한 믿음을 흔들어놓는 이야기이기도 하다. 우리가 '보고' '느끼는' 것들, 지각과 기억과 의사결정과 개성의 특성까지 포함한 모든 것이 흔들리는 것이다. 이는 우리가 우리 자신을 발견할 수 없다는 이야기다. 우리가 찾을 수 있는 자아 같은 것은 존재하지 않으니까. 이 이야기는 베일 뒤에 감춰져서 볼 수 없었던, 우리를 완전히 감싸고 있던 사기와 음모와 착각의 이야기다. 심지어 우리는 들춰보고 싶어 했을 수도 있는 베일이 그곳에 존재하는지조차 알지 못했다. 그러나 이는 마음에 대한 한 세기가 넘는 과학적 연구가 한 단계 한 단계씩 그것을 들춰내고 있는지에 관한 이야기이기도 하다. 일단 내면의 세계, 진정한 자아, 정신적 깊이와 무의식적인 정신력에 관한 마법이 깨지자, 우리는 좀 더 또렷한 빛 아래에서 우리를 볼 수 있게 되었다. 우리는 놀라울 정도로 혁신적인 임시 추론가이자 창의적인 은유 기계로, 계속 여기저기 흩어진 정보의 찌꺼기들을 순간적으로 일관성을 지닌 전체로 함께 엮어낸다. 우리는 자신을 위해 창조해 낸 이미지와는 완전히 다르고 훨씬 더 훌륭하다.

"아주 잘됐네"라고 당신은 말할 수도 있다. 그러나 분명 우리에게는 왜 생각과 행동이 완전히 일관성 없는 엉망진창이 아니라 타당한지를 설명해 줄 신념과 동기가 필요하다. 분명 우리에게는 크든 작든 행동의 과정을 설정해 줄, 우리에 관한 결정적인 내면의 사실이 존재할 것이다. 이를테면 우리가 가치를 두는 것들, 우리가 믿는 이상, 우리를 움직이는 열정 같은 것들이다. 그러나 마음이 평면이라면, 현실에서는 신념과 동기가 우리의 행동을 움직이지 못할 것이다. 내면의 신념 따윈 존재하지 않고, 동기는 현실이라기보다는 투영이기 때문이다.

반면에 선례의 계층, 즉 예전의 생각과 행동을 연속적으로 각색하고 변형해서 새로운 생각과 행동으로 만들어내는 것은 정돈된(또는 가끔은 무질서한) 생각의 본질에 대해 아주 다르고 좀 더 매력적인 설명을 제시한다. 그리고 우리의 문화는 선례들의 공통된 계율이라고 볼 수 있다. 우리가 하고, 원하고, 말하고, 생각하는 일은 각 개인뿐만 아니라 사회 내에서도 질서를 만들어내기 때문이다. 새로운 선례들을 규정하는 과정에서 우리는 점진적으로, 그리고 집단적으로 문화를 창조해 나가지만, 새로운 선례들은 오래되고 공통된 선례들을 기반으로 한다. 따라서 문화 역시 우리를 만들어내는 것이다. 별도로 생각해 본다면, 우리의 '자아'는 부분적이고 단편적이며 놀라우리만큼 연약하다. 우리는 그저 가장 가볍게 그려낸 문학적 창작품에 지나지 않는다. 그러나 집단적으로 우리는 너무나 안정적이고 일관성 있는 삶과 조직과 사회를 구성한다.

계속적인 재창조라는 개념은 일단 속임수가 드러난 뒤 우리의 행동을 개인으로서나 사회로서 평가하는 객관적이고 외부적인 척도가 비현실적일 뿐만 아니라 전혀 지탱할 수 없음을 깨달았을 때 특히 혼란을 유발한다. 결국 우리가 설 수 있는 단단한 기반 같은 것은 없으니까. 새로운 생각과 가치, 행동은 그저 과거 선례의 전통 안에서만 정당화되거나 비판받을 수 있다. 물론 어떤 선례가 적용되고 어떤 선례가 주도해야 하는지는 법에서와 마찬가지로 논쟁이 일어날 수 있다. 이는 "뭐든지 가능하다"라는 의미가 아니다. 다만 우리의 인생과 사회의 구성이 본질적으로 제한이 없으며 창조적인 과정이라는 의미다. 또한 우리가 결정과 행동을 판단하는 기준 역시 동일한 창조적인 과정의 일부가 된다는 의미이기도 하다. 요컨대 인생은 우리가 참가하고, 규칙을 만들어내며 스스로 점수를 지키는 경기다.

이러한 관점은 아마도 상대론자들에게 악몽과도 같을 것이다. 어떤 관점도 마찬가지로 가치 있거나 의심스럽다는 의미가 되니까. 그러나 그 반대가 진실이다. 훌륭한 삶이라든가 훌륭한 사회가 기반으로 삼는 궁극적인 기초가 없다면, 우리 삶과 사회가 맞닥뜨리는 도전과제는 우리 자신과 개인들 사이에 존재하는 생각의 갈등을 탐색하고 해결하는 것이 된다. 오랜 선례를 쥐고 있는 것이 보수적인 정치적 충동으로 보일 수 있다면, 확고한 전통에 접촉하고 궁극적으로는 지지하려는 목표는 자유주의 정치 전통 뒤에 숨어 있는 충동이 된다. 예를 들어, 표현의 자유 원칙은 시대와 개인, 공동체를 초월한 순간적인 신념들을 함께 연결하는 공개 토론을 허용하기 위해 세워졌고, 그러한 토론은 수학적이고 과학적인 방식으로 성문화되었다. 자유시장과 돈, 무역, 그리고 현대의 경제 체제는 재화와 용역과 돈의 교환이라는 방식으로 우리의 기호를 서로 연결해 준다. 민주주의 정치와 법의 지배는 우리의 행동들 간의 잠재적인 충돌(똑같은 사람이 내렸든, 다른 사람이 내렸든 간에 한순간의 결정은 다른 미래 순간의 결정을 침해할지도 모른다)을 해결해 줄 수 있다. 자유 사회에서 우리는 단순히 저마다의 개인적 꿈을 꾸거나 자신만의 특별한 이야기를 쓰는 것이 아니다. 그보다 계속해서 우리의 이야기들을 하나의 일관성 있는 전체로 엮어가려고 고군분투한다.

그러나 선호와 신념과 행동이 연결될 수 있는 자유 사회에서조차, 선례에 기반한 생각은 본질적으로 보수적으로 보인다. 그렇다면 지각적 재구성과 갑작스러운 통찰, 종교적 개종, 그리고 개념적이고 정치적인 혁명은 어떻게 가능할 수 있을까? 여기에 대한 하나의 답은 기억이 부서지기 쉽다는 것이다. 따라서 우리는 결국 아무런 준비 없이 다시 한번 시작할 수도 있고 완전히 다른 대답을 찾아낼 수도 있다. 우리는 옛 '이야기'를 잊고 새로운 이야기를 창조해 낸다.

그러나 또 다른 가능성이 있다. 이야기의 변화하는 부분이 **폭포**처럼 쏟아지는 원대한 결과로 이어질 수 있다는 것이다. 선례를 이어간다는 것이 과거의 권위에 초점을 맞추는 것이긴 하지만 그로 인해 점진적으로 훌륭하게 탈바꿈할 수도 있음을 기억해야 한다. 법적이고 정치적인 체계는 세대에 걸쳐 스스로 변화할 수 있다. 물론 각 단계는 과거에 있었던 일들의 해석과 재해석에 의해 유도된다. 수학자는 과거의 선례를 추론의 방법으로 사용해 전체 이론이 모순된다고 결론 내릴 수도 있다. 심지어는 대부분의 확실한 선례들(그 이론에서 나왔던 이전의 '결과들')을 폐기해야 한다고 결론 내릴 수도 있다. 개인은 점차 사이비 교주, 또는 종교적이거나 정치적인 글을 믿기 시작하거나 중단할 수 있다. 명분과 프로젝트, 관계를 유지하거나 버릴 수도 있고, 수백만 가지의 다른 방식으로 인생을 바꿔버릴 수도 있다. 그러므로 선례로 인정받던 것은 그 자체가 변화하고, 또다시 변화할 수 있는 것이다. 우리는 더 좋고 나은 '이야기들'을 향해 비틀거리며 나아가길 바라지만, 우리가 이미 가지고 있는 이야기에서 시작해야만 새로운 이야기를 만들어낼 수 있다.

게다가 우리는 절대로 더 잘 짜인 일관성이 반드시 문화적 진보나 지적인 진보를 시사한다고 가정해서는 안 된다. 또한 우리 자신이나 사회가 선례의 일관성 있지만 참담한 체계 안으로 들어가지 않도록 언제나 경계해야 한다. 우리 내부의 초자연적인 심령의 힘에 휘둘려서는 안 된다는 것을 기억하자. 생각의 '감옥'은 우리가 스스로 만들어낸 것이고, 만들어진 것처럼 해체될 수도 있다. 마음이 평면이라면, 우리가 마음과 삶과 문화를 상상해 낼 수 있는 것이라면, 그렇다면 우리는 감동적인 미래를 상상하고, 또 현실로 이뤄낼 힘을 지닌 셈이다.

주석

프롤로그 심오한 문학, 얄팍한 정신

1   D. Dennett, *Consciousness Explained*(London: Penguin, 1993), p. 68.

2   이러한 내면세계의 인식에 관한 자기성찰의 은유에는 여러 형태가 존재한다. 우리는 우리의 의식을 살펴보고, 자신을 찾고 (또는 잃고), 우리가 정말로 누구인지, 무엇을 믿는지, 또는 어떤 의미를 가지는지 배우려고 한다.

3   마음에 대한 상식적 설명을 회의적으로 생각하는 많은 학자 중에서 특히 내 생각에 영향을 미친 이는 대니얼 데넷, 폴 처칠랜드, 길버트 라일, 휴고 메르시에, 제임스 A. 러셀, 댄 스퍼버 등이다. 다양한 상식적 설명의 심리학적 일관성에 대해 의구심을 표한 연구 가운데에서도 특히 큰 영향력을 미친 연구는 다음과 같다: L. Rozenblit and F. Keil(2002), 'The misunderstood limits of folk science: An illusion of explanatory depth', *Cognitive Science*, 26(5): 521-62.

4   이를테면 사람들이 서로 다른 지각적 자극의 경험을 묘사하는 방식과 같이, 자기성찰에 기반한 실험 방식은 1879년 빌헬름 분트가 라이프치히에 세운 최초의 심리학 실험실의 초점이 되었다. 철학과 심리학은 현상학의 요소를 계속 포함하며, 따라서 그 목표는 '내면으로부터' 우리의 마음과 경험을 이해하고 탐험하려고 시도하는 것이 된다. 내가 보기에 이러한 방식들은 매우 비생산적인데, 현상학은 우리가 정신적 깊이의 존재 여부를 밝혀내기보다는 그 착각에 빠지도록 이끈다.

5   이러한 회의론자에는 길버트 라일과 B. F. 스키너 같은 행동주의 심리학자와 J. J. 깁슨과 마이클 터비 등의 직접 지각 이론가들, 그리고 현상학의 영향을 받은 철학자들(휴버트 드레이퍼스)이 있다. 폴과 퍼트리샤 처칠랜드는 모든 '민속' 심리학은 '민속' 물리학과 생물학보다 과학적으로 발전의 여지가 있는 것이 아니라고 오랫동안 주장해 왔다. 나는 이러한 관점에 찬성해 두 가지 모두 주장했다. (N. Chater and M. Oaksford(1996), 'The falsity of folk theories: implications for psychology and philosophy', in W. O'Donaghue and R. F. Kitchener(eds), *The Philosophy of Psychology*(London: Sage), pp. 244-56)와 (N. Chater(2000), 'Contrary views: A review of "On the contrary" by Paul and Patricia Churchland', *Studies in History*

and Philosophy of Biological and Biomedical Sciences, 31: 615-27) 참고. 이 책의 아이디어는 철학자 대니얼 데닛과 일상적인 심리학적 설명과 의식적 경험의 본질에 대한 '기적' 관점에 대한 그의 논의에 힘입은 바가 크다. (D. C. Dennett, *The intentional stance*(Cambridge, MA: MIT Press, 1989) and D. C. Dennett, *Consciousness explained*(London: Penguin Books, 1993)).

6   이 책의 파트 2에 등장하는 일부 개념들은 우리가 어떻게 언어를 사용하고 배우는지에 대한 코넬대학교 모턴 크리스티안센과의 공동 연구와 밀접한 관련이 있다. (Morton H. Christiansen and N. Chater, *Creating language: Integrating evolution, acquisition, and processing*(Cambridge, MA: MIT Press, 2016); Morton H. Christiansen and N. Chater(2016), 'The now-or-never bottleneck: A fundamental constraint on language', *Behavioral & Brain Sciences*, 39, e62).

CHAPTER 1 꾸며낸 이야기의 힘

1   결국 인간이 공통의 조상을 가진다고 가정했을 때 우리는 모두 엘비스로부터 m번 다리 건넌 n촌의 친척이 된다. 모든 생명이 공통의 조상을 가지기 때문에 해조류의 상당히 먼 친척이기도 하다.

2   멘델선드는 이러한 예를 비롯해 소설이 놀라울 정도로 대충 쓰였으며 우리가 독서를 하면서 떠올리게 되는 심상은 막연하다는 점을 보여주는, 다른 많은 설득력 있는 사례를 제시해 준다. 그럼에도 우리는 감각적 풍요로움으로 가득한 또 다른 '세계'에 깊이 빠져 있다는 주관적인 느낌을 가질 수 있다.

3   물론 우리는 화학, 생물학, 경제학과 심리학부터 수학과 논리학까지 그 어떤 과학적이거나 수학적인 주제에 대해 아주 유사하면서도 강력한 주장을 펼칠 수 있었다.

4   정교하고 영향력 있는 두 개의 논문은 다음과 같다: J. McCarthy and P. J. Hayes(1969), 'Some philosophical problems from the standpoint of artificial intelligence', in B. Meltzer and D. Michie (eds), *Machine Intelligence 4*(Edinburgh: Edinburgh University Press, 1969); and P. J. Hayes, 'The naive physics manifesto', in D. Michie(ed.), *Expert Systems in the Micro-Electronic Age*(Edinburgh: Edinburgh University Press, 1979). 인공지능은 우선 인간의 지식을 이해하는 심오한 문제들을 해결하면서가 아니라 전략적으로 회피함으로써 발전해 나간다는 것을 강조하는 것이 중요하다. 초창기 인공지능이 제시한 도전 과제들은 모두 엄청나게 중요하고 대부분 미해결 상태로 남아 있다.

5   친구이자 동료인 마이크 옥스퍼드와 나는 이를 상식적 지식의 프랙털적인 성질이라고 부른다. 즉, 연속적인 추론에서 각 단계는 그 전체 단계만큼 복잡해 보인다는 의미다. *Rationality in an uncertain world: Essays on the cognitive science of human reasoning*(Abingdon: Psychology Press/Erlbaum (UK), Taylor & Francis, 1998).

6   L. Rozenblit and F. Keil(2002), 'The misunderstood limits of folk science: An illusion of explanatory depth', *Cognitive Science*, 26(5): 521-62. 우리는 복잡한 정치적 의제 역시 똑같이 얄팍하게 이해한다. 어쩌면 너무나 당연하게도, 극단적인 정치관을 가진 사람들은 특히나 얕은 이해 수준을 보인다. P. M. Fernbach, T. Rogers, C. R. Fox and S. A. Sloman(2013), 'Political extremism is supported by an illusion of understanding', *Psychological Science*, 24(6): 939-46.

7   여담: 철학은 심리학, 확률, 논리, 의사결정 이론, 게임 이론 등 이론으로 변화되는 지점에서 물리학과 마찬가

지로 직관적 기반으로부터 급격히 단절된다. 이론은 극도로 반직관적인 갖가지 함의를 가지게 되겠지만, 이는 불가피하다. 우리의 직관은 모순적이기 때문이다. 내 생각에 철학이 거둔 극적인 성공 가운데 하나는 그 근본 원리가 단순히 '직관과 정합하는' 것을 초월하는 이론들을 '자아내는' 경향을 지니게 되었으며, 그러한 이론들이 물리학처럼 스스로 생명력을 얻게 되었다는 점이다.

8   생성문법 프로젝트는 여전히 분투 중이다. 그러나 예를 들어 영어의 생성문법을 기록해 나갈 가능성은 좀 더 요원해 보이며, 실제로 촘스키와 그 후속 연구자들은 이 프로젝트에 대한 실질적 개입에서 그 어느 때보다 멀어지면서 추상적인 이론과 철학적인 사색에 의존하게 되었다. 최근 20년간 언어학에서 새로운 움직임, 즉 구문 문법(A. E. Goldberg, *Constructions at work*(New York: Oxford University Press, 2006); P. W. Culicover and R. Jackendoff, *Simpler syntax*(New York: Oxford University Press, 2005)은 '이론으로서의 문법'이라는 관점을 버렸고 언어의 단편적 특성을 진심으로 받아들이게 되었다. 이러한 관점은 언어는 학습의 대상이며 시간의 흐름에 따라 변한다는 사실에 잘 들어맞는다. 이때 언어는 전반적인 체계 개편을 겪기보다는 '한 부분씩 차례로' 점차 변화한다.

9   초기 정신분석부터 현대 인지과학까지 다중 체계 관점이 널리 퍼져 있다. (Sigmund Freud, *Das Ich und das Es*, (Leipzig, Vienna and Zurich: Internationaler Psycho-analytischer Verlag, 1923); English translation, *The Ego and the Id*, Joan Riviere (trans.) (London: Hogarth Press and Institute of Psycho-analysis, 1927) to modern cognitive science(S. A. Sloman(1996), 'The empirical case for two systems of reasoning', *Psychological Bulletin* 119: 3-22; J. S. B. Evans(2003), 'In two minds: dual-process accounts of reasoning', *Trends in Cognitive Sciences*, 7(10): 454-9).

CHAPTER 2 현실의 감정

1   도표 1 왼편에 있는 삼각형에 가까운 변형은 후에 아버지 리오넬 펜로즈와 아들 로저가 독자적으로 발견해 냈으며, 이들이 발견한 형태는 펜로즈 삼각형으로 알려지게 되었다(L. S. Penrose and R. Penrose(1958), 'Impossible objects: A special type of visual illusion', *British Journal of Psychology*, 49(1): 31-3). 로이터스베르드는 완전히 직관적으로 작업했고 기하학적인 배경지식이 전혀 없었지만, 재학 중에 그 유명한 삼각형을 발견했다. 펜로즈 부자는 둘 다 뛰어난 학자로, 실제로 로저 펜로즈는 수학 물리학에서의 눈부신 성과들에 기하학을 접목해 나갔다. 이 같은 멋진 도형이 다른 출발점에서부터 독립적으로 만들어질 수 있다는 사실은 놀라운 충격을 안겨준다.

2   철학자 리처드 로티는 '자연의 거울'이라는 은유가 서구 사상에서 근본적으로 잘못된 전환점을 만들어냈다는 유명한 주장을 했다(R. Rorty, *Philosophy and the Mirror of Nature*(Princeton, NJ: Princeton University Press, 1979). 이 주장이 옳든 그르든 간에 마음이 자연의 거울이며 외부 세계의 내면적 복제본을 만들어낸다고 보는 관점은 분명 지각을 이해하는 데 잘못된 전환점이 되었다.

3   엄밀히 말해서 우리가 보는 이차원적 패턴을 '불가능한' 사물로 보는 삼차원적 해석이 존재하지만 이는 기괴한 기하학적 배열로, 이미지 일부에 대한 자연스러운 해석과는 양립할 수 없다.

4   K. Rayner and J. H. Bertera(1979), 'Reading without a fovea', *Science*, 206: 468-9; K. Rayner, A. W. Inhoff, R. E. Morrison, M. L. Slowiaczek and J. H. Bertera(1981), 'Masking of foveal and parafoveal vision during eye fixations in reading', *Journal of Experimental Psychology: Human Perception and*

Performance, 7(1): 167-79.

5 A. Pollatsek, S. Bolozky, A. D. Well and K. Rayner(1981), 'Asymmetries in the perceptual span for Israeli readers', *Brain and language*, 14(1): 174-80.

6 E. R. Schotter, B. Angele and K. Rayner(2012), 'Parafoveal processing in reading', *Attention, Perception, & Psychophysics*, 74(1): 5-35; A. Pollatsek, G. E. Raney, L. LaGasse and K. Rayner(1993), 'The use of information below fixation in reading and visual search', *Canadian Journal of Experimental Psychology*, 47(2): 179-200.

7 E. D. Reichle, K. Rayner and A. Pollatsek(2003), 'The E-Z Reader model of eye-movement control in reading: Comparisons to other models', *Behavioral and Brain Sciences*, 26(4): 445-76.

8 망막상을 고정해서 눈이 더 이상 곳곳을 훑어볼 수 없게 되면 이미지의 다른 부분들을 이해하는 우리의 능력은 심각하게 축소된다. 그러나 어느 정도까지는 눈을 움직이지 않고도 주의를 전환할 수 있기 때문에, 망막의 고정은 우리가 추적하는 어떤 시각적 정보들을 변화시키는 능력을 감소시키되 완전히 제거하지는 못한다.

9 이쯤에서 나는 고정된 이미지에 대한 연구에서 중요한 부분들을 찾아내고 있지만, 이해하려고 하는 것은 아니다. 이미지가 완벽하게 고정되었을 때 완전히 되돌릴 수 없을 정도로 흐려질 수밖에 없는지 여부는 여전히 논란이 되는 의제다. 눈이 변화를 기록하기에 충분할 정도로 '흔들림'을 완전히 제거하기는 쉽지 않기 때문이다. *Quarterly Journal of Experimental Psychology*, 15(1): 36-51; L. E. Arend and G. T. Timberlake(1986), 'What is psychophysically perfect image stabilization? Do perfectly stabilized images always disappear?', *Journal of the Optical Society of America A*, 3(2): 235-41).

10 A. Noe(2002), 'Is the visual world a grand illusion?', *Journal of consciousness studies*, 9(5-6): 1-12; D. C. Dennett, '"Filling in" versus finding out: A ubiquitous confusion in cognitive science', in H. L. Pick, Jr, P. van den Broek and D. C. Knill(eds), *Cognition: Conceptual and Methodological Issues*(Washington DC: American Psychological Association, 1992); D. C. Dennett, *Consciousness Explained*(London: Penguin Books, 1993).

CHAPTER 3 날조의 해부

1 J. K. O'Regan and A. Noe(2001), 'A sensorimotor account of vision and visual consciousness', *Behavioral and Brain Sciences*, 24(5): 939-73. R. A. Rensink(2000), 'Seeing, sensing, and scrutinizing', *Vision Research*, 40(10): 1469-87.

2 그렇다면 우리는 망막에 고정된 색깔 격자가 어느 정도 재미있는 효과를 낼 것이라고 예상할 수도 있다. 예를 들어 개별적인 색상에 해당하는 무늬들은 나머지 격자가 완전히 눈에 보이지 않는 와중에 눈에 들어올 수도 있다. 내가 알기론 지금까지 시도된 적이 없는 실험이지만 흥미로운 실험이 될 것이다.

3 색깔 외에 다른 특성들을 공유함으로써 패턴들을 한꺼번에 묶는 '수축 포장'을 할 수도 있다. 같은 기울기를 지닌 선이나 (새 떼처럼) 모두가 동조해서 움직이는 경우 등이 그 예다.

4 J. Duncan(1980), 'The locus of interference in the perception of simultaneous stimuli',

Psychological Review, 87(3): 272-300.

5 그럼에도 어느 조각의 각 색깔을 지각하는 일은 주변 조각들로부터 영향을 받게 된다는 것에 주목하자. 실제로 이미지상의 개별적 조각에서 지각된 색깔은 특정한 조각과 이웃한 조각을 아주 복잡하고 미묘한 방식으로 비교함으로써 결정되는 것이다. 초기의 영향력 있는 이론으로 E. H. Land and J. J. McCann(1971), 'Lightness and retinex theory', *Journal of the Optical Society of America*, 61(1): 1-11을 참고해 보자. 여기에서 핵심이자 주목할 점은 이러한 상호작용의 과정이 순차적이라는 점이다. 우리는 한 번에 오직 한 색상만 볼 수 있다.

6 D. G. Watson, E. A. Maylor and L. A. Bruce(2005), 'The efficiency of feature-based subitization and counting', *Journal of Experimental Psychology: Human Perception and Performance*, 31(6):1449.

CHAPTER 4 충실치 못한 상상력

1 이는 소위 이미지의 음극선관 이론이다(S. M. Kosslyn, *Image and Mind*(Cambridge, MA: Harvard University Press, 1980 참고).

2 마음이 내면극장의 무대라는 착각은 철학자 대니얼 데닛의 저서 《의식의 수수께끼를 풀다》에서 살펴보았다. 내 생각에 큰 영향을 미친 것은 심상의 그림 이론에 대한 제논 필리신의 오랜 비판이었다(Z. W. Pylyshyn(1981), 'The imagery debate: Analogue media versus tacit knowledge', *Psychological Review*, 88(1): 16).

3 J. Wolpe and S. Rachman(1960), 'Psychoanalytic "evidence": A critique based on Freud's case of little Hans', *Journal of Nervous and Mental Disease*, 131(2): 135-48.

4 Wolpe and Rachman(1960), 'Psychoanalytic "evidence": A critique based on Freud's case of little Hans'.

5 S. Freud, 'Analysis of a phobia in a five-year-old boy 'Little Hans'(1909), *Case Histories I*, Vol. 8, Penguin Freud Library(London: Penguin Books, 1977).

6 Wolpe and Rachman(1960), 'Psychoanalytic "evidence": A critique based on Freud's case of little Hans', quoting Freud.

CHAPTER 5 감정을 창조하다

1 다음을 참고하자. <http://www.imdb.com/name/nm0474487/bio>;

2 다음을 참고하자. <https://www.youtube.com/watch?v=DGA6rCOyTh4>;

3 W. James, *The Principles of Psychology*(1890), 2 vols (New York: Dover Publications, 1950).

4 J. A. Russell(2003), 'Core affect and the psychological construction of emotion', *Psychological Review*, 110(1): 145; J. A. Russell(1980), 'A circumplex model of affect', *Journal of Personality and*

Social Psychology, 39(6): 1161.

5   P. Brinol and R. E. Petty (2003), 'Overt head movements and persuasion: a self-validation analysis', *Journal of Personality and Social Psychology*, 84(6): 1123-39.

6   브리뇰과 페티(2003)는 자기타당화 이론을 활용해 이 결과를 설명한다. 이들은 끄덕임에 대해 메시지 자체를 긍정하는 것이 아니라 자신만의 생각을 '인정하는 것'이라고 해석한다(즉, 설득력 없는 메시지를 받았을 때 "이건 말도 안 돼, 완전히 말도 안 돼!"라는 내면의 독백을 인정한다는 의미다). 이러한 접근법을 실험적으로 분리하는 것은 흥미로운 도전 과제다.

7   D. G. Dutton and A. P. Aron(1974), 'Some evidence for heightened sexual attraction under conditions of high anxiety', *Journal of Personality and Social Psychology*, 30(4): 510.

8   B. Russell, *The autobiography of Bertrand Russell*(Boston, MA: Little, Brown & Co., 1951), p. 222.

CHAPTER 6 선택을 만들어내다

1   M. S. Gazzaniga (2000), 'Cerebral specialization and interhemispheric communication: Does the corpus callosum enable the human condition?' *Brain*, 123(7): 1293-1326.

2   L. Hall, T. Strandberg, P. Parnamets, A. Lind, B. Tarning and P. Johansson(2013), 'How the polls can be both spot on and dead wrong: using choice blindness to shift political attitudes and voter intentions', PLoS ONE 8(4): e60554. doi:10.1371/journal.pone.0060554.

3   P. Johansson, L. Hall, B. Tarning, S. Sikstrom and N. Chater(2013), 'Choice blindness and preference change: you will like this paper better if you (believe you) chose to read it!', *Journal of Behavioral Decision Making*, 27(3): 281-9.

4   T. J. Carter, M. J. Ferguson and R. R. Hassin(2011), 'A single exposure to the American flag shifts support toward Republicanism up to 8 months later', *Psychological Science*, 22(8): 1011-18.

5   E. Shafir(1993), 'Choosing versus rejecting: Why some options are both better and worse than others', Memory & Cognition, 21(4): 546-56; E. Shafir, I. Simonson and A. Tversky(1993), ' Reason-based choice', *Cognition*, 49(1): 11-36.

6   K. Tsetsos, N. Chater and M. Usher(2012), 'Salience driven value integration explains decision biases and preference reversal', *Proceedings of the National Academy of Sciences*, 109(24): 9659-64.

7   The literature is vast. Some classic references include: D. Kahneman and A.Tversky, *Choices, Values, and Frames*(Cambridge, UK: Cambridge University Press, 2000); C. F. Camerer, G. Loewenstein and M. Rabin(eds), *Advances in Behavioral Economics*(Princeton, NJ: Princeton University Press, 2011); Z. Kunda, *Social Cognition: Making Sense of People*(Cambridge, MA: MIT Press, 1999).

8   P. J. Schoemaker(1990), 'Are risk-attitudes related across domains and response modes?' *Management Science*, 36(12): 1451-63; I. Vlaev, N. Chater and N. Stewart(2009), 'Dimensionality of risk perception: Factors affecting consumer understanding and evaluation of financial risk', *Journal of Behavioral Finance*, 10(3): 158-81.

9   E. U. Weber, A. R. Blais and N. E. Betz(2002), 'A domain-specific risk attitude scale: Measuring risk perceptions and risk behaviors', *Journal of Behavioral Decision Making*, 15(4): 263-90.

10   (질문을 던지는 순간 만들어지는) 선호에 대한 이 '건설적인' 관점은 몇십 년 동안 설득력 있게 옹호되어 왔다 (P.Slovic(1995), 'The construction of preference', *American Psychologist*, 50(5): 364). 그럼에도 많은 경제학자와 심리학자는 이러한 관점의 온전한 함의를 받아들이지 않고, 특정한 측정 방식으로 그저 왜곡되었을 뿐인 '깊고' 안정적인 근본적 선호가 존재할 것이라 여전히 상상한다.

CHAPTER 7 생각의 순환

1   이에 대한 고전적인 논쟁은 다음과 같다: J. A. Feldman and D. H. Ballard(1982), 'Connectionist models and their properties', *Cognitive Science*, 6(3): 205-54.

2   이러한 연결주의 또는 '신경망' 계산 모델은 1940년대 이후 전통적인 '디지털' 컴퓨터의 경쟁자가 되었으며 (W. S. McCulloch and W. Pitts(1943), 'A logical calculus of the ideas immanent in nervous activity', *Bulletin of Mathematical Biophysics*, 5(4): 115-33 참고) G. E. Hinton와 J. A. Anderson의 *Parallel Models of Associative Memory* (Hillsdale, NJ: Erlbaum, 1981)와 J. L. McClelland, D. E. Rumelhart 와 the PDP Research Group의 *Parallel Distributed Processing*, 2 vols (Cambridge, MA: MIT Press, 1986) 등의 책들과 함께 심리학과 인지과학으로 폭발적으로 퍼져나갔다. 예술적 경지에 다다른 기계 학습은 모순적이게 실용적인 관례라는 이유로 종래의 디지털 컴퓨터에서 실행되고 있음에도, 이제는 광범위하게 신경망을 활용한다. 뇌 같은 하드웨어를 만든다는 것은 현재로서는 그저 너무나 어렵고 융통성이 없는 일이다.

3   뇌는 단일 네트워크에 가까운 뭔가에 상호연결 되어 있지만, 이게 전부는 아니다. PC와 마찬가지로 뇌는 상 image과 소리와 기타 감각적 투입물을 '낮은 수준'으로 처리하는 특별한 문제와 함께 기본적인 행동 통제를 계획하는 일에 어느 정도 특화된 하드웨어로 보인다. 그리고 아마도 (예를 들어 얼굴과 말소리, 언어음 등을 처리하는) 다른 과업에 특화된 독립적인 연결망이 어느 정도 더 존재할 것이다. 뇌가 어떤 '특별한 목표'의 기계를 개발할 것인지, 그 기계가 고유한 것인지 학습되는 것인지, 그리고 결정적으로는 그러한 연결망이 어느 수준까지 뇌의 나머지 부분으로부터 간섭을 막아낼 것인지 등은 모두 중요한 문제들이다.

4   최근의 평가에 대해서는 다음을 참고하자: C. Koch, M. Massimini, M. Boly and G. Tononi(2016), 'Neural correlates of consciousness: progress and problems', *Nature Reviews Neuroscience*, 17(5): 30721.

5   W. Penfield and H. H. Jasper, *Epilepsy and the Functional Anatomy of the Human Brain*(Boston, MA: Little, Brown, 1954).

6   B. Merker(2007), 'Consciousness without a cerebral cortex: A challenge for neuroscience and medicine', *Behavioral and Brain Sciences*, 30: 63-134.

7 G. Moruzzi and H. W. Magoun(1949), 'Brain stem reticular formation and activation of the EEG', *Electroencephalography and Clinical Neurophysiology*, 1(4): 455-73.

8 심리학자와 신경과학자는 이러한 개념들이 게슈탈트 심리학과 바틀렛의 인간 기억에서의 '의미 파악 이후의 노력'부터 시작해 울릭 나이서의 주의의 한계에 대한 광범위한 실험인 지각적 주기, 오레간과 노이의 의식 이론, 와일더 펜필드의 뇌 수술에 관한 초기 실험에서 나온 놀라운 결과, 의식적 경험에서 '심부(피질하)' 뇌 구조가 맡는 중심적인 역할에 대한 비요른 메르케르의 이론화 등 기존의 개념들로부터 끌어온 것이라 인식할 것이다. 이 모든 발견과 개념을 추적해서 응집력 있는 유형으로 엮어가려는 내 시도는 여러 기존의 이론과 매우 유사해 보일 수 있지만 그 어떤 것과도 정확히 일치하지는 않을 것이다.

9 실제로 우리는 오직 안정되고 의미 있는 세계만 보며, 신경 자극에서 나오는 의미를 엮어가는 일에 관여하는 우리 뇌의 아주 복잡한 계산에 대해서는 전혀 인식하지 않기 때문에, 심리학과 신경과학의 신참들은 가끔 뇌가 그러한 계산을 해야만 한다는 사실에 놀라곤 한다. 우리는 세상이 그저 스스로를 드러내며 우리의 눈과 귀를 통해 온전히 해석된다고 상상하지만 사실은 그 반대다. 뇌의 약 절반은 언제나 지각적 분석에 논쟁의 여지도 없도록 합의하는 일에 전념한다. 그러나 살펴보겠지만, 지각의 범위는 여전히 광대하다.

10 심리학이 발전하는 과정에서 아주 초창기에 우리가 소위 무심상 사고를 하는지에 대한 의문은 상당히 많은 논란을 일으켰다. 뷔르츠부르크대학교의 오토 퀼페와 그의 제자들은 추상적인 개념에 대해 생각할 때 인식의 '무엇'이라 이루 말할 수 없는 상태를 경험했다고 보고한 것으로 유명하다. 아마도 어떤 감각적 특성이 결여되어 있을 불가사의한 경험에 대해 퀼페는 엄청난 이론적인 중요성을 가졌음을 보여주었다. 독일에서 공부하고 뉴욕 북부 코넬대학교에 연구소를 세운 영국 심리학자 에드워드 티치너를 포함해 다른 초창기 심리학자들은 그러한 경험을 해본 적이 없다고 했다. 어쩌면 결과적으로 초래된 대서양 너머의 논란이 심리학의 세계를 뒤흔들어 놓았던 것도 같다.

CHAPTER 8 의식의 좁은 목

1 의식적 경험에서 경보 체계의 역할은 특히나 케빈 오레건의 지각의 '움켜쥠(grabbiness)'이라는 개념에서 강조된다. 즉, 이미지에서 뭔가가 변화했을 때 그 변화가 당신의 주의를 움켜쥔다는 것이다. J. K. O'Regan, *Why Red Doesn't Sound like a Bell: Understanding the Feel of Consciousness*(Oxford: Oxford University Press, 2011).

2 J. S. Macdonald and N. Lavie(2011), 'Visual perceptual load induces inattentional deafness', Attention, Perception, & Psychophysics, 73(6): 1780-89.

3 무주의 맹시와 무주의 난청에는 경보 체계의 '주목을 끌지 않는 일'이 필요하다. 우리가 아무리 중심 부분의 십자가에 신중하게 집중해도 섬광과 쾅 소리는 확실히 감지할 수밖에 없다. 경보의 메커니즘은 예상하지 못했던 자극에 대해 십자가로부터 초점을 끌어오도록 작동할 것이기 때문이다. 그러나 이러한 경우 정보의 두 조합을 추적하는 것이 아니다. 섬광(쾅 소리도 마찬가지로)이 주는 충격은 십자가의 팔 부분에 대한 현재의 시각적 분석을 분리하고 어느 쪽 팔이 더 긴지에 관한 판단의 정확성을 극적으로 감소시키는 것으로 보인다.

4 U. Neisser, 'The control of information pickup in selective looking', in A. D. Pick(ed.), *Perception and its Development: A Tribute to Eleanor J. Gibson*(Hillsdale, NJ: Lawrence Erlbaum Associates, 1979), pp. 201-19.

5 이 연구의 최신판에서는 우산을 든 여성이 고릴라 옷을 입은 사람으로 바뀌는데, 이러한 실험은 유튜브에서 큰 인기를 끌었다. D. J. Simons and C.F. Chabris(1999), 'Gorillas in our midst: Sustained inattentional blindness for dynamic events', *Perception*, 28(9): 1059-74.

6 다양한 사물과 얼굴과 단어는 '심층적인' 수준에서 분석되지만 오직 하나 정도만 주의 자원에 의해 선택될 가능성이 높다는 것이 주의의 '후기선택(late-selection)' 이론이다. (J. Deutsch and D. Deutsch(1963), 'Attention: some theoretical considerations', *Psychological Review*, 70(1): 80).

7 이는 뇌가 오직 현재 집중하는 사물, 단어, 얼굴, 또는 패턴과 관련된 정보의 조각들만 처리한다는 의미가 아니다. 실제로 이러한 일은 불가피한데, 뇌는 언제나 새로운 정보 조각이 현재의 직소 퍼즐의 일부라는 것을 알 수 없기 때문이다. 이러한 점은 사람들이 헤드폰의 왼쪽과 오른쪽에서 '말하고 있는' 다른 목소리를 듣는 실험에서 명쾌하게 드러난다. 왼쪽 귀에서 들리는 목소리를 듣고 즉시 따라 하라는 지시를 받은 사람은 다른 쪽 목소리가 무슨 소리를 하는지 거의 깨닫지 못하는 것이다(D. E. Broadbent, *Perception and Communication*(Oxford: Oxford University Press, 1958); N. P. Moray(1959), 'Attention in dichotic listening: Affective cues and the influence of instructions', *Quarterly Journal of Experimental Psychology*, 11: 56-60). 예를 들어 이들은 주의를 기울이지 않는 목소리가 외국어로 말하는지, 또는 단어 하나를 반복하는지 알아차리는 데 실패할 수 있다. 그러나 메시지가 들리는 귀의 방향이 갑자기 바뀐다고 가정해 보자. 왼쪽 귀에서 들리던 문장이 이제는 자연스럽게 오른쪽 귀에서 들리는 것이다(A. Treisman(1960), 'Contextual cues in selective listening', *Quarterly Journal of Experimental Psychology*, 12:242-8). 이 경우 사람들은 자주 다른 쪽 귀로 바뀌는 메시지를 '따라갔다'. 뇌는 계속해서 현재의 '직소 퍼즐'에 속할 가능성이 있는 데이터뿐만 아니라 여기에 조화되는 새로운 '데이터'를 찾으려고 하며, 새로운 '직소 퍼즐 조각'이 현재의 퍼즐과 예상치 못하게 잘 들어맞을 때 그 조각을 '움켜쥐려'고 한다. 그러나 생각의 순환은 엄격하게 순차적이며, 우리는 새로운 정보를 한 번에 단 하나의 마음속 퍼즐에만 맞출 수 있다.

8 물론 뇌는 정보의 어떤 조각들이 의미 있게 함께 묶일 수 있는지 알아내야만 한다. 우리가 한 번에 하나의 퍼즐만 맞추더라도, 상관없는 퍼즐 조각을 빼놓기 위해서는 그 조각을 파악해야 할 필요가 있다. 예를 들어 우리가 시골 풍경이 포함된 직소 퍼즐을 맞추고 있다면, 항공기 엔진의 부분을 이루는 퍼즐 조각을 발견해야만 그 조각을 옆으로 밀어놓을 수 있는 것이다. 마찬가지로 뇌는 자신이 구성하고 있는 의미 있는 패턴과 관련 없는 정보에도 의미를 부여한다. 그래야만 그 정보가 부적절하다고 거부할 수 있기 때문이다.

9 실제로 안구 움직임과 읽기가 어떻게 작동하는지 보여주는 가장 유명한 모델인 E-Z 독자 모델(E-Z Reader Model)은 주의가 겹쳐지는 일 없이 완전히 순차적으로 한 단어에서 다른 단어로 움직인다고 가정한다. 비록 많은 단어를 동시에 읽을 수 있는 것이 엄청난 이점인 것처럼 보일지라도 그렇다. 주의는 단어를 차례대로 추적하고 이해하는데, 이는 생각의 순환 관점을 보여주는 전형적인 예다(그 예로서 다음을 참고하자: E. D. Reichle, K. Rayner and A. Pollatsek(2003), 'The E-Z Reader model of eye-movement control in reading: Comparisons to other models', *Behavioral and Brain Sciences*, 26(4): 445-76).

10 G. Rees, C. Russell, C. D. Frith and J. Driver(1999), 'Inattentional blindness versus inattentional amnesia for fixated but ignored words', *Science*, 286(5449): 2504-507.

11. 그럼에도 일부 지각 세계의 원시적인 측면은 주의를 기울일 필요도 없이 파악된다. 실제로 그러한 처리 과정은 시각적 입력이나 소리의 흐름이라는 측면에서 특정 부분을 선택하고 추적할 수 있는 주의 과정의 전제 조건처럼 보인다. 우리는 여기에서 뇌가 생각의 순환에 관여하지 않고 무슨 정보를 추출할 수 있는지를 묻는 곤란한 질문은 고려하지 않으려 한다. 그러나 이 처리 과정은 세계를 단어나 얼굴, 또는 사물처럼 '의미 있는' 항목으로

구성되었다고 묘사하지 않으며, 오히려 감각적 투입 자체의 특성들과 밀접하게 묶여 있다는 점에 주의하자(예를 들어 밝은 부분이나 질감, 가장자리 등을 감지하는 과정이다. 이 가운데 그 어떤 것도 전주의적이지 않음에도 그렇다). L. G. Appelbaum and A. M. Norcia(2009), 'Attentive and pre-attentive aspects of figural processing', *Journal of Vision*, 9(11): 1-12; Li, Zhaoping(2000), 'Pre-attentive segmentation in the primary visual cortex', *Spatial Vision*, 13(1): 25-50 등이 그 예다.

12 D. A. Allport, B. Antonis and P. Reynolds(1972), 'On the division of attention: A disproof of the single channel hypothesis', *Quarterly Journal of Experimental Psychology*, 24(2): 225-35.

13 L. H. Shaffer(1972), 'Limits of Human Attention', *New Scientist*, 9 November: 340-41; L. H. Shaffer, 'Multiple attention in continuous verbal tasks', in P. M. A. Rabbitt and S. Domic(eds), *Attention and Performance V*(London: Academic Press, 1975).

CHAPTER 9 무의식적인 생각이라는 미신

1 H. Poincare, 'Mathematical creation', in H. Poincare, *The Foundations of Science* (New York: Science Press, 1913).

2 Paul Hindemith, *A Composer's World: Horizons and Limitations*(Cambridge, MA: Harvard University Press, 1953), p. 50; online at <http://www.alejandrocasales.com/teoria/sound/composers_world.pdf>.

3 나는 독자들에게 힌데미트의 매혹적인 피아노 소나타 3번(푸가) 같은 짧은 피아노 소품을 들어 보고, 그 놀라운 복잡성이 매우 모호하고 평범한 용어가 아니라 갑작스레 번뜩이는 통찰에서 탄생했을 것이라 믿어보라고 권해본다. 실제로 힌데미트가 몇 분에 걸쳐 이어지는 휘황찬란한 음표들의 짜임을 어떻게 단 한 순간에 의식 안에서 완전히 만들어 낼 수 있다고 확신했는지 희한할 정도다.

4 U. N. Sio and T. C. Ormerod(2009), 'Does incubation enhance problem solving? A meta-analytic review', *Psychological Bulletin*, 135(1): 94.

5 그러나 우리가 잠이 들었거나 그 외에 뇌가 분주하지 않을 때, 무의식적인 의식은 작동하는가? 그럴 가망은 거의 없다. 밤 동안 우리 뇌를 장악하면서 일관성 있게 계속 흐르는 뇌파는 집중적인 정신 활동을 나타내는 뇌파와는 완전히 다르다. 아무튼 뇌는 휴식을 취하는 것이다. 그리고 꿈을 꾸는 잠이 짧게 이어지는 것이 깨어 있는 뇌의 활동과 매우 유사하더라도 다른 활동, 즉 이상하고 무질서한 이미지와 우리 꿈의 이야기를 만들어낸다.

6 Hindemith, *A Composer's World: Horizons and Limitations*, p. 51.

7 J. Levy, H. Pashler and E. Boer(2006), 'Central interference in driving: is there any stopping the psychological refractory period?' *Psychological Science*, 17(3): 228-35.

8 심리학자는 일반적으로 '신호(섬광, 삐 소리, 또는 레이더 화면상의 항공기 등)'가 존재하는지 여부를 명확히 밝히는 것이 필요한 과제들에 대해 '탐지'를 이용한다. 이러한 과제는 조금 더 복잡하고, 한두 개 카테고리(사건)로 범주화하는 것이 필요하다.

9 J. Levy. and Pashler(2008), 'Task prioritization in multitasking during driving: Opportunity to abort

a concurrent task does not insulate braking responses from dual-task slowing', Applied Cognitive Psychology, 22: 507-25.

10 E. A. Maylor and G. V. Jones(2001), 'Searching for two things at once: Evidence of exclusivity in semantic and autobiographical memory retrieval', Memory & cognition, 29(8): 1185-1195.

CHAPTER 10 의식의 경계

1 우리는 뇌가 기하학적이든 아니든 간에 일반적 원칙으로 작동하기보다는 광범위한 사례들로부터 추론해서 움직인다는 점을 보게 될 것이다. 그러나 이 부분은 매우 중요하면서도 현재의 논의에 영향을 미치지 않는다.

2 훌륭한 이론 작업은 접근 가능한 데이터에 대한 최고의 해석을 찾아내는 과정이 어떻게 작동하는지를 분석했다. 또한 신경 체계의 '최적화된' 유형을 보여주는 여러 제안들이 존재한다(그리고 이러한 제안 중 일부는 뛰어난 계산을 수행하고 있음을 보여준다). 그러나 뇌가 어떻게 문제를 해결하는지에 대한 세부 내용은 결코 해결되지 않았다. (J. J. Hopfield(1982), 'Neural networks and physical systems with emergent collective computational abilities', Proceedings of the National Academy of Sciences of the United States of America, 79(8), 2554-8 참고). 중요한 것은 그러한 네트워크가 외부 세계를 지배하는 제약들을 경험으로부터 어떻게 학습하는지에 대한 강력한 이론적 아이디어가 있다는 것이다. (Y. LeCun, Y. Bengio and G. Hinton(2015), 'Deep learning', Nature, 521(7553): 436-44.).

3 디지털 컴퓨터에서이긴 하지만 제약적인 전체 연결망에 걸친 협력적 계산은 그다지 간단하지 않다. 그 대신 웹을 검색하는 좀 더 순차적인 방식이 가끔 쓰인다.

4 심리학에서 자주 논의되어 온 '직접' 지각이라는 개념은 상당히 흥미롭다. 분명 우리는 생각의 순환에서 나오는 산출물만 인식하기 때문이다. 즉 여기에 관련된 계산을 의식하지 못하며, 생각의 순환이 착각을 만들어내는 속도를 의식하지 못하기에 우리의 의식적 경험은 현실과 곧바로 접촉하게 된다.

5 H. von Helmholtz, Handbuch der physiologischen Optik, vol. 3 (Leipzig: Voss, 1867). Quotations are from the English translation, Treatise on Physiological Optics(1910) (Washington DC: The Optical Society of America, 1924-5).

6 D. Hume(1738-40), A Treatise of Human Nature: Book I. Of the understanding, Part IV. Of the sceptical and other systems of philosophy, Section VI. Of personal identity.

7 이러한 관점에서 '우리가 무엇을 생각하고 있는가'라는 질문은 의식이라는 주제로부터 엄격히 분리될 필요가 있다. 두 사람은 모두 대화의 같은 토막을 들었을 수 있지만, 한 경우에 화자가 우연히 캐시와 히스클리프라는 이름을 가진 실제 연인에 대해 이야기하고 있고 다른 경우에 화자가 독서 클럽의 일원으로서 《폭풍의 언덕》에 관해 논의하고 있을 수 있다. 여기에서 생각의 의식적 경험은 동일하게 '불쌍한 캐시!'가 되겠지만, 첫 번째 경우에 이는 실제 사람에 대한 생각이 된다(물론 청자는 이 캐시라는 사람이 누구인지 전혀 알 수 없다). 반면에 두 번째 경우에는 소설의 등장인물에 대한 생각이 된다(물론 청자는 어떤 소설에 나오는 인물인지 알 수 없고, 심지어 그녀가 허구 캐릭터라는 것조차 모를 수도 있다). 의식과 의미의 본질은 둘 다 매혹적이고 심오하면서도 아주 뚜렷이 구분되는 퍼즐이라는 것이다.

8 예를 들어 추론과 의사결정, 사회 인지의 이중과정 이론은 이러한 관점을 택하고 있다(J. S. B. Evans and K. E.

Frankish, *In two minds: Dual processes and beyond*(Oxford: Oxford University Press, 2009); S. A. Sloman(1996), 'The empirical case for two systems of reasoning', *Psychological Bulletin*, 119(1): 3-22 참고). 노벨상 수상자인 심리학자 대니얼 카너먼의 관점은 다소 미묘하지만 종종 이러한 관점의 전형적인 예로 꼽힌다(D. Kahneman, *Thinking, Fast and Slow*(London: Penguin, 2011)).

9 P. Dayan, 'The role of value systems in decision making', in C. Engel and W. Singer(eds), *Better Than Conscious? Decision Making, the Human Mind, and Implications For Institutions*(Cambridge, MA: MIT Press, 2008), pp. 51-70.

10 심리학에는 우리의 행동에 '무의식적인' 영향력이 작용한다는 것을 입증하려고 시도하는 소규모 연구가 있다(the excellent review by B. R. Newell and D. R. Shanks(2014), 'Unconscious influences on decision making: A critical review', *Behavioral and Brain Sciences*, 37(1): 1-19 참고). 현재의 관점으로 보았을 때 이를 입증할 필요가 거의 없다. 우리는 오직 생각의 산출물만 의식하며, 그 근원에 관한 추측은 그저 언제나 만들어낸 이야기일 뿐이기 때문이다. 그리고 이러한 관점의 결론은 생각에 대한 '무의식적 영향력'이 입증된다고 해서 의식적인 의사결정 과정과 겨루는 판단과 행동에 대한 무의식적 경로가 존재함을 의미하지 않는다는 점이다. 비록 그렇게 도출된 이 결론이 유명해졌더라도 마찬가지이다(A. Dijksterhuis and L. F. Nordgren(2006), 'A theory of unconscious thought', *Perspectives on Psychological Science* 1:95-109 참고). 그에 반해 그 효과는 전적으로 생각의 순환 관점과 일치한다. 생각의 엔진은 오직 하나만 존재하며, 이는 언제나 의식하는 것의 결과이자 절대로 의식하지 못하는 것의 근원이라는 것이다.

우리는 스스로 생각과 행동을 만들어내는 처리 과정을 완전히 의식하지 못한다는 결론을 내려야 하는가? 하나의 생각의 순환 안에서는 그렇다고 생각한다. 그러나 십자말풀이에서 다른 칸에 들어갈 답을 적극적으로 고민한다거나 행동의 과정에서 장단점을 따져본다거나 하는 의식적인 숙고에는 다양한 생각의 순환이 필요하며, 각 순환은 어떤 의미 있는 구성을 의식하게 만든다(십자말풀이에 쓸 단어의 후보, 언어 형성의 한 토막, 찬반 토론 등). 각 순환의 산출물은 그다음의 순환에 반영된다. 우리에게 목적 없는 몽상이 아니라 일관성 있는 생각의 흐름이라는 것이 존재한다면 말이다.

11 For example, K. A. Ericsson and H. A. Simon(1980), 'Verbal reports as data', *Psychological Review*, 87(3): 215-51.

12 J. S. Mill, *The Autobiography*(1873).

CHAPTER 11 원칙이 아닌 선례

1 체스의 심리학이 궁금하다면 다음과 같은 고전적인 연구가 있다: A. D. de Groot, *Het denken van de schaker [The thought of the chess player]*(Amsterdam: North-Holland Publishing Co., 1946). 개정된 번역본은 다음과 같다. *Thought and choice in chess*(The W. G. Chase and H. A. Simon (1973), 'Perception in chess', *Cognitive Psychology*, 4: 55-81; and more recently, F. Gobet and H. A. Simon(1996), 'Recall of rapidly presented random chess positions is a function of skill', *Psychonomic Bulletin and Review*, 3(2): 159-63. Hague: Mouton, 1965; corrected second edition published in 1978);

2 J. Capablanca, *Chess fundamentals*(New York: Harcourt, Brace and Company, 1921).

3 이러한 관점은 챕터 7에 묘사된 뇌 그림과 일치한다. 시상과 상구 등 피질하 뇌 구조는 지각적 해석의 도가니이면서 감각으로 통하는 관문의 역할을 하지만, 피질 전체로 양방향 투사를 하기도 한다. 피질에 나타나는 현재의 지각적 해석과 과거의 저장된 기억흔적 간의 양방향 연계는 공명의 병렬구조를 지원하기 위해 꼭 필요하다.

4 M. H. Christiansen and N. Chater (2016), 'The now-or-never bottleneck: a fundamental constraint on language', *Behavioral and Brain Sciences*, 39: e62; M. H. Christiansen and N. Chater, *Creating Language*(Cambridge, MA: MIT Press, 2016).

5 인간의 지식은 선례나 '사례'에 뿌리를 둔다는 개념은 여러 분야 중에서도 인공지능(J. Kolodner, *Case-Based Reasoning*(San Mateo, CA: Morgan Kaufmann, 1993), 기계학습과 통계(T. Cover and P. Hart (1967), 'Nearest neighbor pattern classification', *IEEE Transactions on Information Theory*, 13(1): 21-7), 심리학(G. D. Logan(1988), 'Toward an instance theory of automatization', *Psychological Review*, 95(4): 492) 등에서 오랜 전통처럼 존재했다. 원리 역시 중요하지만, 이 원리들은 만들어진 인과관계이며 그 자체로 계속 적용되는 엄격한 규칙이라기보다는 수정되고 뒤집히는 선례가 된다.

CHAPTER 12 지성의 비결

1 C. M. Mooney (1957), 'Age in the development of closure ability in children', *Canadian Journal of Psychology*, 11(4): 219-26.

2 그러한 기억의 저장이 완전히 변경되지 않을 수도 있다. 하지만 내 경험상 어느 이미지에 대한 '통찰'의 순간은 평생 지속되기에 충분한 것 같다.

3 Lakoff, G. Lakoff and M. Johnson, *Metaphors We Live By*(Chicago: University of Chicago Press, 1980).

4 분명 이는 일종의 지나친 단순화다. 모두가 동의하는 답을 찾는 데 능한 사람들이 있다면 좀 더 까다로운 문제에 대해서도 그 사람들이 답을 결정짓도록 맡길 수 있을 것이며, 그 주요 합의를 대략 믿을 수 없을 때 우리는 대부분 당황한다. 물론 대부분 분야는 이런 식으로 돌아간다. 정말로 흥미진진한 수학적 발견이나 획기적인 소설에 대해서는 자기 자신보다는 수학자나 문학 비평가에게 맡기며, (적어도) 이 '전문가'를 믿는다. 우리가 뭔가를 알고 있는 일들에 대해 전문가는 자신의 능력을 입증해 내기 때문이다. 그렇기에 아마도 IQ 테스트에서 좋은 성적을 내는 사람들이 내놓은 '정답'을 판단하는 일에 좀 더 무게를 둘 것이다.

5 현대 인공지능의 눈부신 성공은 기억 집약적 방식으로 이뤄진다. 이러한 방식은 컴퓨터 알고리즘의 주요 발전과 컴퓨터 메모리와 컴퓨터 전력의 기하급수적인 확장, 그리고 어마어마한 양의 데이터 유효성에 의해 가능해졌다. 인공지능의 성공이 삶을 근본적으로 바꿔놓겠지만, 그 변화는 인간의 마음을 대체하는 것이 아니라 지원하고 강화하면서 이뤄질 것이다. 수학의 여러 분야에서 컴퓨터는 효과적이고 가끔은 필수적인 도구지만, 흥미로운 수학적 결과를 자동적으로 발견하게 되는 경우는 거의 없다. 실제로 대부분 수학은 여전히 어느 정도는 펜과 종이로 행해진다. 아직까지 컴퓨터는 인간의 상상력이 가지는 유연성에 대적할 수 없는 것이다.

6 Lakoff and Johnson, *Metaphors We Live By*; D. R. Hofstadter, *Fluid Concepts and Creative Analogies: Computer models of the fundamental mechanisms of thought* (New York: Basic Books, 1995).

생각한다는 착각

초판 1쇄 발행 2021년 9월 30일
초판 20쇄 발행 2024년 5월 20일

지은이 닉 채터
옮긴이 김문주
펴낸이 권미경
기획편집 김효단
마케팅 심지훈, 강소연, 김재이
디자인 THISCOVER
펴낸곳 (주)웨일북
출판등록 2015년 10월 12일 제2015-000316호
주소 서울시 마포구 토정로 47, 서일빌딩 701호
전화 02-322-7187 **팩스** 02-337-8187
메일 sea@whalebook.co.kr **인스타그램** instagram.com/whalebooks

ⓒ 닉 채터, 2021
ISBN 979-11-90313-99-5 (03180)

소중한 원고를 보내주세요.
좋은 저자에게서 좋은 책이 나온다는 믿음으로, 항상 진심을 다해 구하겠습니다.